WÜNSCH DIR WAS!

20. Augsburger Lesebuch

Herausgegeben vom
Referat für Bildung und Migration
der Stadt Augsburg

Projektleitung: Margrit Fiederer, Maria-Theresia-Gymnasium
                  Barbara Friedrichs, Referat für Bildung u. Migration
Covermotiv: © Andrea Danti
                  © Regenbogen/HGSasha Black
                  Nutzung unter Lizenz von Shutterstock.com, 2024
                  Composing: Lisa Schwenk

Bibliografische Information der Deutschen Nationalbibliothek
Die Deutsche Nationalbibliothek verzeichnet diese Publikation in der
Deutschen Nationalbibliografie; detaillierte bibliografische Daten sind
im Internet über https://dnb.dnb.de abrufbar.

ISBN 978-3-95786-360-7
© Wißner-Verlag Augsburg 2024

Liebe Leserinnen und Leser,

„Pack's Augusta", so lautete das Motto des ersten Augsburger Lesebuchs, das zum Jubiläum des Augsburger Religionsfriedens 2005 erschien. Seitdem schreibt dieses Projekt Erfolgsgeschichte.

Anlässlich unseres Jubiläums haben wir uns beim 20. Lesebuch für das schöne Thema „Wünsch dir was" entschieden. Dieses große Thema hat bei allen Teilnehmenden tolle Ideen geweckt. Bei den Einreichungen gab es – natürlich – Texte über Spielzeug, Haustiere und Magie. Aber in sehr vielen Gedichten und Geschichten äußerten Schülerinnen und Schüler auch den Wunsch nach mehr Anerkennung, nach Gerechtigkeit und vor allem nach Frieden in der Welt. Das hat mich sehr bewegt.

Danke daher zunächst allen Schülerinnen und Schülern, die sich an diesem Schreibwettbewerb beteiligt haben und dabei oft ihr Innerstes mit uns teilen. Auch den engagierten Lehrkräften, die häufig hinter den Einreichungen stehen, gilt mein Dank.

Die Auswahl, welche der knapp 500 eingereichten Texte im Buch abgedruckt werden, hat unsere ehrenamtliche Jury getroffen. Danke für diese wertvolle Arbeit!

Ebenso engagiert für und begeistert vom Projekt sind unsere Unterstützer. Großer Dank geht an die „Wohnbaugruppe", unserem neuen Partner für die großzügige Förderung! Danke an AUFWIND, die Kinder- und Jugendstiftung der Stadtsparkasse Augsburg, die seit Jahren eine wichtige Stütze des Augsburger Lesebuchs ist. Ebenso danken möchte ich dem Lions Club „Augsburg Raetia" wie auch den Freunden der Stadtbücherei und der Gemeinschaftsstiftung „Mein Augsburg" für ihre Spende.

Der Wißner-Verlag hat unser Lesebuch wieder von der Ausschreibung bis zum Druck begleitet, ein herzliches Dankschön dafür. Margrit Fiederer vom Maria-Theresia-Gymnasium und Barbara Friedrichs vom Referat für Bildung und Migration haben dieses Jahr die Projektleitung übernommen. Vielen Dank für die Betreuung des Jubiläumswerks!

Nun wünsche ich viel Vergnügen beim Lesen – und dass auch Ihre Wünsche alsbald in Erfüllung gehen mögen!

Ihre

Martina Wild

Martina Wild
Bürgermeisterin | Referentin für Bildung und Migration

Inhalt

8

Meine Wünsche

M ein Wunsch wäre Weltfrieden.
E inen Wunsch finde ich schön.
I mmer auf sich stolz sein.
N ie mehr Krieg.
E wig schönes Wetter.
W eltfreude haben.
Ü berall zufrieden sein.
N ie mehr traurig sein.
S ein, wie man ist.
C hancen haben.
H aben – nicht was man will, sondern was man braucht.
E igene Sachen und Ideen haben.

Julia Lairich
Drei-Auen-Grundschule, Klasse 3d

Herzenswunsch

Alles begann, als Isabella mit ihren Eltern umzog. An einem frühen Abend kurz nach dem Umzug saß Isabella traurig auf der Fensterbank ihres Zimmers und starrte auf die menschenleere Straße hinunter. Sie erschrak ein wenig, als plötzlich ihre Mutter ins Zimmer kam. Ihre Mutter fragte sie: „Alles gut bei dir?" Isabella antwortete mit trauriger Stimme: „Ich bin sehr traurig, dass ich meine Freunde verlassen musste, ich vermisse sie einfach schrecklich." Sie spürte, dass die Tränen heiß in ihr hochstiegen. Ihre Mutter streichelte ihr über das Haar und sagte: „Genau deswegen bin ich hier. Was kann ich denn nur für dich tun, damit du nicht mehr so traurig bist?" Isabella antwortete mit tränenerstickter Stimme: „Ich wünsche mir schon ganz lange einen Hundewelpen, dann wäre ich nicht mehr so einsam." Darauf antwortete die Mutter: „Aber Schätzchen, du weißt doch, dass wir gerade erst umgezogen sind und kein Geld haben." Am Abend lag Isabella lange wach und dachte eine Zeitlang darüber nach, was sie alles für tolle Abenteuer mit einem Hund erleben könnte. Als nun ihr Geburtstag kam, wurde sie reich beschenkt. Aber sie konnte sich nicht richtig freuen, weil sie sich so sehr einen Hund wünschte. Als die letzten Gäste kamen, öffnete Isabella die Tür. Ihr Geschenk sprang ihr entgegen und warf sie aus lauter Übermut fast um. Sie konnte es kaum glauben, aber ihr Traum war wahr geworden. Endlich hatte sich ihr Wunsch erfüllt und sie hatte einen eigenen Hund. Sie bedankte sich überschwänglich bei ihren Eltern und Großeltern. Sie nannte ihren Hund Karajan. Doch die ganze Sache hatte einen Nachteil: Denn nach einem Jahr war der Hund, bei dem es sich um einen Kangal handelte, fast so groß wie sie selbst. Da die Wohnung, in die sie gezogen waren, sehr klein war, mussten sie den Hund schweren Herzens zurück ins Tierheim geben. Isabella war zutiefst traurig. Der Hund war ebenfalls traurig. Doch die Familie stritt sich darum, sich wieder einen Hund anzuschaffen. Aber das sollte bald ein Ende haben. Karajan hatte ebenso große Sehnsucht nach seiner Isabella. Weil er sehr schlau war, brach er aus dem Tierheim aus und lief zielstrebig zu seinem Frauchen Isabella zurück. Isabella war überglücklich, als sie ihren Karajan sah. Schließlich nahm die Familie Karajan doch wieder bei sich auf. Im Gemeinschaftsgarten des Hauses bekam er eine große eigene Hundehütte und war von nun an nicht mehr nur Isabellas Freund, sondern auch der Lieblingshund aller anderen Bewohner im Haus.

Marie Ziegler, Leonie Knopp und Liliana Fendt
Gymnasium bei St. Stephan, Klasse 5a

Wünsche — ob realistisch oder fantasievoll

Mit den Wünschen ist das ja so eine Sache. Man kann sich zum Geburtstag etwas wünschen, etwas, das man mit Geld kaufen kann oder vielleicht sogar ein schönes Erlebnis wie einen Besuch im Freizeitpark. Aber die Wünsche, die Träume, die tief in einem stecken, die wagt man sich erst gar nicht zu wünschen, weil es ja sowieso unmöglich ist, dass sie je in Erfüllung gehen. Doch merke dir eins: Wie soll ein Wunsch je in Erfüllung gehen, wenn du nicht einmal versucht hast, ihn dir zu wünschen? Also wünsch dir was, so unmöglich es auch sein mag!

Lydia Niedorf
Jakob-Fugger-Gymnasium

Wünsche von Kindern aus aller Welt

In Deutschland fragen die meisten Eltern jedes Jahr, was ihr Kind wohl zu Weihnachten mag. Meistens lautet die Antwort ein neues iPhone, eine Playstation oder doch eine Carrera-Bahn. Doch gibt es Wünsche, die andere Kinder haben, die aber keiner von uns äußern mag. Samira, die in Israel lebt, wünscht sich Sicherheit in ihren eigenen vier Wänden, ohne bei Bombenanschlägen vielleicht einmal zu enden. Tomas aus der

Ukraine wünscht sich Weltfrieden für alle, wünscht sich Weltfrieden für alle, denn niemand sollte so eine schreckliche Erfahrung durchmachen. Clara aus Frankreich wünscht sich eine geborgene Familie, in der sie nicht vernachlässigt wird. So was verursacht bei vielen Kindern Leid. Jedes Kind verdient eine Familie, in der es unter besten Umständen gedeiht. Rita aus Kenia wünscht sich genügend Essen für ihre Familie, denn die Essensversorgung ist knapp für viel zu viele. Viele Kinder dieser Welt haben Wünsche verschiedenster Art, von wichtigen zu unwichtigen. Lasset uns Kinder sein, denn wir sind die Zukunft.

Marie Kalus
Jakob-Fugger-Gymnasium, Klasse 6b

Chillen auf den Wolken

Heute ging ich in der Früh mit meinem Roller raus. An einem Wald machte ich eine kleine Pause. Ich sah viele Vögel am blauen Himmel, die herumflogen. Ich machte mir als Erstes Gedanken, wie schön es wäre, wenn ich auch fliegen könnte. Als würde ich rumfliegen und gucken, was andere so treiben. Vielleicht würde ich auch in andere Städte fliegen. Ich kann mir nicht vorstellen, wie schön und weich die Wolken bei gutem Wetter wären, aber wenn schlechtes Wetter ist, würde ich zu meinem schönen warmen Zuhause fliegen. Im Sommer könnte ich auch auf den weichen Wolken schlafen. Es wäre bestimmt so schön, wenn ich mit meiner Familie oder mit meinen Freunden auf den Wolken chillen könnte. Nach einer Weile ging ich nach Hause und erzählte meinen Eltern von meinem Traum. Dann ging ich weiter zu meinen Freunden und erzählte ihnen auch von meinem coolen Traum. Wir wünschten uns, dass jeder auf dieser Welt eine Superkraft hätte, bei uns wäre es sicherlich das Fliegen. Aber leider sind das nur Träume.

Melis Memet
Gymnasium bei St. Stephan, Klasse 5a

Einen Wunsch

Hätte ich nur einen Wunsch frei, wäre es Freiheit. Ausbrechen aus dem Gefängnis, das sich mein Kopf nennt. Frei sein von den Selbstzweifeln und der Selbstkritik, die mich klein hält. Frei sein von der ewigen Fragerei: „Habe ich heute etwas Falsches gesagt?" „Waren meine Entscheidungen wirklich richtig?" Ich will mich mit Menschen treffen, ohne mich die ganze

Zeit fragen zu müssen, was sie wohl über mich denken oder ob sie wirklich das meinen, was sie sagen. Ich will lieben, ohne Angst vor dem Verlassenwerden zu haben. Fliegen, ohne an den Fall zu denken. Tanzen, ohne die hundert starrenden Augen in meinem Kopf. Links gehen, ohne mich zu fragen, ob rechts nicht besser gewesen wäre. Vor dem Spiegel mich sehen und nicht meine Fehler und Schwächen. Doch ich weiß, ich werde nicht eines Morgens aufwachen und die Gedanken sind weg. Es kommt keine gute Fee oder kein Magier, der mir meinen Wunsch erfüllt. Ich muss selbst daran arbeiten – Schritt für Schritt.

Annabell Kobbe
Berufsfachschule für Kinderpflege, Klasse Ki 10A

Softiegeist

Chreunzz, klapp, klapperlaklapp, chreunzz, klapp! Ich werde schlagartig geweckt und reibe mir erst einmal verschlafen die Augen. Einen kurzen Moment lang frage ich mich, woher das Geräusch wohl kommt. Doch dann fällt es mir wieder ein: Dass sich ja ein kleiner, runder, pinker Geist bei mir eingenistet hat, der gerade in seiner Red Bull-Dose wie ein blausilberner Blitz schnarchend durch das Zimmer rast. Doch jetzt erst mal langsam: Ich heiße Maia und bin 12 Jahre alt. Meine Familie stammt aus Pakistan, doch ich bin in München geboren. Und jetzt möchte ich euch erzählen, wie Steveham zu mir gekommen ist. „Steveham?", denkt ihr euch wohl gerade. „Hab' ich mich da verlesen?" Nein, habt ihr nicht. Steveham ist nämlich der Geist, von dem ich euch erzählt habe. Und das kam so: An diesem Tag wurde ich mal wieder in der Schule gemobbt, da ich nicht wie alle anderen die angesagtesten Klamotten anhatte, sondern ein T-Shirt, das meine Mutter genäht hatte. Ich ging wütend nach Hause und kickte alle Steine, die im Weg lagen, in der Gegend herum, um den Frust abzulassen. Als ich dann eine Red Bull-Dose sah, trat ich so fest drauf, dass sie aussah wie eine zusammengequetschte Ziehharmonika. Als ich weitergehen wollte, schrie mir plötzlich jemand nach: „Yo, Bro! Was ist mit dir falsch gelaufen, Alter?!" Ein rosafarbener Nebel waberte um mich herum und nahm flott Gestalt an. Am Ende konnte ich meinen Augen nicht trauen: Da stand doch wirklich ein kleiner, etwas rundlicher Mann mit Glatze vor mir. Aber halt! Der war ja pink! Und dann erinnerte ich mich an ein Buch, das sich um Flaschengeister drehte. Also stotterte ich: „B… b… bist du ein Flaschengeist?" Er antwortete empört: „Alter, ich bin ein Softie-Geist! Wir sind viel cooler als die ollen Flaschengeister. Ich bin einer der krassesten und heiße Steveham!" Das „A" in Steveham dehnte er besonders lang, so dass es noch besser klang, und grinste breit. „Und … und was bedeutet das?", fragte ich zweifelnd. „Ey Mann, du verstehst ja gar nichts. Erstens: ‚Steve' ist einfach nur fancy! Zweitens: ‚Ham' ist von Hamsa abgeleitet und das bedeutet ‚der Starke'." „Ok", antwortete ich, nicht recht überzeugt. „Außerdem", sagte Steveham freudig, „kann ich Wünsche erfüllen. Zum Beispiel, dass du dir ein Piercing ohne Schmerzen stechen lassen kannst. Auf so was steht ihr doch gerade." „Was? Nein!", rief ich erschrocken. „Ich bin doch noch viel zu jung dafür." „Ach, übrigens", meinte der Geist beiläufig, „du musst mich bei dir aufnehmen." „Wie bitte?", rief ich verblüfft. „Nach altem pakistanischem Brauch", flötete der Geist fröhlich und schoss zurück in seine Büchse. So handlich verpackt nahm ich ihn mit zu mir nach Hause. Jetzt wisst ihr, wie ich Steveham bekommen habe. Inzwischen ist er aufgewacht und duscht sich wie jeden Morgen unter einer Flasche Zitronenlimo. „Für die morgendliche Frische", meint er. Außerdem würde er so immer rosaner, wodurch ich immer mehr Wünsche bekäme. Dabei singt er folgendes Lied: „Wenn ich jeden Morgen aufersteh' und unter diese Dusche geh', bade ich in einem Softdrink-See und fühl' mich besser denn je." Ihr wundert euch, warum er „aufersteh" singt? Das ist ganz einfach. Für Geister gibt es keinen Unterschied zwischen auferstehen und aufstehen. Ich meine, die sind halt schon tot. Obwohl ich das Gefühl habe, als wäre Steveham quicklebendig. Ich finde meinen Freund zwar sehr lustig, dennoch schießt mir die ganze Zeit ein- und dieselbe Frage durch den Kopf: Was soll ich mir nur wünschen? Denn ich habe mir immer noch nichts gewünscht, weil meine Wünsche bedeutend und weltverändernd sein sollen. Ich habe schon meinen Opa Nayan, der fast blind ist, gefragt, ob er sich nicht wünsche, dass er wieder sehen kann. Was eigentlich lustig ist, weil „Nayan" so viel wie „das Auge" bedeutet. Doch mein Opa entgegnete mir, dass es so total in Ordnung sei, weil er nicht die ganzen Kaugummis auf der Straße sehen müsse. Jetzt ist es kurz vor 16 Uhr. Mein Papa, ich und natürlich Steveham stehen an der U-Bahnstation am Grünwalder Stadion und wollen gerade zum Fußballstadion von 1860 München laufen, als mein Dosengeist seinen Mund zu einem Trichter formt und laut schallend „1860 vor – noch ein Tor" grölt. Viele Fans drehen sich um und wundern sich. Doch dann freuen sie sich über den laut schreienden Fan und schwenken ihre blau-weißen Schals. „Du, Papa, wünschst du dir eigentlich etwas?" Mein Vater antwortet prompt: „Natürlich! Dass Sechzig heute gegen Dynamo gewinnt, was denn sonst!" Da begreife ich, dass jeder unterschiedliche Wünsche verschieden wichtig findet und ich flüstere Steveham zu: „Ich wünsche mir, dass wir heute gewinnen." Und so war es dann auch. 1860 gewann 2:1 und mein Geist bekam daraufhin eine kräftige Bierdusche, über die er sich wahnsinnig freute, weil es mal was anderes war als die Limodusche zu Hause.

Jakob Nordmeyer und Constantin Schneider
Gymnasium bei St. Stephan, Klasse 6c

Wünsche

Mila ist ein kleines Mädchen. Ihr größter Wunsch ist Bücherschreiben. Die Eltern wollen das nicht. Das ist ihr egal. Dann sagen die Eltern: „Ab auf dein Zimmer!" Da geht Mila traurig ins Bett. Ein neuer Morgen. Mila wacht auf. „Ich muss in die Schule!", sagt sie. Schnell macht sie sich fertig. Sie rennt nach unten. Da wartet ihre Freundin Lia auf sie. Zusammen gehen sie zur Schule. An der Schule angekommen, gehen sie in die Klasse. Da wartet auch die Lehrerin. „Alle sind da, nun können wir starten. Unser neues Thema ist Wünsche. Was ist denn dein Wunsch, Tom?", fragt die Lehrerin. „Ich will Fußballer werden", sagt Tom. „Und deiner, Lia?" „Gesund bleiben." „Und deiner, Mila?" „Ich möchte Bücher schreiben." Plötzlich ist es still, dann fangen alle an zu lachen. Die Lehrerin ist verzweifelt. „Warum lacht ihr alle?" „Weil das ein komischer Wunsch ist." Mila rennt auf die Toilette. „Wie würdet ihr euch fühlen, wenn ihr ausgelacht werdet!", sagt Lia. Lia rennt zu Mila. „Alles wird gut", flüstert Lia. Mila hat sich beruhigt.
„Ding-Dong!" Tom ruft: „Die Schule ist aus!" Mila geht traurig nach Hause. Da warten ihre Mama und ihr Papa und fragen, was los sei. Mila sagt: „Jeder lacht über meinen Wunsch." Da sagen die Eltern: „Selber schuld. Wir haben gesagt, dass dieser Wunsch komisch ist." Sauer läuft Mila in ihr Zimmer. Da klingelt es an der Tür. Lia steht vor der Tür und fragt, ob Mila da sei. „Ja, sie ist oben", sagt Milas Mama. Mila steht auf und geht runter. „Hallo, Lia!", sagt Mila. „Wollen wir auf den Spielplatz?", fragt Lia. „Ja, können wir machen." Lia und Mila ziehen die Schuhe an. „Bist du fertig?", fragt Mila. „Ja, bin ich", antwortet Lia. „Dann können wir los." Sie rennen zum Spielplatz. Da treffen sie Tom. „Haha, da ist ja die Buchschreiberin!", ruft Tom. Mila rennt sofort weg. Lia ruft zu Tom: „Was fällt dir eigentlich ein? Nur weil sie so einen Wunsch hat. Wie würde es denn dir gefallen, wenn man dich auslacht?" Wütend rennt Lia Mila hinterher. „Alles gut!", flüstert Lia. Dann gehen sie wieder zum Spielplatz. Tom sitzt still da. Mila schaut ihn an. „Warum bist du so still?", fragt Mila. Tom rennt weg. „Wieso hat er es so eilig?" „Keine Ahnung", antwortet Lia.

Sie haben sehr viel Spaß. Nun ist es dunkel geworden und die beiden müssen nach Hause. „Tschau!", ruft Mila. „Bis morgen!", ruft Lia zurück. Der nächste Morgen. „Heute ist Freitag!", ruft Mila. „Heute ist WG!" Schnell macht sie sich fertig. Lia ist noch nicht mal da. Mila geht zu Lias Haus. Da kommt Lias Mama. „Hallo, Mila. Lia ist heute krank." „Ok", sagt Mila, „dann muss ich alleine laufen." An der Schule angekommen, geht sie in die Klasse. Tom geht zu Mila und sagt: „Ha, jetzt ist deine Beschützerin krank." „Was meinst du mit Beschützerin?", fragt Mila. Tom sagt: „Lia beschützt dich immer, aber jetzt nicht!" Die Lehrerin sagt: „Alle auf den Platz. Wir haben eine neue Schülerin. Möchtest du dich vorstellen?" „Ja", sagt Sofia. „Hallo, mein Name ist Sofia." „Sofia, du kannst dich neben Mila setzen." „Hallo, mein Name ist Mila." „Schön, dich kennenzulernen, Mila. Wollen wir Freunde sein?" „Ja, ok", sagt Mila.

Der Schultag ist aus und Mila geht nach Hause. Da denkt sie an ihren Wunsch. „Ist mein Wunsch wirklich komisch? Nein, glaube ich nicht. Ich schreibe heute eine Geschichte über einen bösen Wolf." Sie rennt schnell nach Hause und fängt an zu schreiben. Eine Stunde ist schon vorbei und es hat ihr richtig Spaß gemacht.

10 Jahre später. Heute ist Milas Geburtstag. Sie wird 19 Jahre alt und das Erste, was Mila heute gemacht hat, war, zu Lia zu gehen. Lia macht die Tür auf und sagt: „Alles Gute zum Geburtstag!" „Danke", sagt Mila. „Ich habe ein Geschenk für dich. Mach es auf!" Und da drinnen ist ein Block mit einem Stift und noch ein Freundschaftsarmband. „Danke!", ruft Mila vor Freude. „Jetzt kannst du Geschichten schreiben", sagt Lia.

Es ist schon Abend geworden. Mila weiß nicht, was sie machen soll, und fängt an, ein Buch zu schreiben. Dabei schläft sie ein. Da kommt ihr Papa ins Zimmer und schaut das Buch an. Er liest es und staunt, weil es so schön und interessant ist. Der Papa erzählt es der Mama. Sie staunt auch. Dann merken sie, dass es doch kein komischer Wunsch ist und sie beschließen, dass sie Mila helfen. Am Morgen wacht Mila auf und sieht ihre Eltern. „Was ist denn los, Mama und Papa?", fragt Mila. „Wir wollen uns dafür entschuldigen, dass wir gesagt haben, dass das ein komischer Wunsch ist." „Alles ist gut, jeder kann Fehler machen", sagt Mila. „Wir wollen dir helfen, deinen Traum zu erfüllen." „Danke!", sagt Mila.

Drei Jahre später ist sie Autorin geworden. Das hat sie glücklich gemacht. Man soll immer an sich glauben. Egal, was andere sagen!

Emily Steinfatt
Fröbel-Grundschule, Klasse 4a

Wenn Wünsche wahr werden

Ich stand auf der Straße und fragte mich, warum niemand mir Geld geben wollte. Ich war schon seit über fünf Stunden hier und war mir nicht sicher, ob die Leute mich überhaupt sahen. Voller Hoffnung, auf der anderen Seite mehr Glück zu haben, lief ich über die steinerne Brücke. Heute war hier besonders viel los. Ich wusste nicht, warum. Vielleicht hatte meine Mutter es gewusst, aber mir nichts gesagt, damit ich ihr voller Stolz mein Erbetteltes zeigen konnte. Doch ich hatte erst drei Münzen. Das war nicht besonders viel. An manchen Tagen hatte ich nach einer Stunde schon das Dreifache. Aber wahrscheinlich war das heute einfach ein schlechter Tag. Das hieß: Ich und Mutter würden am nächsten Tag nichts zu essen haben. Ich hoffte weiter und wollte wieder auf die andere Seite der Brücke trotten, als ein hochgewachsener Mann mir zehn Münzen in den grauen Bettelhut legte. Ich wurde von einem Augenblick auf den anderen fröhlich, obwohl es ein Regentag war, und rief laut: „Danke, tausend Dank!" Zufrieden hüpfte ich über die Brücke in Richtung Zuhause. Das war ein toller Tag. Hinter einer Straßenkreuzung sah ich einen Laden, in dessen Schaufenster ein wunderschönes Kleid voller Glitzersteine hing. Es schimmerte bläulich. Das war das schönste Kleid, das ich je gesehen hatte. Ich musste es haben, egal wie viel Geld ich dafür sparen müsste. Um jeden Preis wollte ich es haben. Ich versuchte, nicht darauf zu starren, weil es komisch aussah, wenn ein in Lumpen gekleidetes Mädchen auf ein Prinzessinnenkleid starrte. Leider wusste ich nicht, wie viel das Kleid kostete, weil ich nicht in die Schule ging und deswegen nicht lesen, schreiben und rechnen konnte. Dabei würde ich so gerne in die Schule gehen! Aber in unserer Stadt verlangte man Geld dafür und Mutter und ich hatten zu wenig. Früher waren Mama, ich und Papa im Sommer oft Eisessen gewesen. Damals. Aber jetzt war er fort. Mama und ich wussten nicht, wohin er gegangen sein könnte, und das war nicht gut. Denn in der Stadt, in der wir wohnten, durften nur Männer arbeiten. Und ich und Mama waren Frauen. Also blieb uns nichts anderes übrig, als zu betteln. Ich wünschte mir innerlich so sehr, dass Papa zurückkäme. Auch wenn er erst einen Monat weg war. Erst jetzt fiel mir auf, dass ich immer noch vor dem Schaufenster des Ladens mit dem schönen Kleid stand. Damit niemand bemerkte, dass ich auf das Kleid gestarrt hatte, lief ich weiter in die Richtung, in der mein Zuhause lag. Ich kannte den Weg längst in- und auswendig. Kein Wunder, wenn man ihn jeden Tag zweimal läuft. Aber eine mysteriöse Sache war mir bisher noch nicht aufgefallen: Ich hatte den Laden noch nie gesehen.

„Essen ist fertig!", rief meine Mutter, als ich das Schloss zur Wohnung auf-
sperrte. Der Geruch von Spiegelei flog mir in die Nase. Ich mochte diesen
Geruch. Es war mein Lieblingsessen. Wahrscheinlich hatte meine Mutter
es gemacht, weil sie wusste, dass heute viele Leute unterwegs sein würden. „Und, Sarah, wie war dein Tag?", fragte sie mich. Ich hielt ihr den Bettelhut hin und ließ sie das Geld zählen. Ich strahlte sie an und sie strahlte
zurück. „Das hast du wirklich toll gemacht!", lobte sie. „Mama, kann ich
dich was fragen?", fragte ich leise. „Natürlich, das darfst du immer! Schieß
los!", antwortete sie. „Du hast mich doch letztens gefragt, was ich mir
wünsche", fing ich an, „und ich weiß es jetzt: Ich habe auf dem Heimweg
ein wunderschönes Kleid gesehen. Es war blau und hatte Glitzersteine.
Darf ich es haben?" „Jetzt gibt es erst mal Spiegelei und dann kannst du
mir ja mal den Laden zeigen." Meine Mutter legte mir ein Spiegelei auf
den Teller. Ich nahm meine Gabel, stach sie in das Spiegelei und aß einen
großen Bissen. Es schmeckte ausgezeichnet. Na ja, Lieblingsessen schmecken immer ausgezeichnet. Als meine Mutter und ich aufgegessen hatten, nahm ich unsere Teller sowie unser Geschirr und machte mich an den
Abwasch. „Sarah, ich finde das wirklich richtig toll, dass du jeden Tag einen Großteil der Hausarbeit machst. Als Belohnung für deinen Fleiß können wir ja mal zu dem Kleiderladen gehen, den du vorhin erwähnt hast",
sagte Mama. Ich machte vor Freude einen Luftsprung. Ich freute mich so
auf den Laden, dass ich fast vergaß, mir meine Schuhe anzuziehen, bevor
ich aus der kleinen Wohnung hinaustrat, die Treppen hinunter stürmte,
unten die Sonne anstrahlte und dabei auf meine Mutter wartete. Es fühlte
sich wie eine halbe Ewigkeit an, bis Mutter aus der Haustür trat. Wir liefen
los und zwar den Weg, den ich vorhin gelaufen war. Wir hörten das Sau-
sen des Windes und es blendete uns die Frühlingssonne, die zwischen
den Wolken herausspielte. Plötzlich rief ich aufgeregt: „Mutter, da vorne
ist der Laden!" Ich deutete mit der Hand auf ihn und rannte auf den Kleiderladen zu. Als meine Mutter schnaufend wie ein Bär hinterherkam, öffnete ich mit vor Aufregung zitternden Händen die Tür und trat in den Laden. Meine Mutter ging mir schweigend nach. „Hallo?", fragte ich leise
und ängstlich in die rabenschwarze Dunkelheit hinein. Mir war ängstlich
zumute. „Wer ist denn da?", krächzte eine knarzige Stimme. Es hörte sich
an, als ob jemand in einem Schrank säße und zu uns spräche. „Ich bin Sarah und hinter mir ist meine Mutter. Gibt es hier eigentlich Licht?", antwortete ich ängstlich der knarzenden Stimme. „Natürlich gibt es hier
Licht", krächzte die Stimme aus dem Nichts. Auf einmal wurde es heller
als draußen und ich musste meine Augen erst an die Helligkeit

19

gewöhnen. Ich sah einen dunkelbraunen Schrank in der Mitte des Raumes stehen. „Wo ist denn hier die Kasse?", fragte ich verwirrt. Die knarzige Stimme fing wieder an zu sprechen, während die Schranktür aufflog: „Hier drinnen ist sie. Willkommen im Laden der Wünsche. Der Laden ist immer da, wo er gebraucht wird. Und Sachen, die man sich wünschen wird, weiß der Laden und verführt Fußgänger dazu, hier hereinzukommen." Ich und Mutter blickten uns verwirrt um. Bis auf den Schrank war der Raum leer. „Was wünscht ihr euch?", fragte der Schrank. Ich fing an zu sprechen: „Ich wünsche mir das blaue Glitzerkleid aus dem Schaufenster. Und dass Papa zurückkommt. Und dass ich endlich in die Schule gehen kann." „Und dass wir nicht mehr arm sind", fügte meine Mutter noch leise hinzu. „Aha, und das wünscht ihr euch alles von Herzen?", fragte der Schrank. Ich und Mutter nickten, nachdem wir nicht lange überlegen mussten. Auf einmal fielen das Kleid, Papa, eine ausgefüllte, angenommene Schulanmeldung und mehrere Dutzend Scheine auf uns herab. Ich und Mama umarmten Papa ganz fest und bedankten uns sehr herzlich bei dem Schrank, nahmen unsere Sachen und gingen glücklich Hand in Hand aus der Tür hinaus. Als ich mich umsah, sah ich nur noch die verblassenden Umrisse des Kleiderladens – oder, wie ich gelernt hatte – des Wunschladens.

Lena Barth
Gymnasium bei St. Stephan, Klasse 6b

Wünsche um die Welt

Eines Abends saß ich auf der Fensterbank in meinem Zimmer und blickte in den schönen klaren Nachthimmel. Dann legte ich mich in mein Bett und dachte lange an die armen Kinder, die nicht so ein tolles Zuhause hatten wie ich. Mit diesen Gedanken schlief ich ein und wachte mit hellem Sonnenschein und hohen Außentemperaturen in meinem Zimmer auf. Ich sah aus meinem Fenster und erblickte ein kleines Häuschen inmitten einer Art Wüste. Ich entdeckte ein paar Kinder vor dem Haus, die zerfetzte Kleidung trugen. Sie sahen erschöpft und durstig aus. Als ich sie ansah, wünschte ich mir für die Kinder, dass sie genauso schöne Klamotten und einen großen Vorrat an Essen und Trinken hätten. Als ich meinen Gedanken zu Ende gebracht hatte, kam ein Lastwagen an und lud die schönsten Klamotten, die man haben konnte, und das leckerste Essen, das man sich vorstellen konnte, ab. Die Kinder riefen ihre Eltern und freuten sich riesig über die vielen Geschenke. Ich war verwundert, denn genau das hatte ich mir für die Kinder gewünscht! Ich war zwar durcheinander, dennoch war ich glücklich über das Geschehen. Nach ein paar weiteren Versuchen stellte ich fest, dass, wenn ich mir etwas wünschte, der Wunsch auch in Erfüllung ging. Ich wusste nicht, ob ich eine begrenzte Anzahl an Wünschen hatte, weshalb ich noch vielen weiteren armen Kinder auf der Welt ihre Träume erfüllte. Plötzlich rieb ich mir die Augen und wachte wieder in meinem alten Zuhause auf. Ich dachte mir: Das war ein sehr schöner Traum! Ich ging nach unten in das Wohnzimmer und schaltete die Nachrichten ein, wo im Moment berichtet wurde, dass ein Wunder geschehen sei und jetzt alle armen Kinder auf der Welt wieder ein schönes Leben mit ihren Familien führen konnten. Ich war überglücklich! Vielleicht träumst du ja auch einmal etwas, was eigentlich realistisch ist?

Melissa Gürtler und Leonie Bichler
Jakob-Fugger-Gymnasium, Klasse 6a

Luca und sein Wunsch

Es war einmal ein kleiner Junge namens Luca. Er wünschte sich ein Haustier, da er die Nachbarskinder mit ihren Haustieren spielen sah und sich einsam fühlte. Luca träumte davon, einen süßen Hund zu haben, der mit ihm kuschelte und spielte. Er dachte sich immer, wenn er nach Hause kam, wie schön es wäre, vom Haustier begrüßt zu werden. Eines Tages, als Luca spazieren ging, hörte er das Bellen eines Hundes. Er folgte dem Bellen und fand einen verletzten Hund. Sein Herz schlug schnell, weil er sich bewusst war, dass sein Wunsch in Erfüllung gehen könnte. Er brachte den Hund nach Hause, kümmerte sich um ihn und pflegte ihn gesund. Seit dem Tag sind sie unzertrennlich.

Ivano Balta und Fabian Tesche
Berufsschule VI, Klasse HOL 10A

Der zauberhafte Wunsch

Eines zauberhaften Abends war der kleine Andreas zu Hause. Während er einen warmen Tee trank, dachte er an seinen tiefsten Wunsch: „Ach, wäre es schön, in einer magischen Welt zu leben, nur leider gibt es keine echte Magie." Als er sich schlafen gelegt hatte und eingeschlafen war, passierte etwas Magisches. Am nächsten Morgen wachte er auf und stellte schnell fest, dass er nicht mehr bei sich zu Hause war. „Warte, wo bin ich?", fragte er laut. Andreas ging aus dem Schloss heraus und sah, dass er in Hogwarts war. Er murmelte: „Ich bin ja in Hogwarts! Ich habe es mir schon immer gewünscht, hier zu sein." Andreas war überglücklich und ging zu Professor Dumbledore. „Ah, Andreas, willkommen in Hogwarts!", sagte der Magier. Doch der Junge war sich nicht sicher, wie er hierher gekommen war. Dennoch machte er das Beste daraus und erlebte die schönsten Dinge. Er probierte den Zauberstab aus, lernte Zaubersprüche, flog mit dem Besen und lernte neue Freunde kennen. „Mann, ist es toll in Hogwarts!", dachte er sich. Alles schien perfekt zu sein, bis er in seinem Bett wieder aufwachte. „Schade, das war nur ein Traum …", erkannte er. Andreas war sich nun sicher, dass es echte Magie gab, man musste sie nur finden. Sein Wunsch war in Erfüllung gegangen.

Andreas Kaszczuk
Goethe-Mittelschule, Klasse 6ak

Wünsch dir was

Bei jeder Wimper.
Bei jeder Sternschnuppe.
Bei jedem Geburtstag.
Bei jeder Münze, die ich in einen Brunnen warf.
Bei jedem 4-blättrigen Kleeblatt.
Bei jeder Engelszahl.
Bei jedem Silvester.
Bei jedem anderen Kuss.
Bei jedem Ausflug, den ich unternehme.
Bei jeder Kleinigkeit.
Habe ich mir nur dich an meiner Seite gewünscht.
Eigentlich wünsche ich mir gerade nicht mehr, als dass du jetzt bei mir bist.
Vergiss mich nicht.
Vergiss nicht unsere gemeinsamen Erlebnisse.
Vergiss nicht, wie wir lachten.
Vergiss nicht das, was wir hatten.

Lilly Pfeiffer und Maja Nitsche
Berufsfachschule für Kinderpflege, Klasse Ki 11A

Wünsche im Laufe des Lebens

Wir kommen auf die Welt und können kaum denken, aber trotzdem haben wir Wünsche, angefangen mit Essen und Trinken von Mama und Papa, dann werden wir ein bisschen älter und wünschen uns Spielzeug gegen die

Langeweile, wenn keiner Zeit für uns hat. Wenn wir das erste Mal im Kindergarten sind, hoffen wir, dass wir ganz schnell wieder abgeholt werden, und am nächsten Tag wünschen wir uns Freunde zum Spielen. Dann kommt auch noch der Schulanfang. Wir wünschen uns einen schönen Schulranzen mit Mäppchen und Mappe und natürlich zur Einschulung eine Schultüte. Wir wünschen uns gute Noten und lernen dafür, manchmal wünschen wir uns auch, dass unsere Eltern einfach mal ja sagen zu etwas, was wir unbedingt wollen, und verstehen sie nicht. Dann wird man älter und wünscht sich einen Führerschein und ein Auto, eine eigene Wohnung und all so ein Zeug. Für all das braucht man Geld. Ich glaube, der größte Wunsch von allen ist viel Geld. Dann möchte man Kinder und in den Urlaub und einen guten Mann. Doch wenn man das alles hinter sich hat und dann in Rente ist, wünscht man sich nur noch zwei Dinge: Gesundheit und Zeit mit der Familie. Ist das nicht das Wichtigste? Gesundheit und die Familie, die einen immer unterstützt und nie im Stich lässt? Gute Freunde, die immer für einen da sind? All das ist wichtig – nur sehen wir es erst viel zu spät.

Jana Bünis
Berufsschule VI, Klasse HOL 10A

Wie Sand am Meer

Riiiiing! Die ganze Klasse springt auf, als sie den ersehnten Pausengong endlich hört. Blitzschnell packen alle ihre Schulsachen weg und drängen nach draußen. Und wie immer sind Peter, Thomas, Hans, Flo und ich die Ersten, die den Gang entlang rennen und auf den Pausenhof stürmen . . . und natürlich wie immer an unseren Lieblingsplatz, die Bank unter der großen Eiche. „Sag mal, Peter, was wünschst du dir eigentlich nächste Woche zum Geburtstag?", frage ich kauend. „Die neue X-Box natürlich! Du kannst vielleicht doofe Fragen stellen." „Ey, so doof ist die Frage gar nicht. Wenn ich mir etwas wünschen dürfte, dann wäre es, fliegen zu können – wie ein Vogel", meint Hans. „Und ich wünsche mir so richtig viel Glück. Dann würde ich mir jeden Tag ein Los kaufen und immer den Hauptpreis absahnen!", schwärmt Flo. „Nicht schlecht, eure Wünsche! Aber ich würde mir einfach unendlich viele Wünsche wünschen – so Sams-mäßig halt", verkünde ich. „Und du, Thomas? Was würdest du dir wünschen?" „Ich? Ich würde mir wünschen, dass die süße, westaustralische Kleine Langschwänzige Schmalfußbeutelmaus nicht ausstirbt", entgegnete Thomas. Als der Pausengong wieder ertönte, schlendern wir nachdenklich zurück ins Klassenzimmer. In der großen weiten Welt gibt es Wünsche wie Sand am

Meer: große und kleine, alltägliche und ausgefallene, gewöhnliche und einzigartige. Dennoch haben alle Wünsche etwas gemeinsam: Sie lassen uns träumen und machen uns glücklich. Und was wünschst Du Dir?

Leon Kobor
Gymnasium Maria Stern, Klasse 5a

Wünschelrute — DER GLÜCKS-WUNSCH-RAP

Glück ist: was wir alle feiern!

Benny
Findest Glück
in jeder Hütte.
Bleibst du da,
gehst gar nicht raus.
Dort bekommst du
Lieb' und Güte.
Happiness
gibt's nur zu Haus'.

Refrain
Glück ist:
was wir alle feiern.
Ohne Glück,
da geht nicht viel
Glück rollt nicht
daher auf Eiern.
Such' und find' es,
ist das Spiel.

Moritz
Käsespätzle
sind das Beste.
Von der Mama
frisch gekocht.
Und das schönste:
viele Gäste!
Da vor Glück
mein Herz laut pocht.

Saif
Fangen möchte ich
große Fische,
Glücksgefühle,
viel und reich.
Lachs und Karpfen
auf die Tische!
Voller Kescher
frisch vom Teich.

Emily
Family und Geld,
wie wichtig!
Mehr brauch' ich
zum Leben nicht.
Für mein Herz
ist das voll richtig.
Oder ist
der Wunsch zu schlicht?

Susi
Glück ist die Natur
und Wonne.
Waldluft ist
so schön und klar.
Wenn durch Bäume
kommt die Sonne,
fühl ich mich
so wunderbar.

Batuhan
Knappes Glück
ist nicht besonders.
Viel des Glücks
ist wunderbar.
Dafür ist,
and who would wonder,
Glück für mich
so great und rar!

Refrain
Glück ist:
was wir alle feiern.
Ohne Glück,
da geht nicht viel.
Glück rollt nicht
daher auf Eiern.
Such' und find' es,
ist das Spiel.

Chahd
Wenn ich Sushi
ess' und Ramen,
bin ich glücklich
und so froh.
Fisch und Reis
und Kraut und Samen,
gern gekocht,
ess' ich auch roh.

Anna LORD
Fühle Glück
an allen Tagen.
Wenn ich
deine Augen seh'.
Will dich immer
fest umarmen,
alles mit dir
ist so „schee"!

Saskia
Glücklich bin ich,
ja ich funkel',
in den Pausen
und auch sonst.
Nur Latein
ist nicht mein Kumpel.
Wünsch dir sehr,
dass du das bongst.

Refrain
Glück ist:
was wir alle feiern.
Ohne Glück,
da geht nicht viel.
Glück rollt nicht
daher auf Eiern.
Such' und find' es,
ist das Spiel.

Tamara
Sommer, Sonne,
Freunde, Frieden,
alles,
was der Mensch begehrt.
And you need
some Glück and Liebe,
dann dein Herz
bleibt unversehrt.

Franzi LUCKY
Spüre Glück,
wenn ich dich sehe.
Will dich nie
verlieren, nie!
Geh'n zu zweit
auf allen Wegen.
Herz in Herz
in Fantasie.

Özlem

Gute Unterhaltung
lieb ich,
jedenfalls
mit Freunden sehr.
Das macht un-
versehens glücklich.
Talk a lot
und gern noch mehr.

Refrain

Glück ist:
was wir alle feiern.
Ohne Glück,
da geht nicht viel.
Glück rollt nicht
daher auf Eiern.
Such' und find' es,
ist das Spiel.

Yaqain

Mir liegt Geld
so sehr am Herzen.
Geld bringt mir
und andern Glück.
Money earned
mit vielen Schmerzen,
bless my soul,
wie es sie schmückt!

Bela

Glück ist, wenn
ich mittags heimgeh'.
Glück ist, wenn
mein Geld dann reicht.
Reicht für Spezi
und für Chips.
Schlimm, wenn ich's
der Mama beicht'.

Achille

Leben strahlt
oft klar und helle.
So wie wir
es lieben, ach!
Doch es hat
auch dunkle Quellen.
Manchmal ist es
Pech und schwarz.

Refrain

Glück ist:
was wir alle feiern.
Ohne Glück,
da geht nicht viel.
Glück rollt nicht
daher auf Eiern.
Such' und find' es,
ist das Spiel.

Antonia

Wenn ich mal
zum Shoppen fahre,
freu ich mich
den ganzen Tag.
Trag ich Taschen
mit viel Ware,
das ist wirklich,
was ich mag.

Linus

Zocken ist
die pure Freiheit.
Hat man nur
das richt'ge Spiel.
Dann bekommt man
Pixelaugen.
Das ist reines Glück
for me.

Kristof
Luck ist Glück
und ist am Schweben.
Überall
in uns'rer Luft.
Alle atmen es
und leben.
Glück hat einen
super Duft.

Refrain
Glück ist:
was wir alle feiern.
Ohne Glück,
da geht nicht viel.
Glück rollt nicht
daher auf Eiern.
Such' und find' es,
ist das Spiel.

Luis
Liegt ein Glück
in jedem Wesen.
Ja, es ist
darin versteckt.

Schwierig ist es,
drin zu lesen.
Glücklich der,
der es entdeckt.

David
Glück ist essenziell
für jeden.
Es zu finden
ist nicht leicht.
Und das offen
zuzugeben,
pretty tough
and brave zugleich!

Refrain
Glück ist:
was wir alle feiern.
Ohne Glück,
da geht nicht viel.
Glück rollt nicht
daher auf Eiern.
Such' und find' es,
ist das Spiel.

Klasse 6g
Gymnasium bei St. Anna

Manifest zur Menschlichkeit

Wünsch dir was und schau dann dabei zu, wie die Realität deine Hoffnungen zu Asche werden lässt. Was bleibt, wenn die ungeschönten Wahrheiten der echten Welt uns erst eingeholt haben? Woran können wir uns festhalten? Was gibt uns da noch Hoffnung? Wenn uns nichts mehr bleibt, bleibt uns nur noch die Menschlichkeit. Sie hat unterschiedliche Namen, die Menschlichkeit. Die Menschlichkeit ist unser moralischer Kompass. Sie ist der letzte Graben, der uns von den Tieren unterscheidet. Sie hat mit Verstand nichts zu tun. Sie ist nicht Denken und nicht Wissenschaft, sie ist nicht Fortschritt und nicht Wirtschaftswachstum, hat keine Macht und keine Überlegenheit. Menschlichkeit kann nur um der Menschlichkeit willen Menschlichkeit heißen. Sie ist der Wille, das Richtige zu tun, das Bedürfnis zu helfen, die Notwendigkeit, *mit* anderen und nicht *gegen* andere zu leben. Sie ist Selbstbeherrschung und Selbstregulierung und genauso ist sie die Emotion, Hass und Liebe, Hoffnung und Verzweiflung, Vertrauen und Enttäuschung. Sie ist Bildung und Reflexion, Offenheit und Wandel. Sie ist der Eckstein von Kultur und Zivilisation. Mit allen Seiten des Menschen zeichnet sie ein Bild von einer Welt, die geprägt ist von Tragödien und Katastrophen, vor allem aber von dem Willen, den nächsten Schritt zu gehen. Weiterzuleben. Weiter Mensch zu sein.

Joel Dorn
Gymnasium bei St. Stephan, Klasse 11a

Ein Wunsch

Ich wünsch mir was, und zwar, dass man kann schauen oder trauern, man kann träumen, in Fantasien, man kann lernen oder staunen, daran denken, Spaß bringt vielen, es ist ein Buch, verpackt in ein seidenes Tuch.

(Nini) Wunier Qibuqin
Gymnasium bei St. Stephan, Klasse 5a

Mein Wünsche — Elfchen

Wünsche
brauche ich,
um zu leben.
Sie machen Menschen glücklich
Traumhaft!

Katharina Klenov
Drei-Auen-Grundschule, Klasse 3b

Mein Wunsch

Wünsche haben wir alle, egal, wer wir sind.
Ob Fußballschuhe, gute Noten, neues Handy, es sind die Wünsche von fast jedem Kind.
Doch was, wenn jeder auf dieser Welt,
ähnliche Wünsche hätte, wie es gefällt?
Langweilig, mag sein, auf den ersten Blick.

Doch wäre das nicht das wahre Glück?
Spielzeug, Fußballschuhe und so viel mehr,
das ist es, was Kinder sich wünschen sollten – so wär's fair.
Es soll kein Wunsch sein, kein Traum, in die Schule zu gehen.
Es soll kein Wunsch sein, kein Traum, ein Zuhause zu haben.
Es soll kein Wunsch sein, kein Traum, in Frieden zu leben.
Das ist meine Hoffnung, mein Wunsch.
Wie kann man ihn erfüllen?

Antonia Schlömer
Gymnasium bei St. Stephan, Klasse 9b

Mein Leben in der Zukunft wie in einem Traum

Ich würde mir vorstellen, dass ich ein sehr starker Boxer bin, der das Beste für seinen Beruf will. Ich würde ein Leben wie alle anderen führen. Ich würde gerne mit meiner Familie in New York City leben. Ich hätte gerne ein noch größeres Leben, normal, und auch meine Familienangehörigen sollten nie arbeiten. Sie kümmern sich nur um das, was sie tun wollen. Ich wünsche mir, dass kein einziger Mensch auf der Welt dafür leiden muss und der Rassismus verschwindet. Dies ist mein Traum.

Jeta ime në të ardhmen si në ëndërr Unë do të imagjinoja se jam një boksier shumë i fortë që do më të mirën për profesionin tim. Unë do të jetoja një jetë si gjithë të tjerët. Do të doja të jetoja në New York City me familjen time. Do të doja të bëja një jetë akoma më normale dhe familjarët e mi nuk duhet të punojnë kurrë, por interesohen vetëm për atë që duan të bëjnë. Shpresoj që asnjë person i vetëm në botë nuk duhet të vuajë për këtë dhe që racizmi të zhduket. Kjo është ëndrra ime.

A. S.
Werner-von-Siemens-Mittelschule, Klasse DK7/9

Mein allergrößter Wunsch

Jeder von uns hegt Wünsche, die uns tagtäglich begleiten. Ähnlich wie jeder andere habe auch ich viele Wünsche, aber einer ist für mich von besonderer Bedeutung, und den möchte ich heute mit euch teilen.

Mein allergrößter Wunsch ist eng mit meiner Mutter verbunden. Jede Mutter ist wundervoll und einzigartig, aber meine Mutter ist für mich etwas ganz Besonderes. Nicht nur, dass sie mir das Leben geschenkt hat, sondern sie ermöglicht mir auch weiterhin, mein Traumleben zu führen.

Das hätte sie sich selbst gewünscht. Sie ermöglicht mir, all das zu erleben, wozu sie selbst nie die Gelegenheit hatte, und dafür bin ich ihr zutiefst dankbar. Meine Mutter hat mich im Alter von 18 Jahren bekommen, zu einer Zeit, als sie selbst noch am Anfang ihres Lebens stand. Dennoch hat sie mich so sehr gewollt und sich verpflichtet, mir alles zu bieten, was sie selbst nicht hatte. Sie ist nicht nur meine Mutter, sondern auch meine beste Freundin. Ihr kann ich alles erzählen und über alles reden. Als wir nach Deutschland umgezogen sind, hat sie alles hinter sich gelassen – ihre Träume, Freunde und Familie – nur damit mein Bruder und ich eine bessere Zukunft haben können. Sie tut alles für uns. Nicht immer hatten wir leichte Zeiten, aber selbst in schwierigen Momenten hat sie uns nie spüren lassen, dass etwas nicht in Ordnung ist. Sie hat stets alles getan, damit es uns an nichts fehlt, und uns ihre bedingungslose Liebe geschenkt. Noch heute opfert sie sich jeden Tag für unser Glück auf. Sie hat bereits so viel für uns gemacht und aufgegeben. Immer standen wir, ihre Kinder, an erster Stelle – nichts und niemand sonst. Obwohl ich als Kind Fehler gemacht habe und immer noch mache, hat mir meine Mutter alles verziehen. Natürlich sollte jede Mutter so handeln, aber ich schätze das Verhalten meiner Mutter außerordentlich. Wie bereits erwähnt, sind wir, ihre Kinder, ihre oberste Priorität. Doch mein größter Wunsch ist es, dass sie sich auch einmal selbst zur Priorität macht und das tut, was sie sich wünscht. Mir ist bewusst, dass sie immer das tun wird, was für meinen Bruder und mich am besten ist, selbst wenn sie sich vielleicht etwas anderes wünschen würde. Sie wird immer eine besondere Mutter bleiben. Dennoch wünsche ich mir, dass ich ihr eines Tages all das zurückgeben kann. Sie legt keinen Wert auf materielle Dinge und ist bereits glücklich mit unserem Glück und der Liebe, die wir ihr schenken. Dennoch werde ich eines Tages dafür sorgen, dass sie auch ihre Träume erfüllen kann. Ich werde alles tun, damit sie die Dinge tun oder erleben kann, die sie für uns geopfert hat. Das ist mein allergrößter Wunsch, den ich eines Tages erfüllen möchte, denn für mich ist meine Mutter das Wichtigste auf der Welt.

Selena Buzna
Berufsfachschule für Kinderpflege, Klasse Ki 11B

Mein erster Amateurkampf

In der Roten Ecke Michele Ferrara und in der Blauen Ecke Egon Kowalski. Beide kommen in die Mitte und die erste Runde geht los. Michele Ferrara fängt mit einer Eins-Zwei-Kombination an, weiter geht es an den Seilen und – bam –

Michele Ferrara trifft ihn am Kopf, Egon Kowalski geht vor mit seiner Linken und versucht, Michele zu schlagen. Die erste Runde ist vorbei. Es geht weiter mit der zweiten Runde. Michele ist in der Mitte des Rings. Egon Kowalski nähert sich Michele und daraufhin gibt ihm Michele eine Eins-Zwei-Haken-Kombination. Egon Kowalski steht sehr verletzt auf, und das Tuch wird aus der blauen Ecke geschmissen. So endet der Kampf. Michele Ferrara: unser Sieger durch einen Technischen Knockout.

Im Ring war ich sehr aufgeregt. Ich sah seine Schläge und wusste, dass ich einfach viel besser bin, also links – rechts – „Bam" und nach einem Aufwärtshaken ging er zu Boden. Dann kam der Krankenwagen und nahm ihn mit.

Ich habe immer als kleines Kind davon geträumt, ein Boxer zu sein und Kämpfe zu machen und zu gewinnen. Vielleicht auch verlieren, denn es gehört dazu. Am meisten träumte ich, der beste Boxer auf der Welt zu werden und dass ich berühmt werde. Davor habe ich immer Fußball gespielt und ich merkte, dass es nicht das Richtige war, was ich eigentlich wollte. Also entschied ich mich dann, mich beim Boxen anzumelden, und jetzt bin ich einer der Besten im ganzen Boxclub. Im März beginnt ein Nachwuchsturnier und dafür werde ich hart trainieren, denn ich muss auf jeden Fall den Sieg nach Hause bringen. Ich werde versuchen, Deutscher Meister zu werden, und mein allergrößter Traum ist, dass ich Weltmeister werde.

Michele Ferrara
Löweneck-Mittelschule, Klasse 7a

Verschiedene Wünsche

Es gibt materielle Wünsche, die kann man anfassen, und es gibt immaterielle Wünsche, die kann man nicht anfassen. Materielle Wünsche sind zum Beispiel eine Playstation und eine Nintendo. Immaterielle Wünsche sind Glück haben und gesund sein.

Younes Altintop
Grundschule Göggingen-West, Klasse 3a

Die Wunschfee

Es war einmal eine Wunschfee. Sie hieß Tina. Tina war mit Tom befreundet. Als Tina Tom eines Morgens wecken wollte, wollte der nicht aufstehen und wünschte sich, dass es noch Nacht wäre. Schwupp – der Wunsch war erfüllt. Tom schlief weiter. Als er endlich, es war schon 10 Uhr, aufwachte, war es immer noch stockfinster. Er erschrak und fragte Tina: „Was ist denn jetzt los?" Tina zuckte mit den Achseln und sagte: „Du hast dir doch gewünscht, dass es Nacht ist. Also ist es Nacht!" Da wünschte sich Tom gleich, dass es wieder Tag sein soll. Schwupp – es war Tag. Tina war etwas grummelig, aber das merkte Tom gar nicht. Er wollte jetzt draußen spazieren gehen. Es war sonnig und hatte so 30 Grad. Die beiden waren sehr glücklich. Da trafen sie einen armen Mann. Der war sehr traurig. Tina haute Tom mit dem Ellenbogen in die Rippen und Tom wünschte sich für den Mann einen Haufen Geld. Schwupp – erfüllt! Der Mann bedankte sich bei Tom und Tina und ging glücklich und reich davon. Nun trafen sie ein krankes Kind. Es war wirklich sehr krank. Tina holte schon wieder mit dem Ellenbogen aus, aber Tom winkte ab. „Weiß schon! Ich wünsche, dass das Kind wieder gesund ist!" Schwupp – erfüllt. Der Junge hüpfte glücklich und gesund nach Hause. Puh, dachte Tom, Wünsche sind ganz schön anstrengend! Und meine Rippen haben blaue Flecken. Für den Rest des Tages schauten Tom und Tina Fernsehen. Tom wurde müde, aber es war immer noch heller Tag. Tina schlief schon tief und fest, da merkte Tom, was er für einen Fehler gemacht hatte. Er hatte sich Tag gewünscht, jetzt war alles durcheinander. Er rüttelte Tina erst ganz sanft, dann aber richtig fest. Er konnte die Augen schon fast nicht mehr aufhalten, so müde war er. „Tina, wach auf! Ich wünsch mir, dass die Zeit wieder normal geht!" „Ist ja schon gut!", murmelte Tina. Schwupp – erfüllt. Erleichtert schlief Tom ein. Das war knapp. Aber für die Zukunft wollte er besser mit der Wünscherei umgehen.

Alexandru Petrila
Grundschule Bärenkeller, Klasse 4b

Ganz viel Zeit

Ich habe viele Wünsche, aber alle Träume kosten entweder Geld oder man braucht Geduld, bis sie in Erfüllung gehen. Zum Beispiel wünsche ich mir einen eigenen kleinen Hund, nur für mich allein. Aber auch neue Kleidung, Spielsachen und vieles mehr stehen auf meiner Liste. Doch wenn ich nachdenke, habe ich ja schon ganz viel von diesen Dingen. Wir besitzen einen süßen Familienhund und auch mein Zimmer ist voll mit Spielsachen. Sogar mein Kleiderschrank platzt mittlerweile aus allen Nähten. Meist reicht es jedoch trotzdem nicht. Meinen größten Wunsch, den ich habe, kann man sich nicht kaufen. Und von diesem habe ich eigentlich immer zu wenig. Dieser Wunsch ist Zeit. Das Gute daran ist auch, dass ich nicht zu viel davon haben kann und man mit diesem Anliegen auch sehr viel erlebt. Ich wünschte mir, ich hätte Zeit nur für die schönen Dinge im Leben. Ganz viele Minuten und

Stunden Zeit, mit den Menschen, die ich so sehr liebe. Meine Familie und ich könnten viel in die Natur gehen, spazieren, den Wald erkunden, Picknick machen oder einfach in der Wiese liegen und die Wolken beobachten. Und das alles ohne Hektik und ohne Stress. Ohne ein einziges Mal auf die Uhr zu sehen. Ich wünsche mir auch mehr Zeit mit meinen Eltern und mit Oma und Opa, um zu reden, zu kuscheln, zu lachen und den ganzen Tag Spiele zu spielen. Das würde mich richtig glücklich machen. Eine lange Reise antreten, um schöne Dinge zu erleben und gemeinsam die Welt zu entdecken, wäre auch noch ein großer Traum von mir. Eigentlich ist mein größter Wunsch eine kleine Überraschung, die nichts kostet, aber im Stress des Alltags immer mehr vergessen wird. ZEIT, ja ZEIT für alles, was ich liebe. Und ich fange gleich heute damit an!

Selina Schorr
Gymnasium bei St. Stephan, Klasse 5d

Wünsch dir was!

Stell dir vor, du könntest dir etwas wünschen. Etwas, das die ganze Welt für immer verändern könnte. Nicht nur für dich, sondern für alle Menschen. Du könntest dir Frieden für alle wünschen oder du wünschst dir selbst Macht und Einfluss. Du könntest dir Wohlstand für alle wünschen oder du wünschst dir selbst Reichtum und Überfluss. Du könntest dir Gesundheit für alle wünschen oder du wünschst dir selbst ewiges Leben. Du kannst diesen Wunsch für alle Menschen nutzen oder nur für dich selbst. Was wünschst du dir?

Elena Leitner
Gymnasium bei St. Stephan, Klasse 6c

Hände finden

Hände, die sich finden in der Nähe, nicht allein, Wünsche sich erfüllen.

Luis Merane
Jakob-Fugger-Gymnasium, Klasse 6b

Jeder hat Wünsche

Es ist ein schönes Gefühl, wenn man den Satz „Wünsch dir was!" hört. Es gibt einem das Gefühl, der Person nicht egal zu sein, dass sie an einen denkt. Vielleicht auch, dass die Person einem eine Freude machen möchte und sich für deine Interessen interessiert. Jeder Mensch hat Wünsche – auch wenn sie meist verborgen bleiben –, die er frei äußern dürfen sollte. Oft ist es wichtig, seine Wünsche anderen mitzuteilen, damit sie eventuell erfüllt werden können. Es ist aber nicht nur schön, selbst Wünsche erfüllt zu bekommen, sondern auch anderen einmal eine Freude zu machen, indem man sagt: „Wünsch dir was!"

Sophia Baur
Gymnasium Maria Stern, Klasse 7c

Ein anderes Leben

Ich spüre Angst. Wie lange lebe ich noch? Mein Magen knurrt, kein Ausweg. Mir fehlt die Luft zum Atmen. Seit langer Zeit kein blauer Himmel. Ich rieche Rauch und sehe nur grau. Alles zertrümmert und kein Lichtblick für die Zukunft. Ein Spalt in die Freiheit, zwischen dem Gefecht ein Schmetterling. So bunt und frei. Fliegt mit einer Leichtigkeit, als wäre kein Krieg. Was würde ich dafür geben, um zu sein wie das kleine Wesen. Ich wünsche mir den Frieden.

Leonie Elias und Sophia Olbrich
Berufsfachschule für Kinderpflege, Klasse Ki 10C

Der Klang der Wünsche

Als ich hinauf zum Himmel sah und meine Augen schloss, kam wieder dieser eine Wunsch, der mich seit Wochen schon in meinen Träumen verfolgte. Dieses Gefühl, dieser Klang und dieses Bild, als Musiker in einem riesigen Konzert zu spielen. Musik kann jedem Menschen das Gefühl geben, frei von allen negativen Dingen aus dem Alltag zu sein. Doch schon wurde ich wieder aus diesem Moment gerissen, denn die Straßenbahn hielt an und ich war wieder im Gefängnis des Alltags. Doch eins war mir klar, irgendwann wird mein Alltag mein größter Wunsch sein und ich werde dieses Gefühl nicht nur in solchen Momenten besitzen, sondern in jedem Augenblick. Tag für Tag ging jeden Abend dieser Klang meiner Klarinette durch mein Gehör und ich fühlte mich wie im siebten Himmel nach einem anstrengenden Tag in der Arbeit. Schritt für Schritt kämpfte ich mich meinem Ziel näher und ging näher an meine Prüfungen heran. Als dieser eine Tag da war und ich vor dem Zimmer der D1-Prüfung stand, war ich nicht einmal aufgeregt, da ich wusste: Sobald der Klang meine Ohren erfüllt, kann diese Prüfung nicht mehr schief laufen. Nachdem ich den Raum mit dem Zertifikat verlassen hatte, hörte ich eine Stimme rufen. Ich drehte mich um und blieb stehen, bis mich die fremde Person erreichte. Diese sprach los und sagte zu mir: „Du bist ein Wunder, du spielst nicht nur Musik, sondern es ist ein Gefühl für dich. Genau das macht einen richtigen Musiker aus. Ich sehe in dir mehr, komm nächste Woche zu uns nach München und probe mit uns gemeinsam für ein großes Konzert im Frühjahr!"

Ich wusste nicht, was ich darauf antworten sollte. Ich bedankte mich und in großer Freude sagte ich zu. Am Ende der Woche machte ich mich auf den Weg nach München und ich kam meinem kleinen Wunsch immer ein Stück näher, bei dem ich nie dachte, dass dieser wahr werden würde. Monatelang probten wir für dieses Konzert, Tag für Tag. Auch jetzt wurde es mir ganz warm, ich war das erste Mal so richtig aufgeregt. Nun stand ich vor diesem aufregenden Tag. Ich spitzelte etwas vor den großen Vorhang der Bühne, die Konzerthalle füllte sich immer mehr, Tausende von Menschen nahmen Platz. Nun liefen wir alle auf die Bühne und nahmen Platz. Ich schloss noch einmal meine Augen und erinnerte mich an dieses wunderbare Gefühl in meinen kleinen Alltagsmomenten und hörte in meinen Ohren den Klang der Klarinette. Ich öffnete meine Augen und spielte einfach los. Das war der schönste Moment meines Lebens, das wunderbarste Gefühl. Mein Traum ging in Erfüllung und deswegen glaube ich, dass jeder seine Träume erfüllen kann, wenn man fest daran glaubt und daran festhält.

Julia Saumweber
Berufsschule V, Klasse ST10B

Wünsch dir was: Die Reise zur inneren Erfüllung

In einer Welt, die oft von Hektik und Alltagsstress geprägt ist, gibt es einen kostbaren Moment des Innehaltens, der das Herz von Sorgen befreit und die wahre Euphorie des Augenblicks enthüllt. Es ist eine Expedition zur emotionalen Erfüllung, zu Selbstfindung und zur Liebe zu sich selbst. Dieser kostbare Moment ist wie ein Atemzug frischer Luft, der die Last der Sorgen von den Schultern nimmt. Es ist, als ob ein unsichtbares Gewicht von der Seele genommen wird, und plötzlich öffnen sich die Tore zu einer Welt, in der nur der gegenwärtige Moment existiert. In diesem Augenblick der Befreiung spürt man eine Euphorie, die die Sinne durchflutet. Das Herz beginnt zu schweben, befreit von den Ketten der Vergangenheit und den Ängsten der Zukunft. Die Welt wird zu einem schillernden Kaleidoskop von Farben, und jeder Augenblick ist eine Explosion der Freude. Es ist die Freude, sich selbst bedingungslos anzunehmen und die Lebendigkeit des eigenen Wesens zu feiern. Wenn das Herz im Einklang mit der Liebe zu sich selbst schlägt, wird die Euphorie zu einem ständigen Begleiter, der den Weg erhellt. Die Puzzleteile des Lebens fügen sich harmonisch zusammen, wenn wir uns erlauben, im gegenwärtigen Moment zu leben. Es ist ein Prozess der Achtsamkeit und des bewussten Genießens, bei dem jeder Augenblick als wertvoller Baustein für die Zukunft betrachtet wird. In dieser Einigkeit mit dem eigenen Selbst erblühen die Lebensbausteine zu einem faszinierenden Mosaik der Möglichkeiten. Wünsch dir was, lass die Träume fliegen und die Sehnsüchte tanzen. Das Herz tanzt vor Euphorie, befreit von Vergangenheitsballast und Zukunftsängsten. Die Reise zur emotionalen Erfüllung, Selbstfindung und Liebe zu sich selbst ist ein Geschenk, das die Farben des Lebens intensiviert und den Weg zu einem erfüllten Dasein ebnet. Die Welt wird zu einem lebendigen Farbspiel und jeder Augenblick wird zum Strahlen der inneren Freude. Dieser Augenblick ist eine Reise zur Selbstliebe, wo das Herz im Takt der Gegenwart schlägt und die Zukunft in einem leuchtenden Licht erstrahlt.

Vanessa Prodlik
Berufsschule IV, Klasse DM 11A

Wunschwelle

Manchmal überfällt einen ein Wunsch wie eine Welle,
doch wünsch es dir nicht auf die Schnelle,
denke darüber nach:
Brauch ich es, nützt es mir,
gibt es mit Freunden noch ein Wir?
Bring dich, wenn es nicht so ist, vor der Welle in Sicherheit,
bis sie dich erreicht, ist nicht mehr viel Zeit.
Sie wird größer und wächst, doch du wächst nicht mit ihr.
Beherrsche dich bei Wünschen, die schlecht sind,
sonst schwappt die Welle über dir zusammen geschwind.
Wenn du den Wunsch nicht erreichst,
wirst du unglücklich und zerbrechlich zugleich.
Ist der Wunsch aber in Ordnung, lass dich von der Welle tragen,
sie wird dich bringen ins Behagen.
Wenn du den Wunsch erreichst, wirst du glücklich und froh,
wenn du ihn nicht erreichst, dann vielleicht anderswo.

Dorothea Mackes
Gymnasium bei St. Stephan, Klasse 5d

Emilias Wunsch

Emilia war ein junges Mädchen und hatte einen großen Wunsch: Sie wollte so gerne einen Hund. Leider war ihr Vater gegen Hundehaare allergisch und ihre Mutter war dagegen, weil es so viel Arbeit macht. Also ging das nicht.

Als Emilia eines Tages mit ihrer Freundin Sahra im Park spielte, rannte plötzlich ein Hund an ihnen vorbei und eine alte Dame lief hechelnd hinterher und rief: „Bello, komm!" Emilia sprintete los. Sie holte den Hund schnell ein und brachte ihn der Frau zurück. Diese dankte Emilia: „Kann ich euch zu einem Eis einladen?" Die Mädchen strahlten übers ganze Gesicht und willigten sofort ein.

Sie schlenderten durch den Park und dabei erzählte Emilia sofort: „Ich hätte auch gerne einen Hund, aber mein Vater… Ja, er ist allergisch." Anna, die ältere Dame, nickte und sagte: „Ja, das wünschen sich viele. Aber mir wird Bello auch langsam zu schnell und zu anstrengend." Sofort fiel Emilia etwas ein. Sie dachte: ‚Oh, vielleicht kann ich den Hund ja mittags und abends Gassi führen und manchmal auch auf ihn aufpassen.' Sie fragte sofort nach und die alte Dame freute sich und versprach: „Oh ja, gerne. Du darfst Bello immer ausführen oder auf ihn aufpassen. Wir müssen es aber dann noch deinen Eltern erzählen und wenn sie einverstanden sind, nehme ich das Angebot gerne an." Die Hundebesitzerin begleitete sie zu ihr nach Hause und ihre Eltern stimmten dem Vorhaben zu. Emilia strahlte übers ganze Gesicht: „Endlich hat sich mein Wunsch, einen Hund zu haben, erfüllt."

Helene Worthmann
Lichtenstein-Rother-Schule, Klasse 4

Viele Wünsche …

Ich wünsch mir Frieden auf der Welt, so wie's der Menschheit gefällt.
Eine Freundschaft, die immer hält. So wie Sonne und Mond Tag und Nacht erhellen.
Es gibt viele Wünsche auf dieser Welt.
Jeder hat andere Wünsche, egal welche, zum Beispiel fliegen können oder unsichtbar sein.
Jeder wünscht sich etwas anderes.
Ich wünsche mir einen Gaming-PC mit Maus, Tastatur und Mikro, ok?
Freunde, die mit mir die Zeit genießen und beim Zocken mit mir abrocken.
Es gibt viele Wünsche auf dieser Welt.

Jeder hat andere Wünsche, egal welche, zum Beispiel fliegen können oder unsichtbar sein.
Jeder wünscht sich etwas anderes.
Ich wünsch mir ein Zimmer, in dem nie Zeit vergeht,
einen Kühlschrank, dem nie Essen fehlt.
Das wünsch ich dem Rest der Welt,
aber auch einem Menschen, der mich erhellt.

Deniz Schmiegel
Förderzentrum Hören-Augsburg, Klasse 6s

Ich wünsche mir

Ich möchte nicht die ganze Zeit an einem Arbeitsplatz sitzen, sondern viel reisen. Ich möchte um die Welt fliegen, zu den erstaunlichen Stätten der Welt wie zum Beispiel: Pangong Tso-See, Himalaya; Buddha, Insel Lantau, Hongkong; Awapuhi Trail Kauai, Hawaii. Oder ich würde gerne ins Valley of Ten Peaks, Moraine Lake, Alberta, Kanada fliegen (sehr schöner Ort). Und abgesehen von diesen Orten würde ich einfach gerne in die üblichen Länder fliegen, wie zum Beispiel: Georgien, Dänemark, Irland, Spanien, Italien, Kanada, China, Südkorea, Malediven, Mexiko, Norwegen und viele andere. Ich möchte, dass es in meinem Leben viele Abenteuer gibt. Und ich möchte nicht alleine reisen, sondern mit meiner Freundin oder meiner Familie.

Oleksandra Zihalova
Werner-von-Siemens-Mittelschule, Klasse DK7/9

Wünsch dir was

Wünsch dir was, heißt es oft, wenn man vor einer besonderen Gelegenheit steht. Es kann eine schwierige Entscheidung sein, wenn man sich etwas wünschen darf, denn oft sind die Möglichkeiten endlos. Manche wünschen sich materielle Dinge, wie ein neues Auto oder ein schönes Haus, während andere sich nach innerem Frieden oder Glück sehnen. Es ist wichtig, sich bewusst zu machen, was einem wirklich wichtig ist und was einen langfristig glücklich machen würde. Also, wenn du dir etwas wünschen könntest, was wäre es? Ich wünsche mir, dass alle Menschen auf der Welt in Frieden und Harmonie miteinander leben können. Ich wünsche mir, dass wir alle mehr Mitgefühl und Verständnis füreinander haben. Ich wünsche mir, dass wir gemeinsam für eine nachhaltige Zukunft arbeiten und unseren Planten schützen. Und ich wünsche mir, dass jeder die Möglichkeit hat, seine Träume zu verwirklichen und glücklich zu sein. Was wünschst du dir?

Esila Saracoglu und Leonie Lai
Reischlesche Wirtschaftsschule, Klasse 7a

Wann nur?

Drei Worte. Drei unerhörte Worte. Drei Worte, die selten Menschen zu Ohren bekommen. Wünsch. Dir. Was. Drei Worte, die die Welt verändern können. Ein Gedankenspiel: Du und die gesamte Menschheit, welche diese drei Worte ausspricht. Und dann darfst du entscheiden. Entscheiden, ob gläubig oder nicht. Ob Ehe oder nicht. Ob Schule oder nicht. Ob Junge oder Mädchen. Ob auswandern oder bleiben. Ob leben oder sterben. Doch das ist nur ein Gedankenspiel. Ein reines Gedankenspiel ohne einen Hauch Realität. So sage mir deshalb: Wann? Wann hörst du sowas? Wann darfst du entscheiden? Wann passiert es? Wann passiert es, dass du zu nichts mehr gezwungen wirst? Wann wirst du diese drei Worte hören? Wünsch. Dir. Was. Wann nur?

Kai Okhrin
Gymnasium bei St. Stephan, Klasse 8c

Anderer Mensch — anderer Wunsch

Wie Sie, liebe Leserinnen und Leser, bestimmt wissen, gibt es unterschiedliche Menschen und dementsprechend auch sehr vielfältige Wünsche. Die meisten unter Ihnen denken, wenn Sie das Wort Wünsche hören, wahrscheinlich sofort an Geburtstag, Weihnachten und materielle Dinge. Aber ich schätze, es gibt deutlich mehr Menschen auf der Welt, die sich andere Sachen wünschen, als solche Geschenke, die man im Laden erhält. Viele wünschen sich zum Beispiel, dass ihre Väter aus dem Krieg zurückkommen, dass sie ein Dach über dem Kopf haben, dass sie überhaupt überleben können ... oder tatsächlich, dass sie in die Schule gehen dürfen – und sicher noch viele weitere Dinge, die für andere wiederum selbstverständlich sind. Da ich glücklicherweise weder an Armut noch an Hunger, Durst oder an einer anderen derartigen Not leide und ich mir diese Situationen auch gar nicht so recht vorstellen kann, sind mir diese Wünsche fremd. Als ich meine Weihnachtswunschliste letztes Jahr geschrieben habe, dachte ich nur an Spielzeug, Kleidung und so weiter, denn das waren meine am längsten ersehnten Wünsche. Aber im Nachhinein habe ich mir gedacht, wie egoistisch und wenig weiterdenkend ich war, da mir plötzlich eingefallen ist, dass ich mir doch eigentlich auch noch etwas anderes hätte wünschen können! Zum Beispiel, dass die Kriege in der Ukraine und im Gazastreifen aufhören, dass wir Menschen viel, viel weniger CO_2 produzieren – eben solche noch viel wichtigeren Dinge. Mein Opa ist im Mai 2023 verstorben und mir ist im Skiurlaub siedend heiß eingefallen, dass ich mir doch auch auf jeden Fall wünschen sollte, dass es meinem Opa in der Unterwelt, oder wo auch immer die Toten nach ihrem Tod hinkommen, gut geht. Ich weiß, dass es höchstwahrscheinlich nichts bringt, es sich zu wünschen, aber wie heißt es so schön: „Die Hoffnung stirbt zuletzt!" Und deswegen meine ich, dass jeder von meinen Leserinnen und Lesern es auch einige Male ausprobieren sollte, sich nicht nur materielle Dinge zu wünschen, sondern auch solche „Dinge", die die ganze Menschheit betreffen! „Wünsch dir was" – genau DAS wünsche ich mir!

Benedikt Teirich
Gymnasium bei St. Stephan, Klasse 6c

Zu viele Wünsche

Ein Traum, ein Wunsch in jeder Zeit,
mehr Geld, Erfolg, Unsterblichkeit.
Prunkvollen Schmuck mit prachtvollem Garten,
einen eigenen Pool, den will ich haben.
Mehr Essen, Reichtum, wo führt das bloß hin?
Denn es ist nichts anderes mehr im Sinn.
Das Aussehen besser, mein Haus pompöser.
Mit jedem Wunsch wird das Verlangen größer.
Wünsche über Wünsche: Es frisst einen auf,
so viel zu wollen, was man vielleicht gar nicht braucht,
und es nie zu bekommen, sind die Wünsche zu groß.
Die Begierde nach mehr, sie lässt nicht mehr los.
Außer Geiz und Selbstsucht ist nichts mehr da.
Keine Rücksicht oder Liebe ganz und gar.
Wenn wir nicht achtgeben, wer dann?
Drum hört mich heute hier jetzt an:
Seht auf das, was ihr habt, und seid zufrieden damit,
denn andere haben nicht so viel Glück.

Tabea Kohl
Mädchenrealschule St. Ursula, Klasse 9b

Eine Sternschnuppe für Sara und Fritz

Familie Waschbär saß wie jeden Morgen am Frühstückstisch. Die Kinder Mila und Willi beeilten sich, ihr Müsli zu essen und Mama packte die Brotdosen für die Schule. Papa Waschbär las die Zeitung. Alles war wie immer. Bis Papa Waschbär plötzlich rief: „Oh nein! Die Mülltonnen in der Margeritenstraße wurden von Waschbären aus einer anderen Straße ausgebeutet." Willi guckte erschrocken und fragte: „Woher weißt du das, Papa?" „Das steht in der Zeitung!", sagte Papa. „Lies vor!", forderten alle Papa Waschbär auf. „Dann hört gut zu!", sagte Papa Waschbär. Alle spitzten die Waschbärenohren. Papa Waschbär begann laut vorzulesen: „Waschbär-Allgemeine, Seite 1, vom 24. Februar: Überfall auf Mülltonnen in der Margeritenstraße. Gestern Abend wurden sämtliche Essensreste, Obst- und Gemüseabfälle aus den Mülltonnen der Margeritenstraße von Waschbären einer anderen Straße geraubt. Die Waschbärbewohner der Margeritenstraße sind außer sich vor Wut und vermuten, dass die Räuber aus der Veilchenstraße kamen. Es konnten eindeutige Spuren festgestellt werden. Kommissar Schnüffel berichtet, dass Tatzen- und Kratzspuren bekannter Räuber aus der Veilchenstraße, die ihr Unwesen schon in anderen Gegenden getrieben haben, gesichert wurden. Die Waschbärbewohner der Margeritenstraße kündigen Krieg an. Sie wollen sich mit leeren Getränkedosen und Stuhlbeinen bewaffnen. Geschrieben von Anton Tatze." „Es wird Krieg zwischen der Margeritenstraße und der Veilchenstraße geben", riefen Mila und Willi erschrocken und Mila fügte betrübt hinzu: „Ich wünschte, dass das ein schlechter Traum ist, aus dem ich gleich aufwache!" „Leider ist es nicht nur ein Albtraum", sagte Papa Waschbär und lächelte seinen Kindern aufmunternd zu. „Wir wünschen uns ganz fest, dass der große Streit so schnell zu Ende ist, wie er gekommen ist." „Nun aber schnell in die Schule!", sagte Mama Waschbär. Als Mila und Willi an diesem Tag von der Schule nach Hause kamen, war noch alles wie am Morgen. Aber am nächsten Tag erzählten die Waschbärkinder ihren Eltern, dass zwei Flüchtlingskinder in ihre Klasse gekommen seien. „Sie heißen Sara und Fritz und sind mit ihren Waschbäreltern aus der Margeritenstraße geflohen, weil sie dort nichts mehr zu essen finden konnten und weil Krieg ist." Mila fragte: „Können wir uns mit ihnen treffen?" Mama Waschbär antwortete: „Das können wir gerne machen. Morgen, wenn ich euch abhole, spreche ich mit ihren Eltern, versprochen." „Danke", sagten Mila und Willi wie aus einem Mund. So wie Mama Waschbär es versprochen hatte, verabredete sie sich mit der Flüchtlingswaschbärfamilie. Zu Hause verkündete sie ihren Kindern: „Ich habe Sara und Fritz mit ihren Eltern für

Samstag zu uns eingeladen. Sie freuen sich sehr. Sie werden sogar bei uns über Nacht bleiben." Das fanden Willi und Mila natürlich super und sie konnten den Samstag kaum erwarten. Endlich klingelte es am Samstag an der Haustür. Mila und Willi liefen zur Tür und öffneten sie. Vor ihnen stand die gesamte Waschbärfamilie Spitzohr. Mila begrüßte sie strahlend vor Freude: „Kommt herein. Setzt euch an den Tisch. Gleich gibt es Essen." Als sie alle am Tisch saßen und gemeinsam speisten, erzählten die Spitzohrs vom Krieg und wie schrecklich es für sie war, vor den leer geraubten Mülltonnen zu stehen und nichts mehr zum Essen zu finden und davon, wie traurig sie waren, ihr Zuhause verlassen zu müssen. Nach dem Essen sagten Mila und Willi zu Sara und Fritz, um sie aufzumuntern: „Wir richten jetzt unser Schlaflager ein und danach klettern wir auf unser Dach und schauen zusammen in den Sternenhimmel, wenn ihr wollt?" „Und ob wir wollen!", antworteten Sara und Fritz. „Das ist eine schöne Idee", meinten auch die Eltern Spitzohr. Beim Einrichten der Betten gab es noch eine kleine Kissenschlacht. Alle hatten viel Spaß dabei und konnten die schrecklichen Gedanken an den Krieg und das verlorene Zuhause für eine Weile verdrängen. Schließlich kletterten sie alle zusammen auf das Dach des Hauses von Familie Waschbär und beobachteten wie gebannt den funkelnden Sternenhimmel. Plötzlich schrie Sara begeistert auf: „Schaut mal, eine Sternschnuppe, jetzt dürfen wir uns etwas wünschen!" Auf drei riefen alle ihren großen Wunsch gleichzeitig in die Nacht hinaus. Denn sie wussten, ohne sich zu besprechen, dass sie alle den gleichen hatten: „Es soll in der Margeritenstraße keinen Krieg mehr geben!" Als Mila und Willi am Montag Sara und Fritz wieder auf dem Schulweg sahen, rannten sie so schnell sie konnten zu den beiden und jubelten: „Habt ihr schon gehört, es wird Friedensverhandlungen geben und alle sind sehr zuversichtlich, dass der Krieg bald zu Ende ist. Dann könnt ihr wieder in euer Haus in der Margeritenstraße zurückkehren und wir kommen euch besuchen." Lachend und hüpfend vor Freude setzten die vier Waschbärenkinder ihren Weg fort.

Isabelle Hanrieder
Fröbel-Grundschule

Die fünf kleinen Zauberer

Es waren einmal fünf kleine Zauberer, die große, berühmte Zaubermeister werden wollten. Sie wollten fleißig lernen, um auch die schwersten Wünsche erfüllen zu können. Sie hatten viele Wünsche. Ganz besonders wünschten sie sich einen Drachen, um zusammen durch die Luft zu fliegen und Abenteuer zu erleben. Dafür mussten sie aber noch sehr viel üben. In der Dunkelheit trafen sie sich zum Üben im Wald. Beim Üben ging leider aber oft mal etwas schief. So zauberten sie statt einer Schlange einen Regenwurm. Der Wunsch nach einer Torte wurde zu vielen kleinen Törtchen, die an den Bäumen hingen und lustig vor sich hin sprechen konnten. Ein anderes Mal wollten sie sich ein Geheimversteck zaubern. Doch auch dieses Mal ging beim Zaubern etwas schief. Statt einem schönen gemütlichen Häuschen zauberten sie aus Versehen als Geheimversteck ein Spukhaus. Doch die fünf Zauberer gaben nicht auf und übten immer weiter. Nach vielen Stunden Üben waren sie so weit. Endlich wollten sie einen Drachen zaubern. Sie standen mit ihren leuchtenden und glitzernden Zauberstäben im Kreis. Zuerst zauberte der kleinste Zauberer aus einer Maus einen Elefanten. Das konnte der kleine Zauberer schon ganz alleine. Dann halfen alle zusammen, um aus dem Elefanten einen Drachen zu zaubern: „Abrakadabra, simsalebant, wir verzaubern diesen Elefant, aus dem Elefanten machen wir für uns Zauberer einen Drachen!" Aus den Zauberstäben kam ein Glitzerregenbogen und hüllte den Elefanten ein. Es gab einen so lauten Knall, dass alle Bäume im Wald wackelten. Als der Glitzerregenbogen verschwunden war, sahen die kleinen Zauberer, was sie gezaubert hatten. Sie hatten nicht einen Drachen gezaubert, sondern fünf Babydrachen! Die kleinen Drachen waren türkis und golden. Die kleinen Drachen und die fünf Zauberer wurden Freunde. Jeder Zauberer bekam einen Drachen und kümmerte sich um ihn, bis er groß geworden war. Dann endlich war es so weit! Jeder Zauberer konnte auf einem Drachen fliegen und gemeinsam erlebten sie viele Abenteuer.

Ecrin Arikan, Lilly Gruhn, Stefan Hornjak, Norin Kling und Louise Tassel
Grundschule Centerville-Süd, Klasse 1c

Mein Wunsch

Alles, was wir kennen und was existiert, entstand durch einen Wunsch. Dein Lieblingsmensch war wahrscheinlich ein Wunsch von zwei Menschen. Die Gründe, warum sich Menschen etwas wünschen, können unterschiedlich sein: Geld, Glück oder um die Kreativität und Leidenschaft auszuleben. Jeder von uns hat Wünsche, manche haben extreme Wünsche und nahezu unmöglich zu erfüllende, während andere realistischere haben. Aber was ist ein Wunsch überhaupt? Ein Wunsch ist etwas, was wir für andere oder für uns selbst wünschen, was wir erreichen, haben oder gerne erleben würden. Also was ist mein Wunsch? Was will ich? Ich will zahlreiche Dinge erleben und zustande bringen. Auf dem ersten Platz steht klar und fett gedruckt **Weltfrieden**. Kriege, Unterdrückung und Armut sollten nicht der Grund für das Leiden ganzer Menschenmengen sein. Situationen, wo aufgrund dieser Punkte Kinder, Frauen und Männer, jung oder alt, gezwungen sind, in hoffnungsloser Aussichtslosigkeit zu versinken, sollte es nicht geben! Gleiche Chancen, faire Umgangsweise und Gleichberechtigung für alle Menschen! Das wäre schon ein Anfang. Natürlich möchte ich auch die Welt bereisen und nur unterwegs sein. Nie an einem Ort fest bleiben. Ich will alles sehen. Brasilien im Sommer, Türkei im Herbst, Russland im Winter und Japan im Frühling. Das ist der perfekte Plan! Oder ist es mein Wunsch, ein erfolgreiches Leben zu führen im Sinne von Schule schaffen, studieren, arbeiten und Geld verdienen, um meine Eltern stolz zu machen und alles zu verwirklichen, was sie je für meine Zukunft erhofft haben? Ich weiß nicht, vielleicht irgendwann heiraten, Kinder bekommen und in ein großes Haus ziehen mit Obstbäumen überall im Garten? Klingt doch gut! Aber nein, das ist noch nicht alles. Ein unrealistischer Traum zwar, aber wie unglaublich wäre es bitte schön, in verschiedenen Phantasiewelten jederzeit eintauchen zu können? Ein Leben zwischen der Erde und anderen fiktiven Welten? Also was ist mein Wunsch? Es gibt keine genaue Antwort, denn lese ich diesen Text durch, stelle ich fest, dass der eigentliche Wunsch ist, möglichst viele Leben führen zu können. Ich möchte ein Teil von vielen Dingen sein. Ich will alles sehen und alles erleben. Schließlich sind wir Menschen und wir fragen uns, ob wir alles verwirklichen müssen, was wir uns je gewünscht haben, damit es heißt, wir leben ein vollkommenes und erfülltes Leben. Wir sind, was wir sind, wir sind Menschen und wollen alles immer gleich haben. Hoffentlich wird die Zeit, die für uns vorgesehen ist, ausreichen, um viele unserer Wünsche und Träume in Erfüllung gehen zu lassen. Also tun wir, was wir können, der Rest ist egal.

Szabina Bogdan
Goethe-Mittelschule, Klasse 10

Das Reichsein ist KEIN Wunschkonzert

Prolog

Unsere Geschichte spielt in einer Zeit, von der wir nicht wissen, ob sie jemals war oder ob sie jemals kommen wird. An einem Ort, von dem wir ebenfalls nichts wissen. Außer vielleicht eines: Dort wohnt ein sehr reicher und vorsichtiger Mann. Er ist weder geizig noch spart er zu viel. Aber seinen Sohn versucht er vor den Dieben und Gaunern sowie vor allem Bösen zu bewahren. Daher darf der Junge, dessen Name einer der wenigen ist, die wir wissen, nämlich Max, niemals raus auf die Straße. Dafür erfüllt sein Vater ihm jeden Wunsch – außer rauszugehen oder gar Freunde zu finden. Nehmen wir zum Beispiel mal an: Er lebt in der nahen Zukunft oder nahen Vergangenheit und wünscht sich eine bestimmte Konsole; er bekommt sie sofort. Wenn er sich aber wünscht, dass er einen Freund aus dem Internet treffen darf, wird er für das Erste eingesperrt.

Kapitel 1
Es reicht. Alles krieg ich, fast alles habe ich, Skaterpark im Haus, Konsolen und den ganzen Kram, das braucht doch kein Schwein. Aber Freunde, die habe ich nicht und die braucht man doch wirklich. Gestern habe ich es gewagt, ihn nochmal zu fragen, ob ein Freund mich besuchen darf. Aber er meinte nur: „Wenn dich ein Freund aus dem Internet besucht, wer sagt dir dann, dass der kein Entführer oder Dieb ist." So ging es Tag für Tag. Bis ich eines Tages schrie: „Es reicht! Wenn ich nicht raus darf, dann breche ich aus!" Mein Vater wiederum schrie: „Das wollen wir doch mal sehen! Zur Strafe kommst du in den Karzer!" Der Karzer war in Wirklichkeit ein Raum mit Pool, Kinoleinwand, mit Konsolen und und und. Aber mit verschlossener Tür, die sich nur öffnete, wenn mein Vater oder der Feueralarm sie öffneten. Dort verbrachte ich den restlichen Tag.

Kapitel 2: Die Planung des Ausbruchs
In den darauffolgenden Tagen verbrachte er viel Zeit im Karzer. Nur nachts durfte er in sein Bett. Im Internet verabredete er sich nun oft mit Freunden, einer zum Beispiel nannte sich Fake-Jonas. Außerdem wünschte er sich auch sehr merkwürdige Sachen von den Butlern: eine Leiter, ein Tau, einen Stift und Papier und ein Stück Draht aus Kupfer. Letzteres wollte er nutzen, um die Alarmanlage lahm zu legen. Die Leiter brauchte er, um aus dem Fenster auf das Dach der Garage zu klettern und das eine Ende des Seils an der Satellitenschüssel zu befestigen und das andere Fake-Jonas zu geben, der es an einen Baum binden wollte. Mit dem Stift schrieb er eine Nachricht. Diesen Plan wollte er kommenden Freitag, spätabends, nach Jonas' Nachmittagsunterricht, in die Tat umsetzen. Seine Sachen (etwas Geld, Klamotten, sein Handy und Essen und Trinken) wanderten in seine Tasche. Dann brach seine letzte Nacht in diesem Bett an.

Kapitel 3: Der Ausbruch

Die Stunde des Ausbruchs kam. Er bekam von Fake-Jonas eine Nachricht auf das Handy. Es ging los. Er schlich auf den Flur und stellte fest, dass sein Vater vergessen hatte, den Sicherungskasten zu schließen. So war es ein Leichtes: Schalter umlegen und los. Er schob die Leiter aus dem Fenster. Doch plötzlich hörte er Schritte. Er zog die Leiter hastig wieder in das Zimmer, kurz bevor sein Vater in das Zimmer schaute und ihm eine gute Nacht wünschte. Das war knapp. Nun begann er von vorne. Die Leiter schob sich aus dem Fenster. Und Max kletterte hinaus. Auf dem Dach der Garage ging es wirklich schnell. Er warf Fake-Jonas das Seil zu, band sein Ende an die Satellitenschüssel, während Fake-Jonas sein Ende an einen Baum, eine Eiche, band. Endlich kletterte er das Seil hinunter und sah dort nicht nur Fake-Jonas, sondern auch sehr viele andere Leute, alle mit Namensschild; laut denen waren alle seine Internet-Freunde. Neben ihren Nicknames waren auch ihre echten Namen auf den Schildern zu lesen. Fake-Jonas hieß Kei, Sharky hieß Anton und so waren sie alle vereint. Max bekam von Kei einen Platz in seinem geheizten Schuppen, sogar mit Matratzenlager. So verbrachte er seine erste Woche in Freiheit. Doch was er nicht ahnte: Sein Vater hatte den Brief schon Minuten nach dem Ausbruch entdeckt.

Kapitel 4: Der Abschiedsbrief

Sein Vater war entsetzt. Denn er las:

„Lieber Papa, mir hat es gereicht. Daher bin ich mit Hilfe eines Freundes ausgerissen und habe dich auf meinem Handy für eine Woche blockiert. Ich werde mich immer an dich erinnern. Wenn ich mehr Freiheiten kriege, werde ich wiederkommen. Entscheide dich, ob du allein sein willst oder mich mit Freunden daheim akzeptierst. Ich warte in einer Woche auf deine Antwort. In Liebe, Dein Max"

„Alle zu mir, sucht meinen Sohn, sucht ihn überall und bereitet ein Gästezimmer vor!", brüllte sein Vater.

Rund eine Woche später, die Suche blieb erfolglos, klingelte es an der Tür. Da stand er, Max, mit Kei. Max' Vater öffnete die Arme und umarmte seinen Sohn. „Es tut mir so leid", begannen sie gleichzeitig. „Also, wenn ich hier nicht mehr gebraucht werde, dann würde ...", sagte Kei. „Doch, du wirst hier gebraucht, als erster Gast seit, seit, ...", schniefte Max' Vater. „Also, Max, ich habe dir nie erzählt, wie deine Mama umgekommen ist, ich habe immer gesagt: Ich erzähle es dir, wenn du bereit bist. Nun bist du bereit. Also, deine

Mama starb bei einem Überfall. Ihr damaliger zweiter Freund, den ich akzeptiert hatte, erschoss sie im Park. Seitdem habe ich niemandem mehr vertraut und wollte nicht, dass dir auch so etwas passiert. Es war die Verzweiflung, die mich getrieben hat, dich einzusperren, und die Angst, noch jemanden zu verlieren, hat auch dazu beigetragen. Ich bin so froh, dass du wieder da bist. Ach ja, bevor ich es vergesse, du, Junge …" „Er heißt Kei – mit e-i." „Äh, was? Ach so, Kei, weißt du die Nummer deiner Eltern auswendig?" „Ja, die weiß ich." „Gut, dann komm herein. Fühl dich besser als zu Hause." Und so ging Max' größter Wunsch doch noch in Erfüllung.

Joshua von der Heide, Arved Reinhardt und Severin Baumgartner
Gymnasium bei St. Stephan, Klasse 6c

Wünsch dir was!

Jeder darf sich mal was wünschen, …
… wenn du im Haushalt geholfen hast,
… wenn du eine gute Note nach Hause gebracht hast,
…wenn du hilfsbereit warst, aber auch
… wenn du nur was kleines Gutes getan hast.
Dann wünsch dir doch zum Beispiel mal:
- eine kleine Auszeit
- Spaß mit Freunden und Familie
- einen Tag ohne Schule und Arbeit.
Oder gönn dir auch mal etwas, zum Beispiel:
- einen Shoppingausflug
- Schokoladenteller mit Film
- etwas Besonderes: Schwimmbad, Kino, Cocktail, ein Buch, …
- gehe deiner Sportart nach: mit Freunden Basketball spielen/ turnen/…
Denk mal daran, was du alles schon Gutes getan hast, so wünsch dir was!

Anna Göpel und Johanna Eicher
Jakob-Fugger-Gymnasium, Klasse 6a

Die Sternschnuppe

Es ist ein sonniger Morgen im Sommer. Mein Name ist Feli, also eigentlich Felizitas, aber alle nennen mich Feli. Meine beste Freundin heißt Maria. Heute wollte ich mit ihr in ihrem Garten campen – unter freiem Himmel natürlich. Vorher wollten wir noch zusammen in ihrem Pool baden. Deshalb schnappte ich mir meine Badesachen, rannte zu ihr und wir badeten in ihrem Pool; das machte riesigen Spaß. Zum Mittagessen gab es Schnitzel mit Pommes: mein Leibgericht. Danach gingen wir mit Kito, ihrem Hund, spazieren. Es begann bereits zu dämmern, deshalb brachten wir Kito ins Haus und bereiteten unsere Nachtlager vor. Wir entfachten ein Feuer und brieten uns knusprige Würstchen. Das Feuer löschten wir, weil wir Sterne beobachten wollten. Wir entdeckten den großen Wagen, den kleinen und großen Hund und den Polarstern. Da plötzlich, wie aus dem Nichts, tauchte ein heller Lichtstrahl auf. „Das ist eine Sternschnuppe", rief ich. „Jetzt darfst du dir was wünschen", flüsterte Maria in mein Ohr, „aber nichts sagen, sonst geht er nicht in Erfüllung." Wir beobachteten noch eine Weile die Sterne und dann schliefen wir auch schon ein. Am Morgen mussten wir uns leider wieder verabschieden, weil ich meinen Großeltern noch auf dem Bauernhof helfen musste, also packten wir alles zusammen und ich rannte nach Hause. Plötzlich stolperte ich heftig, aber ich fiel nicht auf den Boden, stattdessen stand ich wie immer auf meinen Füßen. „Jetzt aber los, Feli!", rief mir meine Mutter zu. „Sonst verpasst du noch deinen Zug! Ich nahm mir meinen Koffer und lief in Richtung Bahnhof. Gerade noch rechtzeitig sprang ich in den Zug. Nach einer langen Fahrt kam ich am Abend endlich in der Schweiz an. „Puh, geschafft!", stöhnte ich. Ich verließ den Bahnhof und ging zu meinen Großeltern. Als ich ankam, begrüßten sie mich fröhlich und wir brotzeiteten. Am nächsten Morgen wurde ich von einem unüberhörbaren Klingeln geweckt; es war meine Freundin Maria, die mich anrief. „Feli, Feli, ich bin heute mitten in der Nacht aufgewacht und lag auf dem Boden, wahrscheinlich bin ich runtergekullert. Aber ich habe mir nicht wehgetan. Also blieb ich einfach liegen. Doch am nächsten Morgen lag ich wieder auf meinem Bett", erzählte sie mir erschrocken. Wir grübelten eine Weile und ich erzählte ihr von meinem Sturz gestern. Doch unser Entschluss war: Wir haben beide geträumt. Da rief mich meine Oma zum Frühstück und ich musste auflegen. Nach dem Frühstück ging ich nach draußen zu den Pferden (Flocky heißt meines). Ich sattelte Flocky und ritt mit ihr aus. Doch plötzlich zog ein Gewitter auf und Flocky erschrak. Sie stieg mit ihren Vorderbeinen hoch und ich konnte mich nicht mehr halten. Ich fiel von ihr herab, doch ehe ich mich versah, saß ich wieder fest im Sattel. Ich stieg vorsichtig von ihr ab und wir gingen im Regen nach Hause. Bei Oma gab es leckere Kekse und eine heiße Schokolade zum Aufwärmen. Ich rief Maria an, um ihr von meinem Ausritt zu erzählen. „Wollen wir eine Runde Fang-den-Hut spielen?", fragte meine Oma auf einmal. „Aber da müsstest du das Spiel vom Dachboden holen." „Ja, natürlich", antwortete ich. Als ich auf der Leiter fast oben war, rutschte ich plötzlich aus und fiel. Doch es fühlte sich an, als ob ich in eine Wattewolke fiel, die mich nach oben trug. Einen Moment später stand ich wieder auf der Leiter. Meine Oma stand an der Tür und starrte mich mit großen Augen und offenem Mund an. „D-D-D-D-Du bi-bist geflogen!", stotterte sie. „W-Wie hast du das gemacht?" „Ich bin was?", fragte ich. „Ge-Ge-geflogen bist du, du bist langsam durch die Luft geschwebt." „Wa-Wa-Was!?" Wir gingen runter, um Maria anzurufen. Ich erzählte ihr von dem Ereignis und sie antwortete mir: „Gestern bin ich von meinem Trampolin gefallen (du weißt doch, es hat kein Netz) und war kurz vor dem Aufprallen auf dem Rasen, doch ich schwebte in der Luft. Inzwischen fliege ich schon sicher die Treppen hoch. Du musst fest daran glauben, dann ist nichts unmöglich." Jetzt war uns klar, dass jeder Wunsch in Erfüllung gehen kann, wenn man nur fest daran glaubt.

Afra Wanner und Marie Becherer
Gymnasium Maria Stern, Klasse 5a

Philippas Wunsch

Hallo, ich heiße Philippa und bin ein Mädchen, das immer helfen will. Ich helfe jedem, so gut ich kann. Außerdem haben meine Eltern nicht viel Geld. Mein Papa muss Tag und Nacht in einer Schokoladenfabrik arbeiten, damit ich in die Schule gehen kann. Und meine Mutter muss in einem Supermarkt arbeiten, aber ihr Chef gibt ihr nur 10 Euro pro Monat! Ich habe nicht viel zum Spielen und ich muss nachts auf dem Boden schlafen. So lebe ich halt und man kann nicht viel ändern.

Eines Tages ging ich wie immer von meiner Schule heim und plötzlich sah ich ein bewusstloses Mädchen auf dem Boden liegen. Ich ging hin und machte, was ich für richtig hielt. Ich kannte das Mädchen von irgendwoher und ich glaubte, es wäre das neue Mädchen namens Mila aus meiner Klasse. Nachdem ich ihr geholfen hatte, rief ich den Notarzt an. Als Mila ins Krankenhaus gefahren wurde, wollte ich nach Hause laufen, doch dann kam ein Mann auf mich zu. Er war ganz schwarz angezogen und ich konnte sein Gesicht nicht erkennen. Jedenfalls sagte er zu mir: „Das hast du sehr gut gemacht!" „Danke", sagte ich geschmeichelt. „Ich möchte dich dafür belohnen. Du darfst dir eine Sache wünschen." Ich war so froh, dass ich diesen Mann getroffen hatte und ging nach Hause. Abends dachte ich nochmal über den ganzen Tag nach und dauernd kam mir die Frage: „Was soll ich mir wünschen?" in den Kopf. Ich musste auch ständig an Mila denken. Sie tat mir so leid, aber ich konnte ihr nicht mehr helfen.

Am nächsten Tag ging ich in die Schule. Als ich ins Klassenzimmer kam, sah ich Mila auf mich zukommen. Sie sagte: „Hi, ich möchte mich bei dir bedanken für die Rettungsaktion!" Ich war glücklich, sie gesund zu sehen und sagte: „Warum warst du eigentlich bewusstlos?" Mila zögerte kurz, doch dann erzählte sie: „Ich wollte nach der Schule normal nach Hause laufen, aber plötzlich war jemand hinter mir und hielt mich fest, während jemand anderes einen Stein auf meinen Kopf warf." „Wow, das ist echt gemein", sagte ich mit mitfühlender Stimme. An diesem Abend dachte ich wieder für lange Zeit nach. Aber es waren andere Gedanken. Ich dachte: „Soll ich mir wünschen, dass Mila wieder so richtig gesund wird oder soll ich mir wünschen, dass Mama und Papa mehr Geld kriegen?"

Am nächsten Morgen kam meine Mutter zu mir und sagte: „Du kannst dir wünschen, dass Mila wieder ganz gesund wird. Es ist nicht so schlimm, dass wir nicht viel Geld haben, es ist wichtiger, gesund zu sein." Also ging ich in die Schule. Auf dem Weg traf ich den schwarz gekleideten Mann wieder und er fragte: „Guten Morgen, Philippa, hast du eigentlich schon einen Wunsch?" „Ja, ich wünsche mir, dass Mila aus meiner Klasse wieder so richtig gesund wird." „Also gut, ich werde dir diesen Wunsch erfüllen", sagte er. Im Klassenzimmer sah ich Mila wieder ganz gesund auf mich zukommen und sie sagte erleichtert: „Mir geht es wieder super gut!" „Das ist toll!", sagte ich geheimnisvoll. Sie konnte ja nicht wissen, dass ich dahinter steckte. Dieser Abend war friedlich und ich schlief schnell ein. Am nächsten Morgen sagte mein Vater: „Es ist ein echtes Wunder, dass du deiner Freundin helfen konntest und wir im Lotto gewonnen haben." „Was? Ihr habt im Lotto gewonnen?", sagte ich ganz aufgeregt. „Ja, wir werden in die Nähe deiner Freundin ziehen", sagte meine Mutter stolz. Nach einer Woche war unser neues Haus eingerichtet und ich machte gerade einen Spaziergang durch den Wald, als plötzlich Mila neben mir auftauchte. Es sah so aus, als wollte sie etwas loswerden. Sie sagte daraufhin: „Hier ist mein Freundebuch." „Danke", sagte ich. Ich sagte auch: „Wollen wir ab heute BFFs sein?" Mila antwortete: „Ja!"

Philippa Juelfs
Fröbel-Grundschule, Klasse 4a

Lisas Wunsch

Lisa ist in die Schule gegangen. Nach der Schule ist Lisa nach Hause gegangen. Sie hat ihre Lesehausaufgabe zu Ende gemacht. Als sie ins Bett gehen sollte, hat sie geträumt, dass sie auf einem Berg sitzt und Naturforscherin ist. Aber weil der Traum so schön war, hat sie sich unbedingt gewünscht, dass dieser Traum in Erfüllung geht. Dann ist sie aufgewacht. Da hat sie gesehen, dass es gar kein Traum war. Sie hat sich soooooooo gefreut, dass sie fast vom Berg gefallen wäre.

Elfin Eryigit
Grundschule Centerville-Süd, Klasse 1c

Wünsch dir was

Hallo, liebes Tagebuch, an diesem einen Tag hat sich mein Leben komplett verändert. Es war ein kalter Wintertag wie jeder andere. Meine doofen Eltern zwangen mich, täglich zur Schule zu gehen, aber ich hatte darauf keinen Bock. Lieber chillte ich mit meinen Freunden Karim, Ivana, Selli und Charlie im Park in einer Hütte und wir schwänzten zusammen die Schule. Lass mich meine Freunde kurz vorstellen: Karim ist ein aggressiver Typ, dennoch korrekt, Ivana ist eine heiße Braut. Jeder will was von der. Sie ist eine kleine Zicke und nikotinsüchtig. Charlie ist der Ruhige, der viel kifft, und Selli... tja... nun, sie ist ein Fall für sich. Sie würde alles für Geld tun, sogar ihre eigenen Freunde verraten. Ich mochte sie nicht so. Und ich? Ja, ich war ein Mitläufer. Früher waren Alkohol und Drogen nicht meine Welt. Ich war anständig. Doch seit der 9. Klasse ging alles den Bach runter. Keine Lust zu lernen, die Schule: sinnlos. Meine Interessen und Hobbys verblassten. Mit meinen ehemaligen Freunden hatte ich mich auseinandergelebt, da wir nicht mehr dieselben Interessen hatten. Ich begann, mit den „Junkies" aus der Parallelklasse abzuhängen. Ich verlor mich in dieser Freundesgruppe, wurde asozial und nahm täglich Gift zu mir. Obwohl ich das wusste, fand ich keinen Antrieb, normal zu werden, mich juckte einfach nichts mehr. An diesem einen Tag baten mich Ivana und die anderen, Kippen zu besorgen. Wie immer musste ich das Zeug holen, da sie nicht mal für ihren Konsum aufstehen konnten. Ich lief zu unserem geheimen Kippenautomat. Es war eine abgelegene Gasse mit Graffiti an den Wänden. Auf dem Weg explodierte ich. Alles störte mich. Aggressionen ballten sich in meinen Fäusten. Ich schlug und trat mehrmals auf den Automaten ein. Ein älterer Mann kam auf mich zu: „Junge, was ist los?" Ich schrie extrem laut und emotional: „Was mit mir los ist? Ich weiß es doch selbst nicht! Ich hänge mit Leuten ab, sehe keine Zukunft. Ich wurde der, der ich nie sein wollte." Tränen folgten. Der ältere Mann hörte mir verständnisvoll zu, tröstete mich so lange, bis ich mich beruhigt hatte. Mit Gelassenheit sagte er: „Es ist nie zu spät, sich zu ändern. Du bist noch sehr jung und hast dich beeinflussen lassen. Die Schule spielt eine große Rolle, mein Junge. Mit einem guten Schulabschluss und dem

Abstand von falschen Menschen wird es dir besser gehen. Du wirst in der Zukunft bestimmt ein erfolgreiches Leben haben, daran glaube ich!" Er fügte noch hinzu: „Wenn du so weiter machen willst wie davor, wird es nur noch schlimmer, mein Junge". Er hatte recht. Ich bedankte mich und brach den Kontakt zu meinen Junkie-Freunden ab. Ich ging wieder zur Schule, hörte auf meine Eltern, holte gute Noten nach Hause. Meine Eltern und Lehrer waren stolz. Ich schloss die Schule erfolgreich ab.

Doch mein Herz schmerzt, wenn ich meine alten Freunde fallen sehe. Sie haben ein gutes Herz, trotz des schlechten Wegs. Ich sehe das Gute in ihnen, das durch Alkohol und Drogen verschwindet. Ich habe Ziele, bin glücklich. Ich danke dem Schicksal, das mir den älteren Mann geschickt hat, der mir die Augen öffnete. Mein Wunsch für alle Jugendlichen ist, sich nicht von schlechten Einflüssen beeinflussen zu lassen und niemals diesen Weg zu gehen.

Elda Karaca, Eylül Uyar und Edonjeta Tafaj
Berufsfachschule für Kinderpflege, Klasse Ki 10C

Wünsch dir was

Ich wünsche mir, dass ich durch ganz Europa reise. So kann ich vieles erleben, Fremdsprachen üben und viele neue Freundschaften schließen. Außerdem würde ich gerne mit meinen Freunden mit dem Auto reisen, denn auf diese Weise können wir uns besser kennenlernen und Erinnerungen sammeln. Ich kann mir schon vorstellen, wie drei meiner Freundinnen und ich in einem roten Cabrio sitzen, Musik hören und nach Italien, Frankreich oder Spanien fahren. Man wird nie mehr achtzehn, neunzehn oder zwanzig Jahre alt, sorglos, jung und frei sein.

Lili Aslanian
Berufsschule V, Klasse ZF 10E

Das Leid der Menschen

Isai wohnt mit seiner Familie im Gazastreifen. Genauer gesagt, sind sie nach Rafah geflüchtet. Durch lauter kleine Schusswechsel gingen sie nach Rafah. Dort bezog Isai mit seiner Mutter eine Hütte im Flüchtlingslager. Sein Vater hatte das Zeitliche gesegnet, weil Soldaten aus Israel ihn erschossen hatten. Er wollte noch die Pässe aus dem Haus holen, bevor sie weggingen, aber dann schossen ihn die Krieger an. Er wurde ins Krankenhaus gebracht, wo er später starb. Am Sterbebett sagte Yosuf, wir sollen den Soldaten verzeihen, denn jeder mache Fehler, und er wünsche sich

Frieden. Der Grund war, dass die Soldaten dachten, er wäre ein Terrorist, und sie fürchteten um ihre eigenen Leben.

Heute verzeiht Isai den Soldaten und versteht den Grund. Als er kleiner war, verstand er es nicht so. Viele im Lager sind erkrankt und leiden, sie brauchen Medikamente, die zu teuer sind, und brauchen Operationen. Es mangelt an sauberem Wasser, Lebensmittel fehlen. Jeden Tag gibt es Tote und Verletzte. Deshalb wünscht er sich Frieden auf der ganzen Welt. Viele können sich das Leid der Menschen auf beiden Seiten der Länder nicht vorstellen.

Leopold Ruf
Maria-Theresia-Gymnasium, Klasse 6b

Wir wünschen uns, dass in Zukunft ...

... Umwelt und Meere nicht verschmutzt werden.
... Wälder nicht abgeholzt und zerstört werden.
... Tieren ihr Lebensraum nicht mehr weggenommen wird.
... bedrohte Tierarten geschützt werden.
... Tiere nicht einfach so umgebracht werden.
... Massentierhaltungen verboten werden.
... Tiere nicht sinnlos um die halbe Welt gekarrt werden.

Luisa Grabmann und Charlotte Riedißer
Gymnasium bei St. Anna, Klasse 5c

Mein großer Wunsch

Ich wünsche mir eine Welt wie einen Regenbogen. So bunt und farbenfroh, voller Glück und Freude. Friedlich und vielfältig, wo jeder sein kann, wie und was er will.

Marla Wolf
Jakob-Fugger-Gymnasium, Klasse 6b

Wünsche und Wunder

Es gibt Wünsche, die man sich selbst erfüllen kann. Es gibt Wünsche, die man anderen erfüllen kann. Es gibt Wünsche, die kein Mensch erfüllen kann, das sind Wünsche, die nur Gott erfüllen kann. Es gibt Wunder auf dieser Welt. Große Wunder, kleine Wunder, Wunder, die Wünsche erfüllen können. Doch soll man nicht verzweifeln, wenn einem ein Wunsch nicht erfüllt wird. Wenn ein Mensch von dir geht, kannst du ihn dir leider nicht zurückwünschen, aber du kannst an ihn denken. Wenn du in einer schwierigen Lage bist, kannst du dir wünschen, dass du die Zeit durchstehst. Dieser Wunsch kann erfüllt werden, aber nur, wenn du ihn nicht aufgibst. Man darf nicht verzweifeln, sondern muss die Sachen bewältigen. Wenn man aufgibt, dann bringt auch jeder Wunsch nichts. Dann stirbt die Hoffnung in dir, du versinkst in der Krise und kommst nicht mehr heraus. Also musst du dich anstrengen, fleißig sein, du darfst nicht aufgeben. Denn wenn du fest daran glaubst und nicht aufgibst, dann wird dein Wunsch vielleicht auch erfüllt.

Felix Göttle
Gymnasium bei St. Stephan, Klasse 6c

Der Wunsch vom Fliegen

Alle Leute haben sie: Wünsche. Manche sind eher klein und andere eher groß. Es gibt kleine Wünsche, die man am einen Tag hat und am nächsten schon wieder vergisst. Dann gibt es aber auch große Wünsche, wie z. B. in welchem Land und welcher Stadt man leben möchte, was man in seinem Leben alles erleben will, damit man, wenn man alt ist, einfach wunschlos glücklich sein kann. Auch Berufe können Wünsche sein, wenn man weiß, dass man genau diesen Beruf mal machen will. Wünsche können „leicht" sein. Wenn man weiß, dass man genau diesen Wunsch einfach erreichen kann, wenn man dieses Buch, den Fernseher oder was auch immer bekommt, sind Wünsche „leicht"; wenn man an diese Wünsche denkt, wird man automatisch glücklich. Es gibt aber auch Wünsche, die „schwer" sind, weil man weiß, dass es fast unmöglich ist, diesen Wunsch wirklich zu erreichen, wie etwa einen Beruf, einen Lifestyle oder eine Stadt, in der man leben möchte. Bei diesen Wünschen wird man vielleicht unglücklich, wenn man an sie denkt. Manchmal wird man gefragt, was man sich kaufen würde, wenn man eine Million Euro hätte. Die einen sagen ein Auto, eine Villa, ein Pferd oder eine Weltreise, aber es gibt auch die, die sich eine Ausbildung, ein Studium oder eine kleine Wohnung in einer teuren Stadt kaufen, um unabhängig zu sein.

Hallo, liebes Tagebuch,
ich bin's wieder, Franzi! Ich weiß, ich habe lange nichts mehr geschrieben, aber ich hatte so viel Stress in der Schule, weil gerade so viele Prüfungen geschrieben wurden. Aber jetzt habe ich wieder Zeit für mich, um über mich und mein Leben nachzudenken und vor allem über meine Wünsche. Also es gibt natürlich Sachen, die ich wirklich gerne mal erleben würde, wie ein paar Monate nach der Schule in irgendeinem Land zu leben, um dort die Kultur und alles, was dazugehört, kennenzulernen oder auch einmal Gleitschirm-Fliegen

auszuprobieren, wäre so ein Wunsch, bei dem ich denke, dass es schon sehr cool wäre, das auszuprobieren. Natürlich habe ich auch Wünsche, die vor allem im Hier und Jetzt wichtig sind: zum Beispiel Deko für mein Zimmer zu kaufen, damit es endlich so aussieht, wie ich es haben will. In letzter Zeit habe ich mich aber auch viel mit meinem Berufswunsch beschäftigt: Mein Wunsch ist es, Jetpilotin zu werden, weil ich es mir einfach unfassbar schön vorstelle, an einem regnerischen und grauen Tag die Sonne zu sehen. Natürlich bemerkt man auch die ganzen Steine, die auf diesem Weg liegen, bis man am Ziel ist. Aber ich denke mir immer, wenn man etwas wirklich will und durchzieht, hat man eine gute Chance, es zu schaffen, aber genau deswegen schreib ich ja diesen Tagebucheintrag. Natürlich weiß ich, dass du kein Mensch bist, mit dem man reden kann, aber es tut einfach gut, alles aufzuschreiben, weil man dann vielleicht anders darüber denkt oder einen anderen Blickwinkel auf die ganze Sache bekommt. Ich weiß, dass ich noch genug Zeit hab, mir alles genau zu überlegen, aber man kann ja nie früh genug anfangen, über seine Zukunft nachzudenken, oder? Vielleicht fragst du dich, warum ich nicht einfach irgendeinen einfachen Bürojob machen will, aber ich glaube, das ist einfach nichts für mich, den ganzen Tag vor dem Computer oder am Schreibtisch zu sitzen und jeden Tag immer und immer wieder das Gleiche zu machen. Denn es tut mir einfach nicht gut, immer nur das Gleiche zu tun und zu sehen. Aber kommen wir wieder zum Thema Wünsche. Ich habe natürlich auch solche wie: später eine Familie und ein Haus zu haben, aber das wünschen sich ja fast alle, und bei dem Thema Berufswünsche kann man sich ja erst sicher sein, wenn man diesen Beruf schon ausübt, oder? Man ändert ihn ja je nach Alter immer wieder, bei mir war es im Kindergarten immer Prinzessin, in der Grundschule Tierärztin und dann so fünfte, sechste Klasse Konditorin, aber jetzt in der achten Klasse ist es Jetpilotin. Tschüss, liebes Tagebuch, bis bald!

Luisa Doblinger
Mädchenrealschule St. Ursula, Klasse 8a

Mein Wunsch

Spaßig
die Bäckerei
mit viel Gebäck
Ich will hier arbeiten
Beruf

Lena Medele
Goethe-Mittelschule, Klasse 5c

Comic

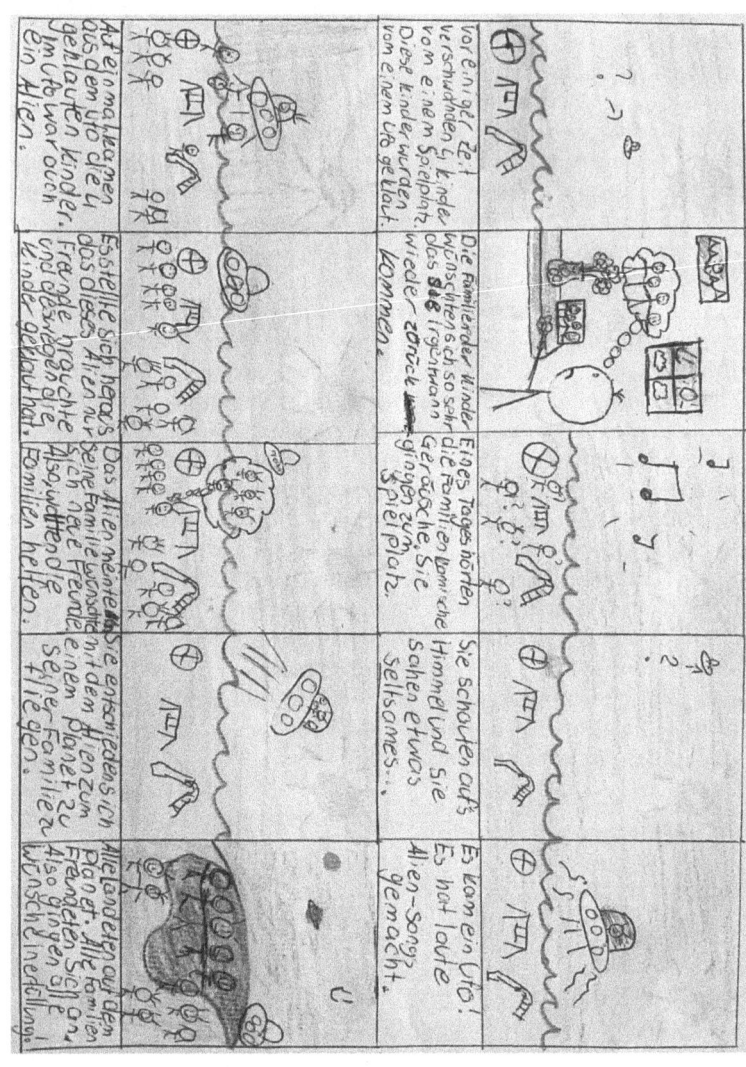

Victoria Schumacher
Förderzentrum Hören-Augsburg, Klasse 6s

Wünsch dir was!

Wünsch dir was! Was wünsch ich mir?
Jedenfalls kein Klopapier!
Einen Urlaub auf Hawaii,
einen kleinen Hammerhai!
Einen echt guten PC,
einmal Weihnachten mit Schnee!
Doch das Ding am Wünschen ist:
dass nicht Elon Musk du bist.
Und nicht ohne Spekulanz,
dir jeden Wunsch erfüllen kannst.
(Auch er kann's nicht immer, man sieht's an Twitter,
da gab es gleich ein „Kotgewitter".)
Das Leben ist kein Ponyhof,
ich persönlich find das doof.
Einen Kommentar ist's mir noch wert:
Das Leben ist kein Wunschkonzert.

Micha Prockl
Gymnasium bei St. Stephan, Klasse 9d

Hast du schon mal in den Himmel geguckt?

Hast du schon mal in den Himmel geguckt? Was hast du gesehen? Wenn ich rausschaue, sehe ich Sterne! Hast du dir schon mal gewünscht, dass du alles glitzern siehst? Gelb. Was ist gelb? Gelb sind die Sterne! Na klar! Weißt du, was ich mir letztens gewünscht habe? Aber STOPP! Nein, sag es nicht! Puh, danke, denn wenn ich euch den Wunsch verrate, geht der Wunsch nicht in Erfüllung.

Romy Bücheler
Elias-Holl-Grundschule, Klasse 3a

Elfchen-Wünsche

Wünsche
Zu viele
Nie ist genug
Jeder will immer mehr
Unzufriedenheit

Josephine Schwarz
Gymnasium bei St. Stephan, Klasse 9b

Zwei Herzen auf der Suche nach ihrem eigenen Weg ...

(Grafische Gestaltung zweier Menschen, die sich nah stehen, dennoch andere Vorstellung über ihre Zukunft haben.)

Maximilian Käfer
Staatliche Fachoberschule, Klasse 11 WB

Wünsche können fliegen

Das ist Hanna! Hanna träumt oft davon, eine Superheldin zu sein, aber jetzt die Geschichte: „Hanna!", riss ihre Lehrerin Frau Sommerbach sie aus den Träumen. „Was ist denn?" Hanna riss abrupt die Augen auf. „Nicht träumen, Hanna!" Streber-Lena, die immer so GUTE Noten hatte, schaute sie strafend an. Hanna verdrehte die Augen. Als sie nach Hause ging, rannte ihre beste Freundin Victoria zu ihr. „Hallo Hanna, ich habe gelesen, dass man in ein Zirkuscamp fahren kann!", keuchte sie. „Man muss sich anmelden und eine Einverständniserklärung müssen deine Eltern auch ausfüllen." „Cool", sagte Hanna. Da bimmelte ihr Handy. „Sorry. Ich muss zum Chor." Eine Stunde später saß Hanna am Schreibtisch und quälte sich durch die Mathehausaufgaben. Sie schloss die Augen. Ganz klar, sie hatte nur einen Wunsch: FLIEGEN. Später saß sie am Tisch und aß zu Abend. „Du, Mama", sagte sie plötzlich, „es gibt hier in der Nähe ein Zirkuscamp. Darf ich da hin? Viktoria darf auch mit." „Und wann ist es?", fragte Hannas Mutter. „Anfang der Herbstferien." „Okay!", sagte Mama, „aber zuerst besprechen wir das noch mit Viktorias Eltern."

Am nächsten Morgen, es war Samstag, luden sie die Familie Wind zu sich nach Hause zum Essen ein. Hanna war ein Einzelkind, aber Viktoria hatte einen Bruder namens Emil. Er nervte immer, also rannten die zwei gleich in den Dachboden, denn da war es wenigstens ruhig. „Viiktoooriiaaa!", ertönte es. Kaum waren sie oben, mussten sie auch schon wieder runter. „Also, wir haben beschlossen, dass ihr in den Zirkus fahren dürft", sagte Hannas Papa. „Juppiii!", riefen Hanna und Victoria. Sie konnten es kaum glauben. Zwei Tage später begannen die Herbstferien. Da klingelte Hannas Wecker. „Der ZIRKUS!" Hanna grinste. Schnell hüpfte sie in ihre Jeans und in ihren Pulli. Ein Toast stand auf dem Tisch. „Mama!", rief Hanna. „Ich bin hier oben." Hanna dachte, dass sich ihre Mama gerade umzog, aber Fehlanzeige. Sie schleppte gerade Hannas Tasche runter. Es hupte vor der Tür. Viktorias Mama war da. „Also, mein Schatz, viel Spaß!" „Tschüss!", rief Hanna und schleppte die Tasche zum Auto. Eine Stunde später kamen sie an. „Juhu!", riefen sie. „Hallo!", erklang eine Männerstimme, als sie aus dem Auto stiegen. „Ich bin Ervin, der Leiter vom Zirkuscamp. Kommt doch bitte mit! Ach ja, ich bräuchte noch die Einverständniserklärung", sagte er zu Frau Wind. „Hier, bitte!", sagte Frau Wind" „Danke sehr!", erwiderte der Leiter des Camps. „Tschüss, Mama!", rief Viktoria aufgeregt und rannte ins Zirkuszelt. „Also", sagte Ervin, als alle da waren, „wir teilen jetzt die Nummern ein. Wer von euch möchte mit den Hunden eine Nummer einstudieren?" Viktorias Finger schnellte in die Höhe. „ICH!", rief sie aufgeregt. Auch

noch ein anderes Mädchen wurde für die Hundenummer von Ervin aus-
gewählt. „Super", sagte er „und wer will ans Trapez?" „ICH!", rief Hanna
und ging zu Ervin. „Nun brauchen wir noch einen Jungen!" Da meldete
sich ein Junge mit vielen Sommersprossen im Gesicht. Er hieß Felix. „Gut,
dann werden die restlichen Kinder also Seiltänzer. Na, dann los! Hanna
und Felix, ihr geht zu Lorenz!" Lorenz war ein junger Mann. „Hallihallo",
sagte er, „also ich bin Lorenz und ich arbeite schon seit fünf Jahren am
Trapez." Dann lasst uns mal trainieren, damit es eine tolle Zirkusauffüh-
rung wird. Es wird aber nicht einfach für euch werden."
Eine Woche später war die große Aufführung. Die Kinder waren sehr aufgeregt, ob alles klappen würde, was sie tagelang trainiert hatten. Alle
Gäste strömten in das Zelt. Hanna lugte vorsichtig durch den großen roten Zirkusvorhang und entdeckte ihre Eltern. Da ertönte durch das Mikro-
fon: „Und jetzt, meine Damen und Herren, liebe Kinder, sehen Sie nun
Hanna und Felix auf dem Trapez." Es ertönte lautes Rufen und die Zuschauer klatschten in die Hände. Felix schwang sich auf das zweite Trapez
und dann kam Hanna. Sie schwebte unter der Zirkuskuppel. Sie hatte das
Gefühl, in der Luft zu fliegen. Ihr Wunsch ging in Erfüllung. Es war noch
ein schöner Abend und die besten Ferien der Welt!

Annelie Öner
Franz-von-Assisi-Grundschule, Klasse 4 blau

Der Feuerblitz

Es war einmal ein Mädchen, das Ella hieß und Schülerin an einer berühm-
ten Zauberschule war. Sie wünschte sich nichts sehnlicher als einen Feuerblitz. Das war der beste und berühmteste Rennbesen der Welt. Eines Tages ging sie in die Zaubergasse. Dort waren alle magischen Geschäfte und
Ella wollte den Besen im Schaufenster bewundern. Da sah sie ein Schild
am Zauberbesenladen:
Magischer Flugwettbewerb:
1. Preis: ein nigelnagelneuer Feuerblitz-Rennbesen!
Ella konnte ihr Glück kaum fassen, sie hätte sich nie einen Feuerblitz leisten können. Doch so gab es eine Möglichkeit, dass ihr Herzenswunsch in
Erfüllung gehen konnte. Am Tag des Wettbewerbs war Ella sehr aufgeregt. Als über die Lautsprecher die Rennleitung rief: „Alle Teilnehmer zur
Startlinie!", stellte Ella sich mit den anderen Teilnehmern auf. Alle lachten
Ella wegen ihres Besens aus, weil es ein ganz einfaches und altes Modell
war. Aber Ella hatte viel Talent im Fliegen und außerdem ihren Herzens-

wunsch im Kopf. 3, 2, 1 – los! Alle Besen stiegen in die Höhe, auch Ellas. Sie musste drei fliegenden Bällen ausweichen, rechts und links, sodass sie an ihr vorbeiflogen. Sie flog einen schnellen Zick-Zack und wäre fast vom Besen gefallen, aber sie konnte sich gerade noch festhalten. Die anderen waren sehr beeindruckt von Ellas Leistung und dann konnte man auch schon die Ziellinie sehen. Ella beschleunigte noch einmal und schoss durchs Ziel. Gewonnen! Ellas größter Wunsch war wahr geworden, als ihr bei der Siegerehrung feierlich ihr neuer Feuerblitz-Rennbesen überreicht wurde.

Ellenor van de Ven
Grundschule Centerville-Süd, Klasse 1c

Der Wunsch

Die Angst vor Trauer und auch Glück lässt viele oft nicht ruh'n.
Doch wenn man sich was ganz doll wünscht, dann kann man vieles tun.
Der Wunsch wächst, wie Rosen blüh'n – so bunt so schön und still.
Vom Wunsch zu sprechen, hilft so viel.
Der Wunsch erreicht ein jedes Ziel.
Der Wunsch kommt in deinen Träumen vor.
Für alle Wünsche haben wir ein Ohr.

Jule Finsinger
Franz-von-Assisi-Grundschule, Klasse 4

Wünsche werden Wirklichkeit

Im Land der Träume, tief und weit,
dort, wo Wünsche Wirklichkeit werden,
fliegen hoch und scheinen klar,
erfüllen uns mit Wundern, wunderbar.
Die Sterne leuchten in der Nacht,
erfüllen uns mit stiller Pracht,
erfüllen Herzen, weit und breit,
erfüllen uns mit Seligkeit.
So halt fest an deinem Traum,
denn Träume werden manchmal kaum,
doch glaube fest und denk nicht klein,
denn Wünsche können Wirklichkeit sein.

Chahat Sahota
Jakob-Fugger-Gymnasium, Klasse 7d

Mein Wunschtraum

Waffenruhe
Freundschaft
Frieden
Schulfrei
Umweltschutz
Zuhause
Haustier
Freiheit
Lachen
Gesundheit
Familie

Nele Rüttgers
Franz-von-Assisi-Grundschule, Klasse 3 umbra

Der alte Wunschbaum

In einem weit entfernten Land stand ein alter Wunschbaum. Wenn man sich etwas sehr wünschte, konnte man zu ihm gehen. Doch der Baum machte es nicht umsonst. Er konnte in die Vergangenheit sehen und herausfinden, ob der oder die Fragende fleißig oder faul war. Falls er oder sie fleißig war, wurde sein oder ihr Wunsch erfüllt. Falls er oder sie faul war, wurde sein oder ihr Wunsch nicht erfüllt. Nicht einmal Träume werden einem geschenkt. Man muss etwas dafür tun.

Tobias Riess
Jakob-Fugger-Gymnasium, Klasse 6a

Von Enttäuschung und Hoffnung

Ich sitze auf dem Fußboden meines Zimmers. Durch das offene Fenster versucht die Sonne mich aufzuheitern, doch sie schafft es nicht. Wieder einmal überkommt mich die Enttäuschung wie ein Schwall kaltes Wasser. Ich habe es mir doch so sehr gewünscht, dass ich es schaffe, so sehr gehofft. Und doch habe ich nach all der Vorbereitung und Hoffnung versagt. Mir kommt ein Gedanke: Weshalb wünschen sich die Menschen so viel? Wo doch so viele Wünsche zum Scheitern verurteilt waren? Zu hoffen und dann die Hoffnung zu verlieren. Machten einen etwa Wünsche unglücklicher, enttäuschter? Aber, frage ich mich, sind Wünsche nicht auch sehr wichtig? Wo kein Wille ist, ist auch kein Weg. Was also, wenn niemand mehr einen Wunsch hätte, ein Ziel auf das er hinarbeitet? Alle würden zufrieden in ewiger Lethargie herumhängen. Toll, denke ich resigniert. Was, wenn ein so wichtiger Wunsch nicht in Erfüllung geht? Du wünschst es dir doch immer noch, sage ich laut zu mir. Und niemand sagt, dass man es nicht zweimal versuchen darf!

Luis Preuß
Gymnasium bei St. Stephan, Klasse 7d

Die drei Wünsche

Es war einmal eine reiche Familie. Sie bestand aus einem Vater, einer Mutter und zwei Kindern. Doch nicht alle Leute in ihrem Dorf waren so reich wie sie. Nein, manche hatten nur ein altes, kaputtes Haus und zum Essen nur einen Laib Brot. Viele Kinder und Erwachsene wünschten sich ein Wunder. Aber Emma, eines von den reichen Kindern, hatte Mitleid. Fast jeden Tag lag sie am Abend im Bett und dachte: „Hätte ich doch nur genau drei Wünsche frei!" Eines Tages lag Emma wieder in ihrem Bett und dachte nach. Plötzlich entdeckte sie am Himmel eine Sternschnuppe. Blitzschnell wünschte sie sich eine Fee. Aber, oh nein, sie wollte sich doch drei weitere Wünsche wünschen! Traurig ging sie ans Fenster. Doch was war das? Plötzlich tauchte vor ihrem Fenster eine kleine Fee auf. Emma öffnete das Fenster. „Hallo!", sagte die Fee, „Ich bin deine Wünsch-Fee!" „Aber ich habe mir doch nur eine Fee gewünscht!", sagte Emma. „Ja, aber ganz tief in deinem Herzen hast du an die drei Wünsche gedacht!", antwortete die Fee. „Also, was wünschst du dir? Du hast drei Wünsche frei!" Emma überlegte nicht lang: „Na gut, dann wünsche ich mir, dass die anderen Leute aus dem Dorf ein besseres Leben führen können." „Wird erledigt!", sagte die Fee. Dann sagte Emma: „Und dann wünsche ich mir, dass du meinen letzten Wunsch kriegen sollst." „Wirklich?", fragte die Fee. Emma antwortete: „Klaro!" „Danke! Dann wünsche ich mir auf der ganzen Welt Frieden!", sagte die Fee.

Nele Schröter
Drei-Auen-Grundschule, Klasse 3c

24 Wünsche

1. Ich wünsche mir ein Pferd mit einem pinken Glitzerschwert.
2. Ich wünsch mir einen Hund, dann wird mein Leben bunt.
3. Es soll bald Juli sein, zu seinem Geburtstag trinkt mein Opa Wein.
4. Mein Roboter kann viel machen, und er kann auch manchmal lachen.

5. Mein Hamster soll klein sein, dann streichle ich ihn fein.

6. Meine Familie soll sein gesund, dann läuft es richtig rund.

7. Mein größter Wunsch ist ein leckerer Punsch.

8. Wiederkommen soll mein Coco, dann teil ich mit ihm meine Schoko.

9. Mein Auto soll schnell fahren, es kriegt 'nen schönen Namen.

10. Ich wünsche mir viel Schnee und plansche gern im See.

11. Ich mag zwei kleine Katzen, die würden mich nie kratzen.

12. Ich wünsche mir ein Fußballtrikot und gehe gerne in den Zoo.

13. Ich wünsch mir einen Hund, der immer bleibt gesund.

14. Lange Ferien, die sind schön, da will ich in den Urlaub geh'n.

15. Ich wünsche mir ein graues Haus und darin sitzt 'ne kleine Maus.

16. Ich nehm auf die Insel meine Katze mit, da bleibe ich bestimmt ganz fit.

17. In meinem schönen Baumhaus, da sitzt 'ne kleine Blattlaus.

18. Ich wünsch mir Frieden auf der Welt und dass uns Glück zusammenhält.

19. Ich wünsche mir ein Hausboot, das ganz ist in Rot.

20. Ich wünsch mir einen schönen Flügel, auf einem großen Hügel.

21. Ich wünsch mir eine Katze mit einer weichen Tatze.

22. Ich will in Australien Urlaub machen, da kann ich bestimmt ganz viel lachen.

23. Eine Babyborn-Sister wäre schön, mit der kann ich zum Spielen geh'n.

24. Ich wünsche mir ein Rennauto, das macht mich richtig, richtig froh.

Gemeinschaftsarbeit
Lichtenstein-Rother-Schule, Klasse 1

Ich wünsche mir

Go Taeseob, ein 14-jähriger Junge aus Seoul, geht wie jeden Morgen zur Schule und wie jeden Tag wird er von allen ignoriert. Keiner möchte etwas mit ihm zu tun haben. Warum? Er hat sich als schwul geoutet, seine Klasse behandelt den Jungen wie einen Außerirdischen. Dadurch entwickelt Taeseob eine schwere Magersucht. Seine Eltern machen sich Sorgen um ihn, kommen aber nicht an ihn heran, da er sich niemandem anvertraut und auch keinen an sich heranlässt. In seiner Freizeit sieht er sich gerne K-Pop-Musikvideos an, dabei stellt er sich gerne vor, wie es wäre, auch ein K-Pop-Idol zu sein. Diesen Traum verwirft der 14-Jährige aber sehr schnell wieder, da er weiß, dass ein schwuler K-Pop-Star nicht existieren kann. Auch hat Taeseob niemanden, der ihn unterstützen würde, seinen Traum zu verwirklichen, selbst seine Eltern unterstützen ihn nicht, auch nicht, als er sich als homosexuell outete.

Die Einsamkeit, die ihn schon immer begleitet hatte, änderte sich plötzlich, als ihm eines Tages ein hübscher Chinese begegnete. Sein Name war

Yiyan Yang, er war 16 Jahre alt und neu auf der Schule. „Hey, ich bin Yiyan, freut mich, dich kennenzulernen." Taeseob starrte sein Gegenüber nur ungläubig an, verblüfft, dass jemand mit ihm sprach. Doch dann fiel ihm auf, dass der Junge vor ihm gar nichts über ihn wissen konnte. „Ähm, mein Name ist Go Taeseob ... v-von woher kommst du?" Taeseob hatte eine zitternde Stimme, weil er Angst hatte, dass dieser Junge vor ihm auch bald von seiner Sexualität erfahren würde. „Hey, ist alles in Ordnung? Du wirkst total nervös." Yiyan wusste sofort, dass der Junge ihm gegenüber höchstwahrscheinlich gemobbt wurde. „Kannst du mir die Schule zeigen? Ich merke, dass du es nicht gewohnt bist, angesprochen zu werden." Taeseob nickt schüchtern, in seinem Kopf war nur, wie schön der 16-Jährige aussah. „Natürlich zeige ich dir die Schule. Bist du sicher, dass du das mit mir machen möchtest?" Yiyan nickte und lächelte liebevoll, er nahm einfach die Hand des 14-jährigen Jungen und ging mit ihm in Richtung Schule. Taeseob sah die ganze Zeit auf den Boden und gerade, als sie die Schule betraten, kamen ihnen ein paar von Taeseobs Klassenkameraden entgegen. Der Junge blieb sofort stehen, wobei sein neuer Freund ebenso stehen blieb. Er sah Taeseob verwundert an und fragt ihn, was los sei. „Ich... ich wollte dir nur noch etwas anderes zeigen ... komm", antwortete der Junge. Kaum liefen sie weiter, schubste einer der Jungs Taeseob zu Boden. „Awww ... kann die kleine Schwuchtel nicht mal geradeaus gehen?" Sie fingen an zu lachen, während Taeseob wieder aufstand und sich die Tränen verdrückte. Yiyan schüttelte ungläubig den Kopf und stellte sich dem Mobber entgegen. „Was soll das?", fragte er mutig. Doch sein Gegenüber ließ sich nicht einschüchtern. „Bist du etwa die Freundin der kleinen Schwuchtel?", fragte er frech, doch Yiyan blieb kalt. „Scheint so, als hättest du ja das meiste Interesse an ihm, es kommt mir eher so vor, als möchtest du seine Freundin sein", sagte Yiyan stolz, während er den Übeltäter fies angrinste. Die anderen lachten ihn aus, worauf der Junge wütend verschwand. „Wieso hast du das getan? Sie hätten dich verprügeln können ... oder noch viel Schlimmeres ..." Taeseob wischte sich die Tränen weg, doch Yiyan lächelte ihn fürsorglich an. „Man hat mir beigebracht, immer zu helfen, vor allem, wenn es um meine Freunde geht ...", erklärte er. „Freunde?", fragte Taeseob ungläubig. „Na klar!", antwortete Yiyan. Der 14-Jährige sah ihn verlegen an und zeigte seinem neu gewonnenen Freund die Schule. Wochen vergingen und Taeseob fühlte sich immer wohler bei seinem Freund; er merkte schnell, dass er Gefühle für den 16-Jährigen hatte, aber seine Angst war, dass auch dieser ihn hassen könnte, wenn er ihm seine Liebe gestehen würde.

Ein Jahr war vergangen und Taeseob konnte sich immer noch nicht überwinden, diesem Jungen seine Liebe zu gestehen, er wollte ihre Freundschaft nicht zerstören. „Tae? Was ist los? Du bist seit einigen Wochen total stumm und zurückhaltend, haben dir die Jungs irgendwas getan?" Yiyan sorgte sich immer sehr um seinen Freund, da er nicht wollte, dass seine Magersucht und seine Depressionen noch schlimmer wurden. Der jetzt 15-Jährige wollte nicht antworten, aber Yiyan begann ihn zu bedrängen, er konnte es nicht auf sich sitzen lassen. „Mann! Yiyan, ich habe Gefühle für dich! Bitte hass mich nicht … ich würde das nicht verkraften!" Langsam kullerten Tränen über die Wange des 15-jährigen Jungen. „Ich könnte dich niemals hassen, Taeseob. Ich habe auch Gefühle für dich. Ich wusste nur nicht, wie ich es dir sagen sollte … Ich dachte eigentlich, dass du an einer anderen Person interessiert bist." Taeseobs Augen weiteten sich, er fiel dem Jungen ihm gegenüber in die Arme. Das Letzte, was die beiden an diesem Tag zu sich sagten, war: „Ich liebe dich". Sie waren so glücklich all die Jahre und Yiyan unterstützte den Jungen, seinen Traum zu verwirklichen und ein K-Pop-Idol zu werden. Heute sind die beiden Jungs immer noch zusammen, Taeseob ist nun bekannt unter dem Namen „Holland", da dieses Land als erstes die gleichgeschlechtliche Ehe erlaubte. Yiyan wurde ein Model.

Beide haben ihren Traum erreicht und würden gerne heiraten. Sie warten darauf, dass in Südkorea endlich die gleichgeschlechtliche Ehe legalisiert wird, es ist ein großer Wunsch des jungen Paares. „Ich habe mir schon immer einen Mann wie dich gewünscht, Yiyan, ich danke dir für alles, was du für mich getan hast!" Taeseob gab seinem Freund einen sanften Kuss und machte sich bereit für seinen Auftritt. Yiyan lächelte: „Ich habe mir auch immer einen Freund wie dich gewünscht, Schatz!" Er nahm seinen Freund fest in den Arm, um ihm die Nervosität vor dem Auftritt zu nehmen.

Ich wünsche mir, dass homosexuelle Ehe endlich überall legalisiert wird!

Celina Zellner
Berufsfachschule für Kinderpflege, Klasse Ki 10C

Was ich meinem früheren Ich wünschen würde

Wenn ich könnte, würde ich. Wenn ich würde, könnte ich. Wenn ich möchte, kann ich. Wenn nicht, verstecke ich mich. Wenn du rufen würdest, käme ich. Wenn du mich ignorierst, schweige ich. Bin ich still, bemerkt man mich nicht. Wenn man mich nicht bemerkt, werde ich still. Wenn ich schreie, fühle ich mich hilflos. Wenn ich flüstere auch. Aber könnte ich, würde ich. Könnte ich laut sein, würde ich Aufmerksamkeit bekommen. Würde ich selbstbewusst sein, könnte ich mutig sein. Aber das bin ich nicht. Nichts davon. Also frage ich mich nicht mehr, ob ich könnte, denn ich kann nicht. Es erfordert nicht viel. Aber wenn ich mir heute etwas für mein früheres Ich wünschen könnte, würde ich mir Kraft, Selbstsicherheit, Mut und Geduld geben. Weil ich kann. Ich zweifle nicht mehr daran. Und früher hätte ich es auch nicht sollen.

Federica Endres
A. B. von Stettensches Institut, Klasse 9a

Wish — Der Wunsch nach Regen

Ich wünsche mir seit meiner Kindheit Regen. Er soll meinen Körper kühlen, so dass ich vor Kälte und Nässe friere, wie ein Elefant, den man plötzlich nach Alaska schickt. Er soll mir die Haare wuschelig regnen und mich in seinen durststillenden Tropfen tanzen lassen. Wumms! Ich schrecke auf. In der Spiegelung des Fensters, aus dem ich gerade gedankenvertieft geblickt hatte, sehe ich Jigmahrul, wie sie eine prunkvoll verzierte Vase in mein Zimmer trägt und auf dem Boden abstellt. Beim Aufprall zwischen Vase und Boden entsteht ein Wirbel aus Staub und Sandkörnern. In meinem kleinen Dorf in Südafrika herrscht seit einer Ewigkeit eine schlimme Dürre. Die Sonne brennt erbarmungslos auf das ganze Dorf nieder, welches Tayangana heißt. Die Menschen in meinem Dorf arbeiten Tag um Tag, da alle bettelnden Mäuler gestopft werden wollen. Es macht Spaß zuzusehen, wie Tugi, mein bester Freund, mal wieder von einem wildgewordenen Schaf verfolgt wird, naja, aber alles hat auch Nachteile. Die Pflanzen in Tayangana senken ihre Köpfe schließlich fast durchgängig in Richtung Boden. Mit der Zeit welken auch die exotischen Tropenbäume, die unser Dorf mit ihren so wunderbar kostbar schmeckenden Früchten beschenken, und alles, weil sich kein Tropfen Regen zeigt. Nicht einmal im Jahr. Jigmahrul wendet sich gerade zum Gehen um, als ich frage: „Warum regnet es nie? Ich meine, kann man überhaupt überleben, wenn man keinen Regen findet?" Erstaunt sieht sie mich an und erwidert: „Ich weiß es nicht, Regen gab es in unserem Dorf zum letzten Mal, als meine Urgroßmutter geboren wurde. Das ist über 95 Jahre her. Aber es ist komisch, dass du sagst, man könne den Regen nicht finden. Denn es gibt Mythen und Sagen, die beschreiben, dass es in unserem Dorf einen Baum gibt, der nur von Menschen gefunden werden kann, die ihn finden wollen. Dieser Baum soll demjenigen, der ihn findet, einen Wunsch schenken." „Erstaunlich", denke ich. Ich beginne sofort nachzuhaken: „Und wie kommt man zu diesem besagten Baum?" Jigmahrul legt ihren Kopf schief und beteuert: „Es gibt weder eine Karte noch einen Weg, du musst dir einfach wünschen, ihn zu finden." Ich überlege eine kleine Weile und schließe unser Gespräch ab: „Nun gut, danke für die Auskünfte, ich werde ihnen sicherlich etwas nachgehen." Ich beschließe, nun erst einmal zu versuchen, mehr über den Baum herauszufinden. Ich trete vorsichtig ins helle Tageslicht. Der kühle Stein, der uns etwas Schatten zuwirft, ließ mich fast vergessen, dass es im Freien so heiß war wie ein Kaminfeuer, in das man sein Gesicht hält. Schnell ziehe ich meinen Kopf ein und springe unbeholfen von einem auf das andere Bein. Der Boden fühlt sich beim Laufen unter meinen Füßen wie heiße Kohlen an. Zuerst möchte ich zu dem alten, verrückten Mann, der immer zur selben Zeit am selben Ort ist. Er heißt, soweit ich weiß, Tanghaou und er soll alles wissen, was es in der Welt zu wissen gibt. Warum sollte er mir also bei meinem Problem nicht weiterhelfen können? Nach einer Weile komme ich bei dem alten, zerbrechlich wirkenden Stand an, hinter dem Tanghaou verweilt und Löcher in den Himmel starrt. Als ich das Wort erhebe, blickt er langsam auf. „Hallo, Tanghaou! Wie geht es Ihnen? Ich hörte davon, dass Sie alles wissen, was es an Wissen auf der Erde gibt. Liege ich richtig?" Mit einem trübseligen Blick, der ständig auf mich geheftet ist, antwortet er: „Hallo, noch nie gesehenes Mädchen! Mir geht es schön ausgedrückt gut. Um auf deine Frage zu antworten: Ja, ich weiß so gut wie alles auf dieser Welt. Frag nur, frag nur!" Mir ist etwas unwohl bei der ganzen Sache, denn nun legt er ein schauriges Grinsen auf und mustert mich erwartungsvoll. Einmal atme ich noch tief in meinen Brustkorb, bevor meine Frage die Außenwelt betritt. „Nun, es liegt in meinem Interesse, den Regen zu finden. Jigmahrul erzählte mir, dass es einen sagenumwobenen Wunschbaum geben soll, der demjenigen, der ihn findet, einen Wunsch erfüllt." Kurz halte ich die Luft an und warte ab, wie der alte Mann reagiert. Und plötzlich leuchten seine Augen auf, er packt mich ungefragt am Handgelenk und schleift mich hinter sich her. Es geht zu ihm nach Hause. Dort angekommen, lässt er mich los und weist mich an einzutreten. Vorsichtig betrete ich die Hütte aus kaltem Stein und direkt steigt mir ein außergewöhnlicher Geruch in die Nase. Als ich mich umsehe, erblicke ich Kräuter, die als Büschel von der Decke hängen, Knochen, die gestapelt in einer Ecke liegen, flimmerndes Kerzenlicht, einen Teppich, der von Flicken zusammengehalten wird, und eine kleine Sitzecke, die mit Lederkissen ausgeschmückt ist und in der ein schwarzer Luchs sitzt. Tanghaou schiebt mich in Richtung des schwarzen Luchses, von dem ich den Namen nicht kenne, und ich nehme Platz. Sofort sprudelt es aus Tanghaou heraus: „Mädchen ohne Namen, ich wurde jahrzehntelang nicht mehr nach Siaga gefragt." „Bitte, wer oder was?" Ich unterbreche ihn. „Das ist der Name des Wunschbaums, du Dummerchen. Also, du wolltest wissen, wo Siaga ist. Ich bin froh, dass du mich angesprochen hast. Denn, ob du es nun glaubst oder nicht, aber Siaga steht in diesem Raum. Schau genau hin, du musst es dir nur wünschen!" Ich forme die Augen zu kleinen, schmalen Schlitzen und kann tatsächlich einen goldenen Baum in der Mitte des Raumes erkennen. Ich fasse es kaum. „Wow! Es stimmt, da steht er." Der Mann befiehlt mir, zu dem Baum zu gehen und meinen Wunsch auszusprechen. Als ich unter der gülden glänzenden Baumkrone stehe, rieselt ein kleiner Regen aus goldenen Blättern auf mich herab. Langsam knie ich mich nieder und spreche mit zarten Worten: „Oh, du großer, mächtiger Baum. Ich wünsche mir Regen! Er soll meinen Körper kühlen, sodass ich vor Kälte und Nässe friere, wie ein Elefant, den man plötzlich nach Alaska schickt. Er soll mir die Haare wuschelig regnen und mich in seinen durststillenden Tropfen tanzen lassen. Aber am wichtigsten, bitte, großer Baum Siaga, lass mein Dorf so viel Regen abbekommen, dass wir lange genug etwas davon haben." So endet mein Satz und ich fühle mich nun plötzlich wie ausgelaugt. Ich wiederhole den exakt selben Wunsch wie ganz am Anfang unserer Geschichte. Und nun fühlt es sich an, als wäre dieser Wunsch der ganze Inhalt meines Körpers. Tanghaous Augen leuchten, als ich ihn erneut ansehe. „Sie hat es geschafft! Sie hat es geschafft!" Ich bin immer noch so leer, dass es mir ausbleibt zu fragen, was ich geschafft hätte. Und deshalb wende ich mich um zum Gehen. Bevor ich wieder ins Freie trete, hält mich Tanghaou noch kurz zurück und meint: „Hey, unbekanntes Mädchen. Pass nur gut auf dich auf, und danke, dass du mich befreit hast. Das war mein größter Wunsch." Ich verstehe keinen der beiden Sätze und betrete nun wirklich die Außenwelt. Und als sei es das Kommando, höre ich ein lautes Grollen, das durch den Himmel brüllt und mich erzittern lässt. Mit ihm eine unzählbare Regenwelle. Ich begreife sofort, dass es wirklich funktioniert hat und tanze. Ich tanze den ganzen Weg nach Hause und als ich ankomme und durch die Straßen wirbele, kann ich von überall Menschen aus meinem Dorf erkennen, die Krüge aufstellen, welche das kostbare Wasser auffangen sollen. Als ich schließlich mein Haus betrete und mir Jigmahrul in die Arme fällt, erblicke ich ganz unerwartet zwei schwarze Luchse, die gemeinsam in Richtung des Dschungels streifen. Den alten Mann habe ich nie wieder gesehen.

Philomena Neirich
Maria-Theresia Gymnasium, Klasse 6b

Wünsche

V ogelhaus bauen
I ntelligent sein
E ntdeckungsreise erleben
L ego spielen
E lektrotechnik lernen

W anderschildkröte sehen
Ü berraschung bekommen
N eues erfahren
S andburg errichten
C omics lesen
H aus besitzen
E rdmännchen beobachten

Augusto Bauer und Samuel Machus
Lichtenstein-Rother-Schule, Klasse 4

Wünsch dir was

Neue Wünsche hat man fast jeden Tag, wenn man z. B. bei der Freundin ein tolles Spielzeug sieht und auch so eins haben will. Ich schreibe eigentlich fast nie Wunschzettel. Dafür erzähle ich meine Wünsche meiner Familie und meinen Freunden. Einen Wunschzettel im Kopf habe ich allerdings immer. Und so sah er dieses Jahr aus.
Wunschzettel:
Handy
Koffer
schöne Einhorn-Tasche
Diamond Painting
Vielleicht habe ich mir noch etwas anderes gewünscht. Allerdings kann ich mich nicht mehr daran erinnern. Ich habe Anfang Januar Geburtstag, deswegen bekomme ich die Geschenke, die ich nicht an Weihnachten bekomme, an meinem Geburtstag. Ein eigenes Handy habe ich mir am allermeisten gewünscht. Nicht nur zu Weihnachten, das ganze Jahr über. Und ich habe es … nicht bekommen, aber vor der 5. Klasse bekomme ich es ganz sicher. Den Koffer und die Tasche habe ich nicht bekommen. Aber ich wollte sie auch irgendwie nicht wirklich haben. Ich habe sie mal in einem Laden gesehen und habe meiner Mama gesagt: „Ich wünsche mir so eine vom Weihnachtsmann." Diamond Painting habe ich zu Weihnachten

und zu meinem Geburtstag bekommen. Auch zu Weihnachten habe ich einen ein Meter großen Teddy bekommen. Man hat auch oft einfach so einen Wunsch, wie ich mir z. B. wünsche, aufs Gymnasium zu gehen und in der Deutsch-Probe eine gute Note zu bekommen. An Silvester wünschen sich Freunde und Bekannte gegenseitig viel Glück im Neuen Jahr. Ein Leben ohne Wünsche könnte man sich nicht vorstellen. Wenn gerade z. B. 10:10 Uhr ist oder wenn einem ein Wimpernhärchen herausfällt, wünscht man sich meist auch was. Und wahrscheinlich am allermeisten, wenn man an seinem Geburtstag die Kerzen auspustet. Bei mir waren es dieses Jahr so viele Wünsche, dass ich mir noch vieles gewünscht habe, obwohl die Kerzen schon längst ausgepustet waren.

Emily-Nadine Hoffmann
Eichendorff-Grundschule, Klasse 4c

Ich wünsch mir was!

Ich wünsche mir mein Meerschweinchen wieder her.
Denn ohne lebt es sich so schwer.
Der Tod hat es weggefegt.
Doch mit ihm hat es sich besser gelebt.
In der Not würde ich alles stehen lassen.
Um den Spaß mit dir nicht zu verpassen.
Ich wünschte, es würde noch leben.

Johannes Fischbach
Förderzentrum Hören-Augsburg, Klasse 6s

Wünsch dir was

Hey du! Hör mir genau zu!
Ich wünsche mir eine Welt, wo der Mensch im Mittelpunkt steht.
Wo jeder Wert auf das Gegenüber legt.
Wo Krieg nicht existiert.
Wo jeder jeden akzeptiert.
Wo Ungerechtigkeit ein Fremdwort ist.
Wo du gut bist, so wie du bist.
Wo ein Wunsch nicht nur Hoffnung gibt,
sondern Wirklichkeit wird.

Kardelen Kübra Yakut
Berufsfachschule für Kinderpflege, Klasse Ki 11C

Kein Wunsch!

Was ist schlimm an keinem Wunsch? Das frage ich mich.
Darüber schreibe ich ein Gedicht.
Manche wünschen sich viel Geld,
andere einen Held.
Viele haben alles und doch nie genug.
Das finde ich nicht klug.
Mancher Wunsch ist riesengroß,
ein anderer winzig klein.
Ich habe keinen Wunsch,
das finde ich sehr fein.
Geht es dir so wie mir?
Dann frage ich dich jetzt und hier:
Was ist schlimm an keinem Wunsch?
Nichts.
Bleibe wunschlos glücklich.

Jette Julie Tigges
Hans-Adlhoch-Grundschule, Klasse 4a

Gute Wünsche für jeden Menschen

Jeder Mensch hat sich schon einmal gewünscht, dass das Leben stressfrei, ohne Streit und einfach nur perfekt sei. Doch es ist nicht immer so: Manche Leute wünschen sich, dass die Menschheit vegan lebt, manche wünschen sich, dass es mehr Tierschutz gibt, aber manche wünschen sich, dass die Eltern sich nie getrennt hätten oder dass Familienmitglieder sie nicht verlassen hätten. Jedoch gibt es Menschen, die sich Springschuhe, Spielzeuge und Filme oder Spiele wünschen. Aber wenn man sich nichts wünscht, wird das Leben langweilig, deswegen sollte man sich etwas wünschen, egal was.

André Golling
Jakob-Fugger-Gymnasium, Klasse 5e

Wünsch dir was — oder doch nicht

Ich denke, dass Wünsche eine schlechte Sache sind. Wir alle wollen etwas und am Ende kriegen wir das doch nicht. Von 50% der Wünsche bekommt ein Mensch nicht das, was er wollte, sondern nur Traurigkeit oder Wut oder was auch immer das sollte. Wünsche sind unsere Vorstellungskraft und deshalb wollen viele Menschen das, was man ihnen nicht geben kann. Sie sind sich dessen bewusst, aber weinen am Ende und tun so, als wüssten sie nicht, warum. Wünsche sind Erwartungen, Wünsche sind Hoffnung, und Hoffnung ist so eine schwierige Sache, sie ist sehr langweilig und tut am Ende immer weh. Und deshalb habe ich beschlossen, mir nie etwas zu wünschen, sondern einfach zu leben und mit dem zufrieden zu sein, was ich habe, denn ich habe mich selbst und viele Menschen haben sich selbst nicht. Ich habe Freunde, vielleicht auch Feinde, und beide sind da, wenn ich sie brauche. Ich habe eine Schwester, die sehr lustige Witze erzählt. Ich habe Eltern, die immer bleiben und nie weg gehen. Ich habe die besten Lehrer und sehr gute Noten, aber zum Glück in meinen Haaren keine Knoten. Ich habe einen Vogel an meinem Fenster, der mich jeden Tag weckt, und das finde ich voll nett.

Mija Budes
Berufsfachschule für Kinderpflege, Klasse Ki 11A

Olivias Abenteuer

Olivia saß an einem schönen, sonnigen Frühlingstag auf einer Wiese und dachte nach: „Würde ich nur auf einer Wolke sitzen und ein Buch lesen! Die Wolken sind bestimmt weich wie Watte!" Während sie dachte, schaute sie zum Himmel empor. Der Himmel war wolkenlos und ozeanblau. Sie dachte verwundert: „Wo sind denn wohl die Wolken hin? Vielleicht hat sie jemand weggepustet wie eine Pusteblume?" Da riss sie eine auf sie zu flatternde Schwalbe aus ihren Gedanken. Und erstaunlicherweise konnte sie in Olivias Sprache sprechen. Sie hatte eine sanfte, zaghafte Stimme und sie sang eher als dass sie sprach: „Hallöchen, Olivia!" Olivia stotterte: „Haa...lll...ooo!" Nach einer Weile hatte Olivia ihre Fassung wieder und fragte: „Wer bist du denn und warum kommst du zu mir?" „Ich bin Lupinchen und erfülle Wünsche. Aber bevor ich dir den Wunsch erfülle, musst du eine schwierige Aufgabe lösen. Dein Wunsch ist es, hoch in den Wolken zu sein, stimmt das?", fragte die Schwalbe. „Ja!", sagte Olivia und wollte daraufhin wissen: „Welche Aufgabe muss ich denn erledigen?" „Die kann ich dir leider noch nicht verraten, aber wenn ich in drei Tagen wieder zu dir komme und du es dir noch einmal überlegt hast, ob du wirklich die Aufgabe erledigen willst, dann sage ich dir, was du zu tun hast." Und schon war die Schwalbe wieder in der Luft und flog davon. Olivia folgte ihr mit den Augen, bis sie verschwunden war. Sie war auf die Aufgabe sehr gespannt und konnte die Tage kaum abwarten. Doch schließlich war der Tag da. Lupinchen war immer noch nicht bei dem Mädchen gewesen, dabei war es schon später Nachmittag. Den heutigen Tag hatte sie auch auf der Wiese verbracht, damit Lupinchen Olivia besser finden könnte. Olivia war traurig. Sie dachte: Hoffentlich kommt die Schwalbe noch! Plötzlich jedoch verspürte sie einen kalten Windstoß, der sie frösteln ließ. Da ploppte es auf und Lupinchen erschien. Lupinchen nieste und sagte: „Boaah, das Flohpulver macht mir echt zu schaffen!" Olivia wünschte ihr Gesundheit und fragte: „Was ist dieses Flohpulver?" „Hallo erst mal! Das ist ein Pulver, das Wesen von Ort zu Ort bringen kann. Aber nun zu deiner Aufgabe: Ist dir aufgefallen, dass es immer weniger Sterne am Himmel gibt? Sie explodieren von Zeit zu Zeit, deshalb erteile ich dir diese Aufgabe: Du darfst die Sterne aus besonderem Sternenpapier basteln! Hier ist das Papier", antwortete Lupinchen und reichte ihr einen Stapel Papier. Die Schwalbe erklärte: „Ich zeige dir, wie man die Sterne falten muss. Selber kann ich sie nicht falten, denn ich habe keine so flinken Menschenhände wie du. Dann musst du innerhalb von drei Tagen alle zwölf Sterne basteln, bis ich wiederkomme, um Mitternacht. Da klebst du die Sterne an den Himmel. Das macht Spaß, glaub mir!" Und darauf erklärte Lupinchen Olivia, wie man die Sterne bastelt. Und Olivia dachte sich, dass sie das bestimmt könne. Anschließend sagte die Schwalbe besorgt: „Nun aber musst du nach Hause, nicht dass deine Eltern Sorgen um dich haben." Und bevor Olivia Weiteres fragen konnte, war Lupinchen verschwunden. 'Das wird bestimmt ein Abenteuer', dachte sie. Denn sie verspürte schon ein leichtes Kribbeln im Bauch. Schließlich ging Olivia fröhlich hopsend nach Hause. Sie freute sich auf die bevorstehende Aufgabe. Gleich heute würde sie anfangen, die ersten Sterne zu basteln. Zu Hause angekommen, ging sie erst einmal in ihr Zimmer, um das Sternenpapier sicher in ihrer „Schatzkiste" zu verstauen. In verschnörkelten Buchstaben stand „Olivias Schatzkiste" auf dem Deckel. Sie war innen mit rotem Samt ausgelegt. Olivias Vater hatte sie ihr zum zehnten Geburtstag geschenkt, jetzt war sie zwölf. Nachdem sie mit ihren Eltern gegessen hatte und sie Olivia Gute Nacht gesagt hatten, las sie normalerweise. Doch heute wollte sie nicht lesen. Sie wollte Sterne basteln. Olivia holte das Sternenpapier aus ihrer Schatzkiste und bastelte den ersten Stern. Sobald sie den ersten Stern fertig gefaltet hatte, begann plötzlich der Stern zu leuchten. Erst erschrak Olivia, doch dann verstand sie: Die Sterne müssen leuchten, sonst sieht man sie in der Nacht am Himmel nicht! In dieser Nacht bastelte sie noch viele Sterne und schließlich alle. Dann fiel sie müde ins Bett. In den nächsten zwei Tagen passierte nicht viel. Sie waren sehr langweilig. Doch am dritten Tag um Mitternacht würde dafür sehr viel passieren. Am Abend beschloss sie, keinen Wecker für Mitternacht zu stellen. Olivia würde sowieso nicht einschlafen, weil sie viel zu aufgeregt war und das Klingeln des Weckers nur ihre Eltern wecken würde, die im Zimmer unter Olivia schliefen. Olivia hatte ein spannendes Buch, das sie zurzeit las. In diesem Buch las und las sie und versank regelrecht in der Geschichte. Übrigens, sie hat 45 Seiten gelesen. Aber das ist nicht so wichtig. Plötzlich um Mitternacht klopfte es an Olivias Fenster. Sie tauchte aus der Buchstabenwelt auf und wandte sich dem Fenster zu. Als sie sah, dass die Schwalbe Lupinchen klopfte, sprang sie zum Fenster und öffnete es. Die Schwalbe grüßte: „Hi, Olivia! Bist du bereit für ein Abenteuer?" Olivia antwortete mit einem fröhlichen „Ja" und holte die Sterne. Sie leuchteten in einem grellen Gelb. Die Schwalbe und das Mädchen gingen zu der Wiese. Besser gesagt: Lupinchen flog voraus und Olivia lief ihr zügig hinterher. An der Wiese angekommen, zeigte die Schwalbe dem Mädchen eine Leiter, die an einen Baum gelehnt war. Sie sagte: „Das ist die Leiter, die zum Himmel führt! Du musst auf ihr zum Himmel klettern und die Sterne mit Kleber, den ich mitgebracht habe, an den Himmel kleben." Olivia war sehr aufgeregt, doch freute sie sich, denn schon bald würde sie auf einer Wolke fliegen. Sie nahm die Sterne und den Kleber in die rechte Hand und hielt sich mit der linken an der Leiter fest. So stieg sie die Leiter hinauf. Sie war lang, doch irgendwann hatte Olivia es geschafft. Ihr war ein bisschen mulmig und sie dachte tröstlich: 'Ich gucke einfach nicht nach unten.' Sie klebte die Sterne mit dem besonderen Kleber an den Himmel. Als sie fertig war, stieg sie vorsichtig die Leiter hinab und ging zu Lupinchen. Lupinchen lobte sie und brachte Olivia nach Hause. Dort fühlte sie sich sehr glücklich und schlief bald ein. Am nächsten Tag ging Olivia schon am frühen Mittag zu der Wiese. Die Schwalbe hatte ihr gesagt, dass sie, wenn sie wolle, immer zur Wiese kommen könne. Dort würde eine Wolke auf sie warten. Heute fand Olivia die Wolke an dem Baum, wo in der Nacht die Leiter gewesen war. Olivia ging voller Vorfreude auf die Wolke zu und setzte sich. Sie fühlte sich genauso an, wie das Mädchen es sich vorgestellt hatte: wie Watte. Zu ihrem Erstaunen begann sie gleich, zum Himmel empor zu steigen. Und da sah Olivia Lupinchen, wie sie auf die Wolke zuflog. Die Schwalbe Lupinchen rief: „Du hast die Aufgabe gestern Nacht sehr mutig gemeistert. Das ist deine Belohnung: Du darfst dir immer, wenn du willst, eine Wolke schnappen und in den Himmel fliegen." „Das ist wunderschön hier! Vielen Dank, dass du mir das ermöglicht hast. Die

Aufgabe hat mir sehr viel Spaß gemacht", bedankte sich das Mädchen. Und Olivia flog noch oft mit den Wolken in den Himmel und machte Wettrennen im Fliegen mit Lupinchen.

Cleo Jünger
Gymnasium bei St. Stephan, Klasse 5a

Der kleine Zauberer

Eines Tages kam ein junger Zauberer in die Zauberschule und lernte dort Zaubertricks. Hierfür ging er in einen Zauberladen und kaufte sich einen besonderen Zauberstab und einen Zylinder. Zuhause probierte er den Zauberstab sofort aus. Es klappte nicht und der kleine Zauberer wunderte sich. Der Verkäufer hatte gesagt, dass es ein echter Zauberstab und Zylinder für Zauberer wäre. Puff! Plötzlich sprang ein weißer Hase aus dem Zylinder. Er sagte: „Du hast zwei Wünsche frei!" Der kleine Zauber wünschte sich, dass auch der Zauberstab funktionieren würde. Der Hase schüttelte den Kopf und sagte traurig: „Diesen Wunsch kann ich dir nicht erfüllen." Der Zauberer erstarrte. Der Hase fuhr fort: „Aber ich kann dir einen Rat geben. Du könntest dir einen Zauberstab herbeiwünschen, der funktioniert." „Kann ich diesen Wunsch einlösen? Das ist eine gute Idee!", sagte der Zauberer und freute sich. „Wenn du willst, löse ich ihn als deinen ersten Wunsch jetzt ein!", antwortete der Hase. „Oh, danke!", jubelte der kleine Zauberer. Er probierte den Zauberstab gleich aus. „Du hast noch einen Wunsch frei!", erinnerte ihn plötzlich der Hase. Da sagte der kleine Zauberer; „Stimmt, das habe ich vergessen. Ich möchte mich bei dir bedanken, weil du mir geholfen hast. Deshalb wünsche ich mir, dass du für immer glücklich bist." Der Hase freute sich sehr und war glücklich. Mit einem „Puff" verschwand er wieder in seinen Zylinder.

Maximilian Fischnaller
Franz-von-Assisi-Grundschule, Klasse 3

Der große Wunsch

Florena und ihre Schwester Anika wünschten sich so sehr eine Schildkröte! „Florena, hast du unseren Wunsch auch ganz groß und als allererstes geschrieben?", fragte Anika und legte sich ins Bett. „Ja, hab ich!", murmelte sie und war auch schon eingeschlafen. Florena träumte. Sie träumte von einem Engel! Und dieser Engel hatte ihren Wunschzettel und sagte lachend: „Wünsch dir was!" Der nächste Tag war ein ganz besonderer Tag, es war Weihnachten! Florena wachte wegen Anika auf, denn die schrie: „Florena, los Florena! Wach auf, es ist Weihnachtsmorgen! Guck doch!" „Guck doch selber!", grantelte Florena. Jetzt waren beide furchtbar aufgeregt und öffneten alle Geschenke unter dem Weihnachtsbaum. Alle, bis auf eines. Es war ein Paket mit Löchern und beschriftet war es mit „Sommerfeld". „Hm, das ist wohl tatsächlich für uns", staunte die Mutter. Ganz vorsichtig, Tesa für Tesa, Papier für Papier – es war wirklich besonders gut eingewickelt – packten sie es zusammen aus. Eine Kiste kam zum Vorschein, wieder mit Löchern, und als sie diese aufmachten, war da wieder eine kleinere Kiste, wieder mit Löchern. Auf dieser lag ein Zettel, auf dem stand: „Wünsch dir was!" Und in dieser Kiste war … eine echte, lebendige kleine Schildkröte! Der Wunsch war wirklich in Erfüllung gegangen!

Vanessa Moise
Grundschule Bärenkeller, Klasse 4

Wünsche von allen Leuten der Stadt Schokohausen

Vor langer Zeit in der Stadt Schokohausen wurde es verboten, Schokolade und andere Süßigkeiten zu essen. Wer Süßes aß, musste für 50 Jahre im Gefängnis eingesperrt bleiben. Ein Mädchen namens Rebekka wollte unbedingt wieder Schokolade in ihrem Mund spüren. Rebekka wachte wie immer am Morgen auf. Ihr Wecker klingelte diesmal richtig laut. Sogar ihre Mutter und ihr Vater wachten auf. Dann gingen alle mühsam aus dem Bett. Das Mädel war ein Einzelkind und 12 Jahre alt. Zum Glück war Samstag, sonst müsste sie zur Schule. Als die ganze Familie fertig mit Umziehen war, gefrühstückt hatte und schon Zähne geputzt hatten, erzählte das Mädchen ihren Eltern Folgendes: „Wisst ihr was?! Ich hatte schon zum sechsten Mal den gleichen Traum!". „Ach ja, was träumst du denn Schönes?", fragte ihr Vater neugierig. Rebekka antwortete: „Ich träume immer davon, wie ich wieder Süßigkeiten esse und wie ich ganz genüsslich Schokoladeneis schlecke." Die Mutter sprach: „Ach, Liebes … wahrscheinlich wirst du es nie mehr machen können. Die guten süßen Zeiten sind für alle und für immer und ewig vorbei." Hoffnungslos und traurig lief Rebekka in ihr Zimmer. Nun dachte sie sich: „Wäre ich doch eine Superheldin, würde ich die verbotenen Süßigkeiten wieder ermöglichen." Am Nachmittag ging Rebekka eine alte Schokoladenfabrik besichtigen. Die Fabrik hieß damals Lecker-Schneider. Das Mädchen wollte so gern alles anschauen, um sich wenigstens die Erinnerung an den tollen Schokoladengeschmack und den Karamellgeruch einzuprägen, doch es war zugesperrt. Früher machte man hier die leckersten Süßigkeiten in Schokohausen. Nun konnte keiner mehr rein. Es sah aus wie ein riesiger Schrottplatz. Nach einer kurzen Weile ging Rebekka nach Hause. Am nächsten Tag sprintete sie wieder in die Stadt, um zu sehen, was da abging. Als das Kind einmal um eine Ecke bog, stand es vor einer großen Bühne, wo viele Menschen zuhörten, was der Bürgermeister ankündigte. Er sprach: „An alle Leute der Stadt Schokohausen! Ich bin's, Olaf Edelschrott, euer Bürgermeister! Ich wollte euch erinnern, wenn ihr Süßigkeiten vermisst, macht euch keine Sorgen, denn Gemüse und Obst sind viel gesünder, wichtiger und es ist sogar wissenschaftlich bestätigt, dass sie Klugheit bringen! Also, vertraut mir! Und wählt bei der nächsten Bürgermeisterwahl mich!" Alle Menschen klatschten. Viele pfiffen oder schrien laut mit. Herr Olaf Edelschrott winkte wie ein Verrückter in alle Richtungen. Rebekka fand es nicht fair, keine Schokolade kaufen oder verkaufen zu dürfen. Vor Jahren, als es noch Süßigkeiten gab, duftete die Stadt einfach sehr süß nach Süßkram. Jetzt roch sie nach Benzin von Autos, nach Zeitung oder Deo. Als der Bürgermeister nicht mehr zu sehen war, liefen alle Menschen weg. Es kehrte die Ruhe zurück. Keine Autos, keine Jugendlichen, die laut redeten und keine Leute, die betrunken waren. Nach einer Woche lief Rebekka wieder zur Fabrik hin. Plötzlich erblickte sie einen anderen Jungen. Er hatte schwarze Haare, einen dunkelblauen Pullover, eine Jeanshose und weiße Schuhe. Es sah aus, als würde er in das Gebäude einbrechen wollen. Das Mädchen ging in schnellem Schritt zu ihm hin. „Wolltest du einbrechen?", fragte sie erstaunt. „Oh … ha… hallo … i… ich ha… habe di… dich ja gar ni… nicht ge… gesehen … Nein, ich wo… wollte nicht ein… einbrechen." Er stotterte richtig. Zum ersten Mal in Rebekkas Leben sah sie einen Menschen, der das Tor von der Lecker-Schneider-Fabrik aufmachen wollte. Sonst traute sich das eigentlich keiner. Auf einmal hörten beide eine Polizeisirene. Der Junge und Rebekka wussten sofort, wieso die Polizeisirene plötzlich losging. Normalerweise durfte man nicht einmal versuchen, die Tore zu öffnen. Schnell rannte sie irgendwohin und versteckte sich dort. Das Mädchen wollte nicht beschuldigt werden. Der Junge flitzte woanders hin. Rebekka blieb in ihrem Versteck und konnte sehen, wie das Polizeiauto mit quietschenden Reifen anhielt. Es stiegen zwei Polizisten aus. Ein Mann und eine Frau. Beide waren schlank und geschickt. Die Polizistin schaute von links nach rechts immer alles durch. Der Polizist schaute genauso, bloß von hinten. „Kommt doch aus euren Verstecken raus! Wir wissen, dass ihr versucht habt einzubrechen!", sagte die Frau. Der Junge war nicht mehr zu sehen. Doch das war Rebekka egal. Sie hockte weiterhin still und rührte sich nicht vom Fleck. Nach gefühlt einer halben Stunde fuhren die Polizisten wieder weg. Erleichtert lief Rebekka nach Hause.

Monate später. Es war Winter geworden und es lag viel Schnee draußen. Das Mädchen murmelte vor sich hin: „Ich werde dem Weihnachtsmann schreiben, dass wieder Süßes erlaubt sein soll." Eigentlich schrieb sie keine Briefe an ihn und glaubte kaum, dass er existierte. Doch in voller Hoffnung, falls es den Mann doch gab, schrieb sie nun. Zur gleichen Zeit vor Weihnachten kam ein Brief von Bürgermeister Olaf Edelschrott an jeden Stadtmitbewohner an. Dort stand:

„Liebe/-r Mitbewohner/-in von Schokohausen!
Ich wollte Ihnen eine Freude machen, indem ich zu Weihnachten die drei meistgewünschten Wünsche von der Stadt erfülle. Ihr müsst nur euren Wunsch auf ein Blatt schreiben und es mir beim Rathaus abgeben."

Als die Familie von Rebekka den Brief gelesen hatte, jubelte sie vor Freude laut! Sofort begann die Familie zu antworten. Das Mädchen hoffte, dass die meisten Leute schreiben würden, dass sie wieder Schokolade essen wollten. Schon an dem Abend gaben viele Bewohner ihre Wünsche ab. Nach Tagen kam Weihnachten. Rebekka und ihre Eltern wussten aber nicht, wo Herr Edelschrott sich befand und an welchem Ort er Bescheid sagte, was die drei meistgewünschten Wünsche waren! Die Mutter hatte eine Idee. Sie äußerte sich: „Wir können doch Nachrichten anschauen! Dort wird bestimmt gesagt, was die Wünsche sind!" „Du hast recht!", rief der Vater glücklich. Rebekka rannte schnell ins Wohnzimmer und schaltete den Fernseher an. Dann klickte sie auf „Nachrichten". Nun schauten alle gespannt zu. Es wurde mitgeteilt: „Hallo, liebe Mitbewohner von Schokohausen! Jetzt kommt unser lieber Bürgermeister. Er wird nun die drei meistgewünschten Wünsche vortragen! Bitte, kommen Sie, Herr Edelschrott!" Der Bürgermeister fuhr fort: „Wie ihr schon gehört habt, werde ich die Wünsche vortragen. Also, die Wünsche siiiiind: Erstens – man soll wieder Süßes essen dürfen. Zweitens – die Fabrik Lecker-Schneider soll geöffnet werden. Drittens – man soll Süßkram wieder kaufen dürfen. Diese drei meistgewünschten Wünsche werden in einer Woche erfüllt." Die ganze Familie war so froh darüber und so sehr aufgeregt, dass sogar Schweiß in den Achseln anfing, sich zu sammeln. Nach einer Woche liefen Rebekka und ihre Eltern zur Lecker-Schneider-Fabrik und holten sich sehr, sehr viele Süßigkeiten nach Hause. Die Stadt Schokohausen duftete wieder nach bitterer, knuspriger Schokolade und Karamell. In den folgenden Monaten fand die nächste Bürgermeisterwahl statt. Doch keiner wählte Olaf Edelschrott.

Die meisten hatten Angst, dass er als Bürgermeister noch mal verbieten könnte, Süßkram zu naschen. Stattdessen wählten viele Leute einen Mann, der Michael Rabentrockner hieß. Man wählte ihn für seine gute Rede und das Versprechen, nichts zu verbieten. Jetzt konnte jeder glücklich in der Stadt Schokohausen leben.

Marija Liachavice
Lichtenstein-Rother-Schule, Klasse 4

Glücklich sein

Von Kindesbeinen an wird uns beigebracht, groß zu träumen und zu wünschen. „Ich will Millionär werden! Ich will im größten Haus der Welt leben. Das brauche ich, um glücklich zu sein." Doch ist es nicht viel wichtiger, sich auch über die kleinen Dinge des Lebens zu freuen? Wir Menschen wollen oft das Größte, das Beste und das Tollste von allem, denn das sei wichtig! Sind es aber nicht die im ersten Augenblick unbedeutenden Dinge, die uns das meiste Glück bescheren sollten? Zum Beispiel eine fremde Person, die uns auf der Straße zulächelt, oder zusammen mit seinen Freunden den Sonnenuntergang zu bewundern. Ich wünsche mir, dass genau diese Dinge mehr geschätzt werden, denn das ist das, was uns zufrieden macht und einem ein tolles Gefühl gibt. Was bringt es einem, wenn man Tag und Nacht arbeitet, nur um sich eine Villa leisten zu können, dafür aber durch mangelnde Zeit den Kontakt zu Freunden und Familie verliert, also zu Personen, die einem eigentlich wichtig sind, die man liebt, und man am Ende niemanden mehr hat, mit dem man in dieser tollen Villa Zeit verbringen kann? Ich wünsche mir, dass diese Werte priorisiert werden und dass unsere Gesellschaft lernt, wie bedeutend und wichtig dies eigentlich ist. Wenn alle dieses Prinzip verstanden hätten, gäbe es dieses Streben nach materiellem Glück nicht mehr. Jeder würde mit der Zeit die für sich wirklich wichtigen Dinge im Leben erkennen. Das ist mein Wunsch!

Mia Hunglinger
Maria-Theresia-Gymnasium, Klasse 9c

Was sind Wünsche?

Die Meisten verstehen unter Wünschen etwas Materielles, das sie sich zu Weihnachten oder zum Geburtstag wünschen. Für andere sind Wünsche nichts Materielles und etwas, was für sie unerreichbar klingt. Ich jedoch denke, wenn man sich etwas von Herzen wünscht und fest daran glaubt, dass dieser scheinbar unerreichbare Wunsch in Erfüllung geht. Auch ich habe einen Wunsch, der unmöglich klingt. Ich wünsche mir, dass die Leute erkennen, was im Leben wichtig ist, dass sie sich freuen, nach draußen zu gehen, dass sie es genießen, wenn die Sonne scheint, aber auch den Regen, dessen Regentropfen erst leicht, dann aber doch in Strömen auf das Gras platschen, als schön empfinden, sie sich freuen, wenn die Vögel zwitschern und die ersten Gänseblümchen wachsen. Vielleicht sollte dieser Wunsch normal sein, aber er scheint trotzdem so unmöglich.

E. C.

Gymnasium Maria Stern, Klasse 7c

Wünsch dir was

Wenn dir die ganze Welt offenstünde, du keine Limits oder Grenzen kennen würdest, was wären die Dinge, die du tun würdest? Wir sind in einem Alter, wo sich Lebenswege entscheiden. Viele deiner Freunde fangen an zu studieren, machen eine Ausbildung oder fangen sogar schon an zu arbeiten. Andere gehen reisen, erkunden die Welt und brauchen erst einmal Abstand von dem Schulalltag, der sie das letzte Jahrzehnt geprägt hat. Eines aber haben alle diese Menschen gemeinsam, sie quält eine Frage: Was fange ich mit meinem Leben an, wie gestalte ich meine Zukunft und was wird eigentlich mal aus mir? Das Verrückte ist, die meisten wissen es nicht. 70% der Freunde, die angefangen haben zu studieren, studieren wahrscheinlich einfach nur, damit sie etwas machen und ihre Lebenszeit nicht verschwenden mit Nichtstun. Andere bekommen von zu Hause gesagt, sie müssen anfangen, einen Beruf zu erlernen, da, umso älter sie werden, immer weniger Optionen offenbleiben. Die Wahrheit ist, niemand weiß mit Anfang 20, was er einmal genau werden will und wohin sein Weg führt. Jeder von uns hat aber Träume und Wünsche, was er erreichen möchte. Bei manchen kann dies eine Familie mit einer Frau und einem schönen Haus sein. Andere wünschen sich Erfolg im Beruf und eine glänzende Karriere. Diese Ziele verbinden uns in der Art und Weise, wie wir denken, handeln und Aufgaben bewältigen. Es gibt viele unterschiedliche Wege, um sein Ziel zu erreichen, aber alles beginnt mit einer Einstellung, welche in allen Fällen sagt: Ich will das, ich schaffe das, ich kann das! „Wer nie beginnt, der wird auch nie Erfolge aufzeigen können", hat mein Vater mir gesagt, als ich ihm erzählte, dass ich mein eigenes Foto-/Videogeschäft aufmachen möchte. „Es ist egal, ob andere an dich glauben, solange DU im Kern von dir überzeugt bist und an dich glaubst." Im Verlauf der Zeit habe ich gemerkt, dass es stimmt: Ein kleiner Wunsch, der sich in meinem Kopf eingebrannt hatte, wurde langsam, aber sicher Realität. In dieser Zeit findet man sich selbst und man beginnt, immer mehr den Weg zu gehen, den man im Leben einschlagen will. Die Zeit, in der man das herausfindet, ist aber auch nicht gerade die einfachste. Du wirst Freunde verlieren. Was im ersten Moment hart klingt, ist eigentlich nur charakterprägend und gut für dich. Die Menschen aus deinem engen Umfeld, die nichts Gutes für dich wollen, brauchst du nicht. Freunde, die an dich glauben, dich vielleicht sogar unterstützen, sollte man sich bewahren und ihnen natürlich auch etwas zurückgeben. Am Ende möchte ich noch sagen, dass alles, was du versuchst, selbst wenn es nicht klappt, besser ist als jeder Versuch, den du nicht unternommen hast. Ein kleiner Fun-Fact noch zum Schluss: Jeff Bezos gründete in der Zeit, bevor er berühmt wurde, über 100 Firmen, die alle nicht erfolgreich wurden. Er machte dennoch weiter und hörte nicht auf, seinen Wunsch zu verfolgen, erfolgreich zu werden. Die Pointe der Geschichte ist: Fang an und höre nicht auf, bis du das erreicht hast, was du willst!

Roman Müller
Berufsschule VI, Klasse HOL 10 A

Es war einmal

Die Sonne scheint. Drei Kinder laufen. Lisa sagt: „Ich sehe einen Engel." Martin sagt: „Wo? Ich sehe den Engel nicht." Eli sagt: „Ja, ich sehe ihn auch!" Oh! Der Engel ist in der Wolke. Jetzt sieht Martin ihn auch. Er wünscht sich, dass der Engel herunterkommt.

Sofiia Ovramets
Grundschule Göggingen-West, Klasse 2e

Max, der kleine Feuerwehrmann

Max lag abends in seinem Feuerwehrbett. Er schaute auf seine Spielsachen und dachte an seinen sehnlichsten Wunsch, unbedingt einmal Feuerwehrmann zu werden. Jede Nacht träumte er davon, wie es wohl wäre, ein großes Feuer zu löschen. Mit diesem Gedanken schlief er langsam ein.

„Alarm!", ertönte der laute Gong. Max sprang auf, denn er wusste sofort, dass er gemeint war. Er rannte zur Rutschstange, rutschte herunter, zog sich an und setzte sich auf den Beifahrersitz der Drehleiter, denn heute durfte er mit der Drehleiter bis ganz nach oben fahren. Max wartete auf seinen Kameraden, währenddessen schaute er auf das Alarmschreiben. Tim setzte sich auf den Fahrersitz, schaltete das Blaulicht und das Martinshorn an und fragte: „Was haben wir?" Max antwortete: „Wir müssen in die Münchner Straße 5 zu einem Wohnungsbrand in voller Ausdehnung mit Menschenrettung." Der Weg dorthin war nicht so weit, man konnte schon auf halber Strecke dicke, schwarze Rauchschwaden sehen. Sie waren das erste eintreffende Fahrzeug. Sie stiegen aus, um die Lage zu erkunden, dabei kam ihnen ein aufgeregter Anwohner entgegen. „Da sind noch Menschen drin!", erklärte er nervös. Tim beruhigte ihn und fragte, wie viele Personen sich im Haus befänden, was er nicht genau beantworten konnte, weswegen er nur mit „ungefähr fünf!" antwortete. Max setzte einen Funkspruch ab: „Leitstelle für 1 - Drehleiter - 1 kommen." „Leitstelle hört", kam vom Ende der Leitung zurück. „Ungefähr fünf Personen im Gebäude", antwortete er. „Verstanden. Ende", kam von der Leitstelle zurück. Max bereitete die Drehleiter schon vor, weil er damit rechnete, dass er die Personen mit der Leiter retten musste. Die Sirenen der anderen Fahrzeuge ertönten. Dann ging alles ganz schnell: Die Wasserversorgung stand, die Trupps für den Innenangriff rüsteten sich aus. Der Zugführer kam und gab den Auftrag „Menschenrettung über die Drehleiter einleiten, danach Brandbekämpfung!" Max rüstete sich ebenfalls in Windeseile aus und stellte sich in den Korb der Drehleiter. Der Angriffstrupp vom ersten Löschfahrzeug ging zum Innenangriff vor. Max rettete nach und nach jeden der Hausbewohner. Er brachte den Wasserwerfer an dem Korb an und nahm noch einen Einreißhaken mit, um das Feuer von außen zu bekämpfen, fuhr wieder nach oben und löschte jede Flamme gezielt ab. Er kontrollierte noch einmal mit der Wärmebildkamera, ob er auch wirklich alle Flammen gefunden hatte. Max fuhr wieder nach unten und wartete auf den Funkspruch „Feuer aus", der auch kurze Zeit später erklang. Die Hausbewohner waren sehr dankbar, dass Max ihr Haus gelöscht hatte. Die Feuerwehrmänner räumten noch ihre Schläuche weg und fuhren wieder zur Wache zurück. Max fiel todmüde in sein Bett.

„Max, Max! Du hast verschlafen! Steh auf!", hörte er die Stimme seiner Mutter, die versuchte, ihn aufzuwecken. Er merkte, dass er alles nur geträumt hatte. Er war sehr traurig darüber. Seine Mutter fragte ihn, warum er denn so traurig sei und ob er denn vergessen habe, dass er heute mit dem Kindergarten die Feuerwehrwache besuchen würde. Sofort sprang Max aus seinem Bett und fragte verzweifelt: „Wo ist denn mein Feuerwehrkostüm?" Seine Mutter lächelte. „Das habe ich doch schon lange mit deinem Feuerwehrhelm hergerichtet." Abends erzählte er seinen Eltern, was er alles erlebt hatte: sogar einen Alarm für die Drehleiter, und dass er ganz fasziniert war. Am Ende der Erzählung meinte sein Vater lachend, dass Max jetzt ein richtiger Feuerwehrprofi sei. Einige Jahre später war Max seinem Traum schon etwas näher, denn er besuchte eine Jugendfeuerwehr. Nochmal ein paar Jahre später war er der glücklichste Mensch auf Erden, als er seinen ersten Realeinsatz auf der Drehleiter erlebte. Dann wurde ihm bewusst, dass er vor so vielen Jahren genau davon geträumt hatte und genau dieser Traum jetzt in diesem Moment in Erfüllung gegangen war.

Ida Egger
Mädchenrealschule St. Ursula, Klasse 8

Wünsch dir was

Was wünschst du dir? Und nicht das übliche Klischee aus Geld, Autos und Macht. Nein, was wünscht sich dein Herz? An was denkst du, wenn du tief in dir ein Vakuum spürst, das unfüllbar wirkt? Wenn das Schlagen des Herzens einen weit verdrängten Schmerz aufkommen lässt. Wenn das Gewicht der Welt droht, deine Schultern zu brechen und der Aufwand des Lebens sinnlos erscheint. Was flackert dann sehnsüchtig in dir auf? Was würde der Flaschengeist dir als heiligen dritten Wunsch erfüllen? Welches Begehren deines Herzens wird immer und immer wieder an den Rand gedrängt? Klein geredet und als lächerlich abgetan? Wie würde es sich anfühlen, ohne diesen negativen Drang endlich dem Herzenswunsch nachzugeben? Frei zu atmen und wunschlos glücklich zu sein? Was macht das Leben lebenswert, wenn nicht unsere Seele und ihre Freiheit? Was machen materielle Wünsche aus gegenüber der Freude und der Unbeschwertheit eines Menschen, der auf sein Herz hört und seine Wünsche erfüllt? Schlussendlich hat jeder nur ein Leben lang Zeit, Mensch zu sein. Wenn du also das nächste Mal eine Wimper auf deinem Finger hast, eine Münze in einen Brunnen wirfst oder in einer geheimnisvollen Höhle eine magische Flasche findest, dann schließe deine Augen und wünsch dir was!

Kirsi Müller
Maria-Theresia-Gymnasium, Klasse Q12

Wünsch dir was

Wütend knallt Lian die Tür hinter sich zu und schmeißt sich aufs Bett. „Jedes Mal wieder … JEDES MAL!", ruft er wütend. Immer wieder kommen Familien, um ein neues Kind aufzunehmen, auch heute wieder hat sich

Lian gefreut, endlich in einer Familie aufgenommen zu werden. Denn Lian ist 10 Jahre alt und wohnt nicht wie andere Kinder zu Hause, nein, er wohnt in einem Kinderheim. Warum? Das weiß er selbst nicht, seine Eltern lernte er nie kennen. Das Heim, in das er gesteckt wurde, ist allerdings nicht das, was man sich unter einem schönen „Ersatz"-Zuhause vorstellt, hier ging es ganz anders zu. Die Leute, die hier arbeiten, haben wenig Interesse und Freude daran, den Kindern Aufmerksamkeit und Sicherheit zu bieten. Wohlbefinden steht ebenfalls nicht an erster Stelle, hier gibt es immer nur das Nötigste. Lian wünscht sich einfach nur, von einer Familie adoptiert zu werden, in der er sich völlig frei und wohl fühlen kann. Das ist sein größter Wunsch. So wie es allerdings aktuell läuft, ist die Erfüllung noch lange nicht in Sicht. Er fragt sich Tag für Tag, was er nur falsch macht und ob sein ganzes Leben so weiter gehen wird, bis er irgendwann mit 18 allein auf sich selbst gestellt ist, was noch 8 Jahre dauert ... Aber wie man so schön sagt: Die Hoffnung stirbt zuletzt. Lian ist dennoch fest davon überzeugt, dass er bald eine Familie kennenlernt, die ihn liebevoll und warmherzig aufnimmt. Es vergehen einige Wochen, in denen immer und immer wieder Familien kamen und sich für ein Kind entschieden, dass jetzt ein neues Zuhause hatte. Doch Lian ... ja, er blieb im Heim zurück. WIE IMMER!

Am Mittwochmorgen wird er plötzlich geweckt, er macht die Augen auf. Vor ihm steht ein Junge mit braunen Haaren und starrt ihn mit großen Augen an. „Guten Morgen", sagt der Junge mit einem breiten Lachen auf dem Gesicht. Lian sagt verwirrt: „G... Guten Morgen?" Der Junge grinst und erklärt lachend: „Ich bin Zayn, dein neuer Zimmernachbar. Ich hoffe natürlich, das ist für dich in Ordnung." Lian war verwirrt, doch trotzdem freut er sich sehr, einen Zimmernachbarn zu haben. Er zeigt Zayn die Umgebung und das Heim von innen und außen, erklärt ihm die Regeln und wie es so zugeht. Lian und Zayn kommen mehr ins Gespräch und erzählen sich gegenseitig ihre Geschichten, weshalb sie ins Heim gekommen sind. Zayn erzählt: „Meine Eltern sind vor ein paar Wochen bei einem Autounfall gestorben ... alles ging so schnell und ich saß zu diesem Zeitpunkt völlig ahnungslos in meinem Freundeskreis ..." Man sieht, wie sich Zayns Augen mit Tränen füllen. Lian schaut ihn an, er wusste nicht, was er tun sollte, er wollte ihm helfen, doch auch er verstand, wie sich Zayn fühlen musste und nimmt ihn in den Arm. Auch Lian erzählt seine Geschichte und fühlt sich bei Zayn völlig verstanden und wohl. Er erklärt Zayn, dass er das Gefühl hat, für immer hier zu bleiben und es sein größter Wunsch sei, eine eigene Familie und seinen Platz im Leben endlich zu finden. Zayn und Lian wurden sehr enge Freude, man könnte meinen, sie wären Geschwister. Sie teilten ihre Geschichten, ihr Zimmer, ihre Erlebnisse und ihr Lachen miteinander. Es vergingen einige Tage, Wochen und Monate, in denen die zwei gemeinsam ihr Leben etwas aufheiterten und sich beide endlich mal wieder so richtig wohl fühlten. Lians größter Wunsch war es nicht mehr, eine Familie zu finden, er hatte jetzt eine Art Bruder, bei dem er immer bleiben wollte, und irgendwie fand er auch: „Das nennt man Familie." Eines Tages kam erneut eine Familie, um ihr Adoptivkind zu finden. Lian und Zayn saßen gerade in ihrem Versteck unter einer großen Treppe und erzählten sich Gruselgeschichten, als plötzlich ein großer Mann mit einer etwas zierlichen Frau vor ihnen stand. Lian und Zayn machten große Augen, sie konnten ahnen, was jetzt passieren würde. Fest klammerten sie sich aneinander, denn sie waren fest davon überzeugt, sich nicht mehr trennen zu lassen. Die kleine Familie stellte sich vor und wollten Zayn mit zu sich nach Hause nehmen, um ihm ein Zuhause zu bieten, in einer neuen Familie. Zayn wollte nicht, und klammerte sich weiter an Lian fest. „Ich möchte keine neue Familie, lassen sie uns bloß in Ruhe!", rief Zayn dem Mann und der Frau zu. Dieses schüttelten den Kopf und zogen ihn am Arm mit sich, Zayn konnte Lian nicht mehr festhalten, er rutschte ab und schaute Lian ins Gesicht mit Tränen in den Augen. Lian starrte ihm nur mit offenem Mund hinterher, er bekam für einen Moment keine Luft mehr. Da hatte er endlich jemanden gefunden, den er FAMILIE nennen konnte, und wieder wurde ihm dies kaputt gemacht. Lian lief mit gesenktem Kopf in sein Zimmer und schaute aus dem Fenster, aus dem er beobachten konnte, wie Zayn aus dem Rückfenster eines Autos wie wild gegen die Scheibe klopfte. Das Auto fuhr davon. Lian wusste nicht mehr weiter, Tage vergingen und er verkroch sich nur noch in seinem Bett. Das Zimmer war dunkel und essen wollte er auch nicht mehr. Tage vergingen, Wochen vergingen… … als plötzlich jemand einen Stein an sein Fenster warf. Lian stand auf und ging zu dem Fenster, öffnete es und schaute nach unten. Er traute seinen Augen nicht: Dort unten auf der Wiese stand Zayn. Er brauchte nicht lang zu überlegen und rannte los. Er sprang über seine Klamottenberge, rutschte das Treppengeländer hinunter und an der Aufsicht im Treppenhaus vorbei aus der Tür. Er sprang Zayn in die Arme, die beiden gingen in ihr Zimmer. „Wie hast du das gemacht? Wieso bist du wieder hier? Erzähl mir alles!", forderte Lian Zayn auf. Zayn erzählte: „Die Familie ist eigentlich wirklich nett, auch wenn es anfangs nicht so schien. Ich hatte jede Menge Spaß mit ihnen und sie gaben sich echt Mühe, doch ich wollte nicht ohne dich sein. Heute Morgen fuhren wir zusammen an einen See. Als ich die zwei Erwachsenen weggehen sehen habe, bin ich hierher gerannt, so schnell ich konnte. Denn auch wenn diese Familie super ist, hat ein sehr enger Freund, der wie mein Bruder ist, einfach gefehlt, und das bist du …" Lian hörte gespannt zu und fiel ihm erneut um den Hals. „Aber was sollen wir jetzt tun?" „Ich weiß es nicht, ich denke, ich werde hier bei dir bleiben, und bis wir alt genug sind, können wir hier unsere Zeit verbringen …" KLOPF-KLOPF! Es klopfte an der Tür. Vor Schreck versteckten sich die zwei Jungs unter dem Bett; sie konnten ahnen, wer das wohl sein könnte. Zwei Köpfe kamen plötzlich durch die Tür. „Ich weiß, ihr seid hier, ich möchte euch auch nicht mehr auseinander reißen, ich habe gemerkt, wie nah ihr euch steht …" Zayn und Lian blieben in ihrem Versteck und lauschten. „Wir haben lange nachgedacht auf der Fahrt hierher, und haben uns entschieden, euch beide aufzunehmen …" Langsam krochen Zayn und Lian aus ihrem Versteck und fragten wie aus einem Mund: „WIRKLICH?" Sie starrten sich an und konnten es noch nicht fassen. Der Mann und die Frau betraten das Zimmer: „Ja, ich möchte nicht, dass mein Kind weglaufen muss, um zu seinem Freund zu gelangen. Deshalb werden wir euch beide aufnehmen und ihr könnt wie Geschwister bei uns leben. Eine kleine Familie." Die beiden Jungs standen auf und vor lauter Freude umarmten sie sich und rannten zu der Frau und dem Mann. „DANKE! DANKE! DANKE!", riefen sie und bekamen ihr Lachen nicht mehr aus dem Gesicht. Abends lagen die zwei in ihrem neuen Zuhause im Bett und Lian sagte nur: „Ich hätte nie gedacht, dass ich jemals eine Familie finden würde, und dazu noch einen Freund, den ich meinen Bruder nennen darf. Mein größter Wunsch ging endlich in Erfüllung. Manchmal braucht es einfach Zeit, bis sich das Perfekte ergibt!"

Antonia Wolgschaft
Berufsfachschule für Kinderpflege, Klasse Ki 11A

Mein großer Wunsch

Ich lebe seit zwei Jahren in Deutschland und bin diesem Land und den Menschen, die ich auf meinem Weg kennen gelernt habe, sehr dankbar für ihren herzlichen Empfang und ihre Hilfe. Ich habe, wie jeder Ukrainer und jede Ukrainerin, einen großen Wunsch: dass der Krieg und dieser Albtraum, in dem sich mein Volk und mein Land befinden, so schnell wie möglich enden. Ich möchte, dass keine Menschen mehr sterben. Ich möchte, dass jede Mutter, jede Frau und jedes Kind schnell gesund und unversehrt zu ihren Kindern, Vätern und Söhnen kommt. Damit sich alle umarmen können und nie wieder getrennt werden! Mögen die strahlende Sonne, der friedliche Himmel und das laute, fröhliche Lachen in mein Land zurückkehren! Es ist unmöglich, dies zu vergessen, zu akzeptieren, dass viele Dinge nicht wiederhergestellt und zurückgegeben werden können. Vor allem das Leben der verlorenen Menschen! Aber je länger dies anhält, desto irreparabler sind die Verluste! Aber ich glaube an die Stärke und den Wunsch meines Volkes, dass bald alles wieder gut wird!

Olena Gorodova
Berufsschule II, Klasse BKV 10A

Sternschnuppe

Silberweiß
Eine Sternschnuppe
Sie huscht vorbei
Ich wünsch mir was!
Traum

Alice Iranzo Oliveira
Gymnasium bei St. Stephan, Klasse 6b

Die Kraft der Wünsche

Es ist ein warmer Sommermorgen am Vorabend des großen Sternschnuppenschauers. Alle 180 Jahre ereignet sich dieses große Ereignis und ich darf dabei sein. Die ganze Stadt fiebert dem morgigen Tag entgegen, denn der Legende nach soll man sich beim Anblick einer Sternschnuppe etwas wünschen, was dann auch in Erfüllung geht. Charlie, Donnie und ich werden uns morgen Abend die Sternschnuppen ansehen. Das Wetter ist schön und es sind nur wenige Wolken am großen blauen Himmel zu sehen. Hoffentlich ist es morgen auch so. Meinen Wunsch habe ich mir all die Jahre aufgehoben, hoffentlich stimmt die Legende. Meine Freunde glauben nicht daran, sie sind nicht davon überzeugt, dass so etwas funktioniert, aber ich bin da anderer Meinung. Naja, egal. Jetzt ist es 13 Uhr und die Schule ist endlich aus. Charlie und Donnie warten schon vor dem Schultor auf mich, denn wir wollten uns noch Snacks und eine Picknickdecke für den morgigen Abend besorgen. Es gab wirklich eine riesige Auswahl an Snacks. Ich glaube, wir haben es mit dem Essen ein bisschen übertrieben, aber das bekommen wir schon irgendwie runter. Danach sind wir zu meiner Tante Mandy gefahren, um uns ihre große Picknickdecke auszuleihen, auf die wir mit Sicherheit alle draufpassen. Alles lief nach Plan, aber eine Sache fehlte. Wir mussten noch den passenden Platz für morgen finden, wo wir die perfekte Aussicht haben würden, also schnappten wir uns schnell unsere Fahrräder und fuhren los. Etwas außerhalb der Stadt suchten wir nach dem perfekten Platz und nach gefühlt einer halben Ewigkeit fanden wir einen großen Hügel, der mit weichem Gras bedeckt war, so weich, dass die Picknickdecke gar nicht nötig wäre. Auf dem Hügel angekommen, schnappten wir uns eine Tüte von den zuvor gekauften Chips und sahen uns den Sonnenuntergang an. Als es langsam dunkel wurde, beschlossen wir, nach Hause zu fahren. Charlies Eltern sind da echt streng, was das angeht, aber zum Glück konnten wir sie überreden, dass er morgen mit uns die Sternschnuppen anschauen darf. So war es nur halb so schlimm. Als ich zu Hause angekommen bin, ging ich sofort ins Bett. Vom ganzen Fahrradfahren wurde ich zwar schnell müde, aber so richtig einschlafen konnte ich nicht. Ich hatte Angst, dass mein Wunsch nicht in Erfüllung gehen würde oder dass die Sternschnuppen gar nicht auftauchen würden. Mein Wunsch muss einfach wahr werden. Er ist mir sehr wichtig. Nach einer Weile bin ich dann zum Glück doch eingeschlafen, aber etwas Komisches ging mir durch den Kopf. Ich hatte einen seltsamen Traum. Ich sah meine Mutter, die an Krebs gestorben war. Ich vermisse sie.

Ich versuchte, nicht daran zu denken, und machte mich für die Schule fertig. Im Unterricht habe ich nicht so gut aufgepasst. Mein Traum von gestern Abend ging mir die ganze Zeit durch den Kopf. Als die Schule endlich vorbei war, ging ich schnell nach Hause, packte meine Sachen, machte mich fertig und wir fuhren los. Wir kamen auf dem Hügel an. Mit all den Snacks und der großen Picknickdecke machten wir es uns gemütlich und warteten auf den Sonnenuntergang. Als langsam der Sternenhimmel zu sehen war, waren wir alle gespannt und unsere Augen waren nur noch auf den Himmel gerichtet. Eine Stunde verging und nichts passierte, dann schon zwei und es schien sich immer noch nichts zu ändern. Ich wollte die Hoffnung aber nicht aufgeben. Ich konnte einfach nicht. Donnie verlor die Geduld und die Lust. Wir hatten keine Snacks mehr und es wurde langsam kalt. Charlie verlor auch die Lust und ich konnte beide nicht überreden, noch etwas länger zu bleiben. Beide machten sich auf den Heimweg und dann war nur noch ich übrig. Es war schon Mitternacht und ich war ganz allein in der Dunkelheit. Etwas ängstlich blickte ich auf die Stadt und beobachtete, wie nach und nach die Lichter der

Häuser ausgingen. Ich verlor langsam die Hoffnung und packte schon meine Sachen, aber ich blieb noch ein wenig sitzen, als es geschah. Ein helles Licht am Himmel und Sterne, die über den ganzen Himmel flogen. Die Sterne waren so schön und funkelten wie noch nie zuvor. Ich war so erstaunt, dass ich fast vergaß, mir etwas zu wünschen. Schnell stand ich auf und wünschte mir, was ich schon lange wollte, nämlich die Stimme meiner verstorbenen Mutter wieder zu hören. Ich konnte ihren Tod nie ertragen und dachte jeden Tag daran. Nach einer Zeit verschwanden die Sterne, aber nichts geschah, und ich saß da und dachte, was für ein Idiot ich war, an so etwas geglaubt zu haben. Ich war wütend und traurig zugleich. Langsam fielen mir die Augen zu und dann passierte es: Ich sah sie vor mir, meine Mutter, als wäre sie schon immer da gewesen. Ich lief auf sie zu und umarmte sie so fest, dass ich gar nicht daran dachte, sie wieder loszulassen. Ich musste weinen. Sie sagte, ich solle aufhören zu weinen, und streichelte mir über den Kopf, wie sie es früher getan hatte, als ich noch ein kleines Kind gewesen war. Dann flüsterte sie mir ins Ohr, ich solle weitermachen und immer nach vorne schauen, denn sie sei immer in meinem Herzen. Ich sollte wieder Spaß haben und mein Leben leben. Ich hatte das alles vernachlässigt, weil ich nur an sie gedacht hatte. Mit Tränen in den Augen wachte ich wieder auf. Es wurde wieder hell und ich hatte ein Gefühl in mir. Ich war glücklich und ich werde diese Worte, die sie mir gesagt hat, nie vergessen. Ich muss nach vorne schauen. Ich bin jung und habe noch ein ganzes Leben vor mir. Mit der Zeit wurden meine Noten wieder besser und ich wurde immer glücklicher. Jedes Mal, wenn ich jetzt in den Sternenhimmel schaue, sehe ich sie und denke immer an ihre Worte.

Akay Khalil
Berufsfachschule für Kinderpflege, Klasse Ki 10C

Wunschzettel

W ill reich werden
U mwelt schützen
N ach London fliegen
S chmetterlinge malen
C hinesisch verstehen
H öfliche Freunde haben
Z eit stoppen
E legant sein

T ürkei besuchen
T iger streicheln
E ssen selbst kaufen
L ange unter dem Wasser tauchen

Maria Ustinov
Bertolt-Brecht-Realschule, Klasse 5a

Schule macht Spaß

Schule macht echt Spaß.
In der Klasse muss es leise sein.
Ich wünsche mir, dass die Schule schön ist.
Ich wünsche mir, dass wir immer Sport haben.
Ich wünsche mir, immer viel zu basteln.
Ich wünsche mir, dass mein Bruder auch bald in die Schule kommt.

Aksa Bublica
Grundschule Centerville-Süd, Klasse 1c

Mein Wunsch

Weltfrieden
Wunder
Freundschaft
vielseitig sein
Peace
Haus kaufen

Azra Bal
St. Georg Mittelschule, Klasse 7a

Nummer 9

Ich bin Sebastian und gehe in die dritte Klasse. In meiner Freizeit spiele ich gerne Playmobil. Ich baue Landschaften mit Häusern, Figuren, Straßen und Fahrzeugen auf. Manchmal kombiniere ich das auch mit Kapla-Holzbausteinen. So habe ich zum Beispiel gerade die Allianz-Arena aus Holzsteinen in meinem Zimmer aufgebaut mit Tribünen und Spielfläche. Die roten und gelben Spieler habe ich auf der Spielfläche platziert, während die Zuschauer in der Fankurve sitzen. Es gibt sogar ein Flutlicht mit wechselnden Farben. Psst, und jetzt verrate ich euch noch meinen allergrößten

Wunsch! Am liebsten würde ich ein Fußballspieler in meiner eigenen Allianz-Arena werden. Ich wünsche mir, dass ich schrumpfe. Ich stehe im Bayern-Trikot da. Meine Mannschaft läuft gerade auf das Spielfeld. Ich zähle die Spieler und merke, dass einer fehlt: die Nummer 9. Ich fasse es nicht. Auf einmal zeigen alle Zuschauer auf mich. Einer ruft sogar: „Kann ich bitte ein Autogramm haben?" Da begreife ich, dass ich Harry Kane bin. Ich laufe auf das Spielfeld. Das Spiel beginnt. Es geht gegen Darmstadt 96. In der ersten Halbzeit gibt es drei rote Karten und null Tore fallen. Dann ist Halbzeitpause. Der Trainer baut uns auf und es geht wieder ins Spiel. Das erste Tor schieße dann tatsächlich ich. Und das zweite auch! Am Ende steht es zwei zu null für uns. Wenn dieser Wunsch in echt in Erfüllung ginge, dann wäre das gigantisch.

Sebastian Geyer
Franz-von-Assisi-Grundschule, Klasse 3 rot

Tia Aquarius

Ich wünsche mir nichts sehnlicher, als einmal auf dem Meeresgrund zu spazieren, mit Fischen zu schwimmen und im Korallenriff mit lustigen Delfinen Verstecken zu spielen. Das stelle ich mir supertoll vor! Und weil die Unterwasserwelt mich so fasziniert, weiß ich jetzt auch endlich, was ich einmal werden möchte und zwar Meeresbiologin! Da kann ich mit Delfinen schwimmen und mit den winzigen und bunten Fischen kleine Kunststücke einüben, wie mit denen in meinem Aquarium. Die können schon im Wasser hüpfen und meinem Finger folgen.

Wie ich auf diesen verrückten Wunsch gekommen bin, fragt ihr euch? Das kam so: Als ich einmal wieder völlig in Gedanken an meinen größten Wunsch versunken war, rief meine Mutter: „Tia, komm schnell zum Abendessen, wir haben eine Überraschung für dich, Schatz!" Schnell lief ich zum Esstisch und wartete neugierig auf die Überraschung. Mama und Papa waren selbst ganz aufgeregt und verrieten schließlich: „Wir haben uns überlegt, dass wir in den Sommerferien in ein Tauchparadies fahren und du darfst endlich einen Tauchkurs besuchen!" Ich konnte es kaum fassen, aber es war wohl wirklich wahr! Schon bald darauf bekam ich ein riesiges Paket mit der Anschrift: „An Tia Fischer, von Tante Delia". Schnell öffnete ich das geheimnisvolle Paket und staunte. Darin war eine Taucherausrüstung mit ganz vielen bunten Korallen darauf! Tatsächlich ging es schon kurz nach der Zeugnisausgabe los. Die Reise dauerte ewig, aber plötzlich sah ich das wunderschöne, himmelblaue Meer vor mir. Mein

Herz schlug schneller, als wir an einem schönen Haus, dessen Fassade mit schillernd bunten Fischen und Korallen bemalt war, anhielten. Da ertönte Mutters Telefon, unser Tauchlehrer Marc rief gerade an und ich hörte: „Toll, dass ihr angekommen seid, wir machen kurzfristig heute unsere erste Stunde, da es morgen gewittern soll." Zehn Minuten später war es schon so weit und als die Theorie überstanden war, wateten wir endlich ins Wasser, besser gesagt: ich rannte und – schwupps! – war ich untergetaucht. Es war sofort wunderschön. Aber was war das? Alles kribbelte und kitzelte plötzlich, aber das beachtete ich nicht weiter, da die Unterwasserwelt so wunderschön und faszinierend war. Schnell schwamm ich wieder ans Ufer, als mir auffiel, dass ich meine Taucherausrüstung noch gar nicht an hatte! Trotzdem hatte ich gerade unter Wasser geatmet? Das erinnerte mich an mein Lieblingsbuch „Alea Aquarius", in dem ein Mädchen unter Wasser atmen konnte und sich in eine Meerjungfrau verwandelte! Konnte das möglich sein? War ich eine Meerjungfrau, sobald ich ins Wasser tauchte? Den ganzen Urlaub über probierte ich es immer wieder aus – aber seltsam – es klappte einfach nicht mehr. Dabei bin ich mir noch immer ganz sicher, dass es beim ersten Mal funktioniert hat. Ich muss nur herausfinden, wie … und dazu werde ich Meeresbiologin, um allen Mysterien der faszinierenden Unterwasserwelt auf die Spur zu kommen und auch mein eigenes Geheimnis zu lüften.

Hannah Junggeburth und Clara Faßnacht
Gymnasium Maria Stern, Klasse 5a

Das Wunschgold

Es war einmal ein kleiner Junge, der hieß Paul. Er wünschte sich einen ganzen Haufen Gold. Er versuchte, Gold mit seinem Zauberkasten her zu zaubern. Aber es klappte leider nicht. Er war deshalb traurig. Paul ging ins Bett und wünschte sich, dass er wenigstens von ganz viel Gold träumen würde. Endlich schlief er ein und träumte: Paul saß auf einem großen Felsen. Es war am Morgen. Alles war wie verzaubert. Es fühlte sich toll an. Am Himmel flogen lauter kleine grüne Minidrachen. Sie machten ein Wettrennen. Plötzlich hörte er, wie ein Riesendrache kam. Er war hellblau und hatte große rote Augen wie Feuer. Der Drache war so groß wie ein Drei-Meter-Sprungturm im Schwimmbad. Der Drache schaute aus einer Höhle raus. Paul war zuerst sehr ängstlich, weil er so gefährlich aussah. Der Drache spuckte vor Pauls Füßen Feuer. Das war ganz schön heiß – puh! Der Drache merkte, dass Paul Angst hatte. Da sagte er zu Paul: „Hab keine

Angst. Ich bin nicht böse. Ich bin da, um einen riesigen Haufen Gold zu bewachen, damit ihn der böse Dino nicht klaut." Da sagte Paul: „Vielleicht kann ich dir helfen und das Gold mit zu mir nach Hause in mein Kinderzimmer nehmen, um es dort zu beschützen." Der Drache antwortete: „Ja, du kannst etwas mit nach Hause nehmen." Aber Paul fragte: „Wie soll ich das Gold transportieren?" Da meinte der blaue Drache: „Komm, ich helfe dir! Wir packen das Gold in Taschen." Paul und der Drache räumten das Gold in die Taschen ein. Dann rief der blaue Drache mit seiner tiefen Stimme die Minidrachen herbei. Da flogen vier Minidrachen zu Paul und jeder schnappte sich eine Tasche mit Gold. Paul kletterte auf den Rücken des größten Minidrachen. Er war immerhin einen Meter groß und stark. Die Reise ging los. Sie stiegen in die Lüfte. Paul sah von Weitem sein Haus. Dann konnte er sich an nichts mehr erinnern. Am nächsten Morgen wachte er auf und dachte an einen verrückten Traum. Er wollte Lego bauen und öffnete seine Legokiste. In der Kiste war plötzlich Gold drinnen. Er konnte es gar nicht glauben. Das war kein Traum! Sein Wunsch war in Erfüllung gegangen.

Valentin Haag
Grundschule Centerville-Süd, Klasse 1c

Wahre Wünsche

Ich stehe hier und betrachte den atemberaubenden Sternenhimmel, voller Hoffnungen und Wünsche. Jeder noch so kleine funkelnde Stern scheint mir eine Möglichkeit zu bieten, einen Wunsch zu äußern, der vielleicht irgendwo dort draußen im Universum erhört wird. Es ist schwer für mich zu bestimmen, welcher Wunsch an diesem Abend am dringendsten ist. Vielleicht der Wunsch nach Liebe, der nach innerer Ruhe oder doch der nach mehr Mut, um meine Träume zu verfolgen. Als ich meinen Blick von den Sternen abwende, fällt er auf einen alten Brunnen, der im Licht des Mondes schimmert. Er verleitet mich dazu, meine Hand in das kühle Wasser zu tauchen und einen Wunsch auszusprechen. Aber welchen Wunsch soll ich nun wählen? Soll ich nach Reichtum streben oder doch nach Weisheit? Oder vielleicht einfach nur nach mehr Glück im Leben? In diesem Moment wird mir klar, dass es nicht so sehr darauf ankommt, welchen expliziten Wunsch ich äußere, sondern vielmehr darauf, dass ich den Mut habe, überhaupt zu wünschen. Denn in jedem Wunsch steckt ein Stück meiner Sehnsüchte, meiner Träume und meiner Hoffnungen, die ich in meinem Leben habe. Und wer weiß, vielleicht sind es gerade diese kleinen Wünsche, die den Weg zu einer erfüllten Zukunft frei räumen. Also schließe ich meine Augen, konzentriere mich auf das, was sich mein Herz am meisten wünscht, und lasse meinen Wunsch in die stille Nacht hinaus. Es ist ein kurzer Moment zwischen mir und dem Universum, ein kurzer Moment des Vertrauens darauf, dass das Leben mir vielleicht eines Tages antworten wird. Bis dahin werde ich weiterhin träumen, weiterhin hoffen und weiterhin die Sterne am Himmel betrachten, in der Gewissheit, dass jeder Wunsch ein Lichtpunkt in dieser noch so düsteren Welt ist.

Felix Athenstaedt
Jakob-Fugger-Gymnasium, Klasse 9c

Mit meinen Wünschen durch das Jahr

Im Januar wünsch' ich mir Schnee im Schal,
im Februar 'nen tollen Karneval.
Im März wünsch' ich mir ein Frühlingsfest,
im April danach ein volles Osternest.
Im Mai wünsch' ich mir Erdbeeren auf dem Feld, das ist ja keine Frage.
Im Juni hätt' ich gerne viele warme Badetage.
Im Juli hoff' ich auf eine Geburtstagsfeier sehr.
Im August wünsche ich mir Sandeln am Strand und Baden im Meer.
Im September mögen Schule und Beruf gut starten.
Im Oktober möcht' ich Kastanien sammeln im Wald und im Garten.
Im November will ich gemütlich sitzen im warmen Raum.
Im Dezember sollen meine Augen leuchten unterm Weihnachtsbaum.
Jeder Monat ist also mit Wünschen besetzt.
Doch ein Wunsch ist durchs ganze Jahr über hochgeschätzt:
Ich hätte gern Liebe und Frieden alle Zeit.
Das wäre das, was mich am meisten freut.

Vreni Schlosser
Gymnasium bei St. Stephan, Klasse 6c

Wünsche

Wünsche sind etwas ganz Tolles, denn bei Wünschen passiert so viel im Körper. Es gibt diesen einen großen Wunsch, den man verwirklichen will. Und neben diesem einen großen Wunsch, gibt es noch viele kleine Wünsche, über deren Erfüllung man sich auch unglaublich freuen würde. Bei mir ist das so, dass ich nur große Wünsche habe. Denn ich finde für mich, dass

Wünsche einfach toll und schön sind und alle Wünsche somit große Wünsche sind. Aber jetzt kommen wir zu meinen Wünschen: Ich wünsche mir ganz, ganz doll, dass meine Familie gesund bleibt, denn ich glaube, es geht jedem so, dass er seine Familie liebhat und nicht will, dass sie krank wird, oder? Der zweite Wunsch ist, dass ich meinen Traumberuf verwirklichen kann. Ich möchte z. B. Lehrerin werden. Egal welchen Beruf ihr wählt, es soll euch Spaß machen. Also hört auf euer Herz. Ich habe jetzt noch einen letzten Wunsch, den ich mit euch teilen möchte. Das wäre dieser Wunsch hier: Ich möchte Kinder haben und ich will, dass ich mit meiner Familie lachen und glücklich sein kann. Ich könnte mir ein Leben ohne Kinder nicht vorstellen, denn mit Kindern macht das Leben einfach noch mehr Spaß.

Julia Kapela
Hans-Adlhoch-Grundschule

Wish

An diesem dunkleren Ort leuchten die Sterne
deine Augen scheinen wie die Perlen.
Das Licht sagt mir „Wünsch dir was."
Meine Augen sind zu – hab dich gesehen,
weil ich dich mir gewünscht habe.
Die fallenden Sterne gehen vorbei.
Ich habe nichts außer einen Wunsch dabei.
Mein Herz tut nicht mehr weh.
Doch mit meinen Wünschen
gehe ich meinen Weg.

Nikolay Ivanov
St. Georg Mittelschule, Klasse 7a

Nicht alles darf man sich wünschen

„Hm", sagte ich und blätterte die nächste Seite meines Katalogs um. „Ob ich das jemals bekommen werde?" Ich lag oft auf meinem Bett und dachte nach: Mein Geburtstag ist in zwölf Tagen. Was! In zwölf Tagen. Dann bekomme ich bald doch mein Lego-Set! Plötzlich ging die Tür auf und ich erschrak. Aber es war nur mein kleiner Bruder, der mit mir spielen wollte. Als es dann der 17.2. eintraf, also der Tag vor meinem Geburtstag, fiel mir ein, dass ich noch keinen Wunschzettel geschrieben hatte. Also machte ich mich an die Arbeit. Ganz oben, fett geschrieben, stand mein Lego-Set.

Darunter schrieb ich noch andere Wünsche, z. B. eine Zahnbürste und ein Geodreieck. Mein altes war beim Radiergummischleudern in der Schule kaputt gegangen. Als ich fertig war, hängte ich meinen Wunschzettel an den Kühlschrank. Danach ging ich in mein Zimmer. Ich wollte nämlich Playstation zocken. Als ich sie anmachte, hakte irgendwas. „Aha", flüsterte ich und sah, dass mein Bruder wieder einen Keks reingesteckt hatte. Also hieß es reparieren und nicht spielen. Als ich dann schätzungsweise eine Stunde Playstation repariert hatte, wollte ich endlich spielen. Doch dann kam meine Mutter mit meinem Bruder rein und meine Mutter sagte: „Max, ich muss jetzt arbeiten, kannst du ein bisschen mit Tom spielen?" „Ja", antwortete ich und tat so, als ob alles okay wäre. Aber es war nicht so. Ich ärgerte mich riesig. So verging die Zeit, und ich schlief um 21 Uhr ein. Was hieß schlafen? Ich wälzte mich hin und her, mit dem Gedanken an das Lego-Set. Irgendwann schlief ich dann ein, schreckliche Musik erklang. Ich erwachte. Es war düster. Die Musik erklang wieder. Jetzt erkannte ich sie. Es war dieses schreckliche Udo Lindenberg-Lied, das Mama immer spielte, wenn jemand bei uns in der Familie Geburtstag hatte. Ich sprang aus meinem Bett und zog mich an. Endlich war mein Geburtstag! Ich lief ins Wohnzimmer und sah die Geschenke. Meine Familie gratulierte mir und sie sagten mir: Happy Birthday! Ich öffnete ein Geschenk und es war die Zahnbürste. Im nächsten fand ich ein Buch über die Antarktis. Als ich das letzte Geschenk öffnete, hoffte ich innerlich, dass es das Lego-Set ist. Aber es kam nicht so. Nachdem wir zu Mittag gegessen hatten, kam meine Mutter zu mir ins Zimmer. Sie sagte, dass das Lego-Set viel zu teuer war. „Außerdem hast du so viel Lego in deinem Zimmer!" Ich war traurig, aber ich gab Mama auch recht. Da habe ich aber auch viel gelernt: Man darf sich nie zu viel oder etwas zu Teures wünschen! Denn die Wünsche sind, wie alles anderes auf dieser Welt, begrenzt!

Benjamin Schrumpf
Gymnasium bei St. Stephan, Klasse 5d

Bertha von Sutter und der Frieden

Ich klage nicht. Ich sage nicht. Ich wünsch mir was: Wie Bertha von Suttner sich für den Frieden im 19. Jahrhundert einsetzte, als erste Frau den Nobelpreis gewann und in die Geschichte als Heldin einging. Eines Nachmittags bekam Bertha von Suttner einen Brief. Zuerst wollte sie ihn nicht annehmen, denn damals kostete es Geld und sie hatte nicht viel davon. Doch sie entschied sich dazu, ihn anzunehmen. Als sie ihn öffnete, stand darin, dass sie den Friedensnobelpreis gewinnen sollte. In den nächsten Tagen ging sie zu der Verleihung des Nobelpreises. Eine Person verlieh ihr dort den Friedensnobelpreis. Somit setzte Bertha von Sutter ein Statement, dass der Frieden eingehalten und der Krieg verhindert werden sollte. Aber leider wird der Krieg bis heute nicht verhindert.

Klara Scharf und Salma Ait-laamel
Peutinger-Gymnasium, Klasse 6b

Cooler Jetpack — ein Rucksack zum Fliegen (Rondell)

Im Fernsehen haben wir einen Jetpack gesehen.
Wir wünschen uns ein Jetpack.
Dann können wir durch die Luft fliegen.
Wir wünschen uns ein Jetpack.
Mit dem Jetpack fliegen wir in die Türkei.
Dort kaufen wir echtes Gold und spielen am Strand.
Wir wünschen uns ein Jetpack.

Kutay Abacioglu und Valentin Haag
Grundschule Centerville-Süd, Klasse 1c

Des brennend Herzens sehnlich Wunsch

In Herzens tiefen Gründen brennt ein Wunsch seit ewig Zeiten.
Würd er in Erfüllung gehen, würd's der Seel reichstes Glück bereiten.
Er umschließt dich, den Liebsten, dem ich opferte meines Lebens Sinn,
Seit ich von Amors heißem Pfeil gnadenlos beschossen bin.
Des Herzens Fass ist so voll der bitteren Liebe süßem Wein,
Dass es hofft, du könntest einst Genießer dieser Ware sein.
Doch hat Cupido sein Reich nicht auf Gier, noch Verlangen gebaut.
Anderes möcht ich, als nur zu sein deine ergebend Braut.
Ich wünscht, deine Hand zu ergreifen, die kräftig weiche,
Zu durchschreiten das golden Tor, das führt zu Agapes Reiche.
Dort unsere Seelen sich öffnen wie der zarten Rosen junge Triebe.
Deine Augen ein Glanz überzieht, der entspringt aus wahrer Liebe.
Lass uns reisen zu den Schätzen, die die Welt verborgen hält,
Wandeln unter Sonnens Strahl und ruhen unterm Sternenzelt.
Lass uns erspähen Winkel, Ecken mit dem liebend Aug',
Während ich alles zur süßen Erinnerung tief ins Herze saug.
Kämen wir an, zu Horizontens Füßen, im roten sanften Licht,

Wo's Meer Sonnes Stirne küsst, wenn sich die Welle bricht.
So tanz ich mit dir durch des Wassers schaumend Gischt,
Bis sich erhitzt der rege Leib und das lachend Gesicht.
Da zögest du mich weiter, zum lieblich duftend Rosengarten,
Wo sprießen, wachsen, erblühen hundert, tausend Arten.
Im hohen Fest unseres Liebestreibens wir nun fänden selige Rast
Mitten im Blütenbett, unter der hohen Linde mächtigem Ast.
So liefen fort die Zeiger der Zeit auf goldenen Bahnen.
Nie könnt ein Unheil dem heilig Reich der Herzen nahen.
Den tausend Jahre festen Bund möcht ich erfahren an deiner Seit'.
Es ist mein sehnlichst Wunsch: Deiner Liebe Spende für alle Ewigkeit!

Emma Nacu
A. B. von Stettensches Institut, Klasse 11c

Ich wünsche mir

Ich wünsche mir, ich wünsche mir ... Ich wünsche mir ein Hausboot ... Ich wünsche mir die größte Torte der Welt ... Ich wünsche mir, ich wünsche mir ... Ich wünsche mir, was ich mag!

Elizan Eryigit
Grundschule Centerville-Süd, Klasse 3c

Alle haben Wünsche

Alle haben Wünsche, aber ich habe einen besonderen Wunsch. Ich habe nur den einen, nämlich das andere Menschen die Möglichkeit bekommen, ihre Wünsche verwirklichen zu können. Und das auf der ganzen Welt. Aber das, was sie nicht sollen, ist, ihre Wünsche zu vergessen. Diese Welt soll aus wunderschönen Wünschen bestehen. Ich hoffe, ihr wisst was ich meine. Wenn ihr mich versteht, sucht euren Wunsch in euren Herzen, denn jeder hat einen Wunsch!

Larissa Leder und Amelie Strauß
Lichtenstein-Rother-Schule, Klasse 4

Jeder Wunsch soll erfüllt werden!

Ein neuer Computer – ein Wunsch von meinem Bruder
Eine neue Küche – ein Wunsch von meiner Mutter
Ein neuer Fernseher – ein Wunsch von meinem Vater

Eine neue Brille – ein Wunsch von meinem Opa
Ein neues Buch – ein Wunsch von meiner Oma
Ein neues Mäppchen – ein Wunsch von meiner Freundin
Jeder Wunsch erfüllt – ein Wunsch von mir

Weronika Pikos
Jakob-Fugger-Gymnasium, Klasse 7e

Wunsch-Elfchen

Wünsche
so schwerwiegend
und so wichtig
aber doch so leicht
Fantasie

Pauline Hartl
Gymnasium bei St. Stephan, Klasse 6c

Was wünscht man sich?

Was wünscht man sich? Das ist eine Frage, die jeder individuell für sich beantworten muss. Die meisten würden wohl sagen: Geld. Andere wiederum wünschen sich das Leben ihrer Familienmitglieder, die bereits verstorben sind, zurück. Wieder andere wünschen sich Frieden auf der Welt. Unser persönlicher Wunsch wäre, dass wir alles perfekt können … Doch die Realität ist anders! Hätte jeder von uns einen Wunsch frei, würde auf der ganzen Welt vermutlich ein riesiges Chaos ausbrechen.

Raoni Ferreira da Silva und Hendrik Pflaum
Jakob-Fugger-Gymnasium, Klasse 6a

Scheinbar unerfüllbar

Die Klingel läutet. Es gibt kein Halten mehr. Alle Schüler stürmen nach draußen und jubeln, alle außer mir. Ich schlurfe träge den Gang hinunter und hinaus ins Freie. Normalerweise liebe ich Ferien, NORMALERWEISE. Aber zurzeit ist nichts normal. Vor sieben Tagen ist meine Welt in tausend Splitter zerbrochen, die sich jetzt tief in mein Herz bohren. Ich verlasse die Schule, überquere die Straße und laufe geradeaus weiter. Schließlich sehe ich die verrosteten eisernen Tore und das Schild über ihnen: „Städtischer Friedhof". Langsam bewege ich mich auf den Eingang zu. Ich kann die eiskalten Blicke vorbeigehender Passanten förmlich spüren. Wie kleine Nadeln stechen sie in meinen Rücken. Sie fragen sich sicher, welche Schülerin allein auf einen Friedhof geht. Eine hoffnungslose Schülerin. Eine Schülerin, der so vieles genommen wurde. Und das auf einen Schlag. Ich trotte an verschiedenen Gräbern entlang und bleibe nun vor einem stehen: Das Grab der Person, die ich unendlich geliebt habe und die ich herbeisehne. Das Grab meiner Großmutter. „Vor sieben Tagen", denke ich, „vor genau sieben Tagen ist alles passiert."

Der Tag begann gewöhnlich und öde. Es war nichts besonders, bis auf die Tatsache, dass die Schule für meine Klasse bereits nach der vierten Stunde endete, da die letzten beiden Stunden kurzfristig entfielen. Nach Unterrichtsschluss entschied ich, dass es mal wieder höchste Zeit war. Statt also in den Bus Richtung Zuhause einzusteigen, nahm ich eine andere Linie, die mich zu meiner Großmutter führte. Ich besuchte sie immer, wenn ich keine Lust auf etwa Pflichten im Haushalt hatte und Abwechslung zu meinem sonstigen Alltag brauchte. Bei ihr wurde ich stets herzlich empfangen und mit den köstlichsten Leckereien verwöhnt. Zudem lauschte sie gespannt meinen Erzählungen über die Schule und beriet mich bei Problemen. Aber an jenem Tag war mir, sobald ich vor dem Haus meiner Oma stand, sofort klar, dass etwas nicht stimmte. Der Geruch von Unheil lag in der Luft. In der Auffahrt war ein Krankenwagen mit bereits geschlossenen Türen und dahinter das Auto meiner Eltern, die darin saßen. Ich betete, dass sich meine schlimmsten Befürchtungen nicht als wahr erweisen würden. Meine Eltern waren überrascht mich zu sehen, denn sie wussten nichts von den entfallenen Stunden. Mit hastigen Gesten machten sie mir deutlich ins Auto zu steigen und ehe ich irgendeine Farge stellen konnte, fuhr der Krankenwagen los und wir hinterher.

Während der Fahrt fragte ich schon leicht panisch, was los sei. Da kullerten Tränen über die Wangen meiner Mutter und mein Vater erklärte mir traurig die Situation. Er sah in meinem Blick, dass er die Wahrheit sagen musste. An dem Tag hatte sich meine Mutter freigenommen, um meine leicht angeschlagene Großmutter zu besuchen. Doch plötzlich war sie mitten im Gespräch einfach umgekippt. Schockiert und in Panik rief meine Mutter zuerst den Rettungsdienst, dann meinen Vater in der Arbeit an. Mein Herz krampfte sich zusammen und auch bei mir liefen die ersten Tränen die Wangen hinunter. Ich fragte, wie kritisch die Situation sei, aber ich erhielt keine klare Antwort.

Später, in der Notaufnahme, mussten wir vor dem Operationssaal warten. Meine Eltern flehten die Ärzte an, uns hereinzulassen, aber vergeblich. Die

Minuten vergingen wie Stunden, bis ein Arzt die Tür zum Saal öffnete und uns mit traurigem Blick ansah. Ich biss mir auf die Lippen und in meinen Augen sammelte sich schon das Wasser. „Es tut mir leid. Es war ein Herzinfarkt. Wir haben wirklich alles versucht", meinte der Arzt. Diese Worte zerstörten den letzten Funken Hoffnung. Es war, als hätte mir jemand den Boden unter den Füßen weggezogen. Schreiend und unter Tränen stürmte ich in den Saal. Alles, was ich sah, war das blassblaue Gesicht und die reglosen, geschlossenen Augen meiner Großmutter. Ich warf mich auf den Boden. Meine Augen waren rot von den vielen Tränen. Ich weinte unaufhörlich. Meine Eltern versuchten, mich zu beruhigen, aber auch sie fühlten sich wie ich.

Immer noch stehe ich vor dem Grab. Es sind bestimmt zwanzig Minuten vergangen, vielleicht auch mehr. Und mein Gesicht ist erneut übersät mit Tränen. Ich wünsche sie mir herbei. Ich will sie umarmen, sie lachen sehen. Ich stelle mir vor, wie mein Wunsch die Grenzen zwischen Jenseits und Diesseits auflöst und sie zurückbringt. Und mein Wunsch geht in Erfüllung. Physisch betrachtet wird sie zwar nie wieder zurückkommen, aber in meinem Herzen wird sie immer bleiben. Dagegen ist auch der Tod machtlos.

Arnav Kachole
Gymnasium bei St. Stephan, Klasse 8c

Mein größter Wunsch

Der Wunsch von einem Haustier plagte Ben. Ben hätte so gerne einen Hund oder eine Katze. Sein Vater ging deshalb mit ihm ins Tierheim. Da gab es viele Hunde. Der schönste war Lucky, ein Schäferhund. Ben bekam Lucky. Damit ging sein größter Wunsch in Erfüllung.

Franziska Geiger
Franz-von-Assisi-Grundschule, Klasse 4 blau

Setz dich hin. UND WÜNSCH DIR WAS!

Ein Kampfjetpilot sitzt in seiner engen Kapsel, umgeben von Raketen, Bomben und Gewehren. Er wünscht sich diese eine Sache. Weltfrieden. Er will nicht mehr ausfliegen und andere Menschen verletzen und töten. Er will zu seiner Familie, unverletzt und ohne Uniform. Nur dieser eine Wunsch soll in Erfüllung gehen.

Manche Kinder plagen Hunger sowie Durst. Sie wünschen sich nur diese eine Sache. Ein besseres Leben, ohne Leid und Trauer. Sie wollen nicht mehr hungern und Durst haben, sondern einfach wie normale Menschen leben, essen und trinken.

Eisbären quälen sich durch die Welt und sterben Tag für Tag. Sie wünschen sich nur diese eine Sache. Leben wie sie früher lebten, in eisiger Kälte, und Eis mit Schnee bedeckt. Nun schmilzt ihr Lebensraum davon.

Alles wegen uns. Den Menschen. Manchmal sind wir alle schuld am Weltgeschehen, manchmal nur bestimmte Personen, aber immer sind es die Menschen, die die Welt so schrecklich machen.

Ein Junge mit Downsyndrom wird gemobbt, geschlagen und beleidigt. Er wünscht sich nur diese eine Sache. Nur diese eine, die ihm so wichtig ist. Normal behandelt zu werden und sein Leben normal, ohne Hass, führen zu dürfen. Wie kann man so feige sein und andere Menschen wegen ihres Aussehens mobben?

Jetzt setz dich hin. Atme tief durch. Ein und aus. Schließ die Augen. Und WÜNSCH DIR WAS.

Leon Krebs und Lars Scheerer
Jakob-Fugger-Gymnasium, Klasse 7d

Wünsch dir was

Ich wünsche mir einen Babyhund, weil der Papa meiner Mama bei der Polizei gearbeitet hat. Damals arbeitete er sehr viel mit Hunden. Er brauchte den Hund, um Fahrzeuge zu untersuchen und um Fahrzeuge anzuhalten. Heute hat mein Opa zwei Hunde. Sie heißen Miki und Kiki. Darum wünsche ich mir auch einen Hund. Er soll Lumi heißen. Ich habe noch keinen, aber ich kriege einen Hund.

Leonardo Andelic
Grundschule Göggingen-West, Klasse 2e

Wünsch dir was

Viele wünschen sich, dass sie viel Geld hätten oder dass sie berühmt wären. Ich wünsche mir, ich hätte meine Gedanken unter Kontrolle, – einen Moment lang Ruhe, all das loslassen, was sich so schwer anfühlt. Doch meine Gedanken sind so laut, und das wegen einer Person, die es doch gar nicht wert ist. Tief im Inneren weiß ich es doch, aber meine Gedanken wollen es nicht zulassen.

Ich muss schon lange aus dem Zug aussteigen, – warum ich es nicht tue? Weil es in dem Zug so schön ist: Je länger die Zugfahrt, umso länger der

Rückweg. Aber ich rede nicht über eine wirkliche Zugfahrt. Deshalb wünsche ich mir, ich hätte meine Gedanken unter Kontrolle und ich traute mich, aus dem Zug auszusteigen.

Auch wenn du der Mensch bist, weswegen ich meine Gedanken nicht unter Kontrolle habe, wünsche ich dir nur das Beste und dass du glücklich bist. Trotzdem wünsche ich mir, ich hätte dich nie kennengelernt, auch wenn ich dich so sehr liebe.

Giulia Stranieri
Berufsfachschule für Kinderpflege, Klasse Ki 11A

Feenstadt

Weg
Weit weg
Eine kleine Feenstadt
Viele tolle, hilfsbereite Feenstadtbewohner
Magisch!
Wünsche
Sehr wichtig
Feen helfen gerne
Machen deine Wünsche wahr
Zauberhaft!
Du kannst selbst deine Wünsche verwirklichen?
Du schaffst das auch –
Selbst!

Anita Derzapf
Luitpold-Grundschule, Klasse 4b

Der Stein der Wünsche

Es waren einmal zwei Zauberer namens Finn und Jonathan. An einem Nachmittag saßen sie in ihrem Zauberlabor, das über den Wolken schwebte. Sie überlegten gerade, wie sie einen Stein der Wünsche herstellen könnten. Denn wenn sie einen Stein der Wünsche hätten, könnten sie sich so viele Wünsche erfüllen, wie sie wollten. Nach etwa einer Stunde war der Stein fertig. Dann zauberten sie den Stein unsichtbar, so dass er versteckt blieb. Sie schnappten sich ihre Besen und den Stein und flogen in die Stadt. Da sahen sie, dass der Wald brannte. Da wünschten sich die zwei Zauberer, dass der Waldbrand erlöschen und der Wald wieder wie neu aussehen solle. Der Wunsch ging mit einem blauen Lichtblitz des Feuers in Erfüllung. Danach kehrten sie wieder in ihr Labor zurück, ließen den Stein schweben und flogen in ihr Zuhause. Als sie zuhause ankamen, war es schon Nacht, deswegen legten sich die Zauberer in ihre Betten und schliefen ein. Am nächsten Tag flogen die Zauberer ganz früh in ihr Labor. Als sie dort ankamen, sahen sie, dass der Stein weg war! Sie spürten, dass ein böser Magier den Stein sichtbar gezaubert und dann gestohlen hatte. Sie dachten nach: Vielleicht war der Magier der Täter, der auch den Wald zum Brennen gebracht hatte. Sie nahmen ihre Besen und flogen der Spur nach. Sie landeten in einem Posthaus. Da entdeckten die beiden ein Zauberpaket. Sie setzen sich in das Zauberpaket. Das Paket brachte sie zu einem bösen Magier. Nach zwei Tagen öffnete der Magier das Paket. Schimpfend schmiss er die Freunde aus seinem Haus. Die beiden Zauberer flogen grübelnd in ihr Büro im Zaubereiministerium, denn sie mussten arbeiten. Da hörten sie ein Lachen im Büro nebenan: „Endlich habe ich den Stein der Wünsche und kann mir alles wünschen!" Die beiden Zauberer schauten vorsichtig nach. Es war ihr Freund Tobias. Nach einem wilden Duell entdeckten sie ihren Stein. Sie wünschten sich, dass er verhaftet würde. Nach einem Jahr wurde Tobias entlassen. Er entschuldigte sich bei den beiden Zauberern und die drei waren wieder beste Freunde.

Jonathan Kratzmeier und Finn Zimmermann
Fröbel-Grundschule, Klasse 4c

Das wünsche ich mir

Ich wünsche mir was, aber ich wünsche mir auch nichts. Eigentlich bin ich wunschlos glücklich. Ich wünsche mir nur das: Ich wünsche mir ein gutes Leben. Ich wünsche mir sogar das beste Leben. Ich wünsche mir auch das beste Leben für alle. Ich wünsche mir, dass kein Krieg herrscht.

Antonia Herbst
Grundschule Centerville-Süd, Klasse 1c

Die Geschichte der Maus und des Schwans

Es war ein schneeweißer, idyllischer Wintertag als die kleine Maus, durch heftiges Gezeter geweckt, ins Freie trat. Verschlafen linste sie auf den zugefrorenen See. Vom Schilfufer drang lautes Geschrei: „Warum willst du uns nicht beim Tischdecken helfen? Glaubst du, du könntest dir alles erlauben?!" Die Maus seufzte tief. So war es also: Der Schwanenjunge hatte mal wieder Ärger mit seinen Eltern. Dabei konnte sie diese auch gut verstehen. Das Schwanenkind war ein Junge, ganz nach dem Klischee des arroganten, reichen Bengels. Nun musste aber auch die Maus zuhause den Tisch decken und so trottete sie zurück zum Mauseloch. Am nächsten Morgen prahlte der Schwan in der Schule davon, was er alles zu Weihnachten bekommen würde, und da fiel es auch der Maus wie Schuppen von den Augen: Weihnachten! Was sie wohl bekommen würde? Nicht besonders viel, weil ihre Eltern nicht besonders reich waren, obwohl sie hart arbeiteten. Trotzdem wünschte sie sich von Herzen eine neue Fußballausrüstung und ein Fußballtor. Sie machte sich aber keine zu großen Hoffnungen und bastelte lieber selbst etwas für ihre Eltern. Endlich war es soweit! Weihnachten! Als sie zur Kirche gingen, wie es bei den Mäusen Brauch war, konnte sie alle ihre Klassenkameraden entdecken, nur nicht den Schwan. Seine Eltern waren allein gekommen. Wo war er? Hatte er sich schon wieder mit seinen Eltern gestritten? Aber da begann schon das Krippenspiel. Während sich die Familie auf dem Heimweg machte, durchzuckte die Maus eine unfassbare Freude: Alles war perfekt! Es war eine weiße Weihnacht, das Krippenspiel war super, und sie hatte großartige Socken für ihre Eltern gestrickt. In Gedanken versunken erreichten sie die Tür des Mauselochs. Drinnen roch es nach Spekulatius und es erwärmte der Maus das Herz. Als sie aber die Wohnzimmertür öffnete, stockte ihr der Atem. Dort lagen ein nagelneuer Fußball und ein Karton, in dem ein zusammengeklapptes Fußballtor steckte! Nebendran lag ein kompletter Ausrüstungssatz: Vom Trikot bis zu den Fußballschuhen. Sie umarmte ihre Eltern so fest, wie es für Mäuse eben ging, und fragte, woher die Eltern das ganze Geld aufgetrieben hätten. „Christzauber", antwortete ihr Vater. Nachdem die Weihnachtsferien zu Ende waren und die Schule wieder losging, gab es nur noch ein Gesprächsthema: Weihnachtsgeschenke! Sogar die Maus konnte mitreden. Nur der Schwan saß abseits und sah zu bemitleiden aus. „Was hast du denn bekommen?", wurde er gefragt. „Nichts", murmelte er und begann zu weinen. Und die Moral der Geschicht': Wer sich nichts verdient, bekommt nichts.

Dominik Schrumpf
Gymnasium bei St. Stephan, Klasse 7d

Im Licht der Liebe: Eine Welt ohne Grenzen

In einer Welt, in der mein Wunsch Wirklichkeit wird, gibt es keine Ausgrenzung, keinen Rassismus und keine Diskriminierung mehr. Vertrauen und enge Freundschaften würden uns begleiten, während alle glücklich ihre Träume verfolgten und ihr Glück großzügig teilten. Niemand müsste sich verstecken, keiner würde wegen seiner Herkunft verfolgt werden und Kriege wären Vergangenheit. Der Wunsch nach Macht über andere wäre verschwunden, stattdessen wäre die Liebe allgegenwärtig und nicht Angst würde die Welt beherrschen. Dies ist mein Wunsch; meine Utopie.

Marie Gabriel
Maria-Theresia-Gymnasium, Klasse 9c

Wünsch dir was

„Stell dir vor, dir könnte jeder Wunsch erfüllt werden." Nach langer Überlegung über „Wünsche" konnte ich diese in verschiedene Arten einteilen. Zukunftswünsche, Veränderungswünsche und absurde Wünsche. In genau dieser Reihenfolge dachte ich über meine Wünsche nach. Einfach nur darüber nachzudenken, dass ich mir etwas wünschen könnte, hat mich zum Nachdenken gebracht, was für einen Wunsch ich stellen könnte, um in der Zukunft ein besseres und vollkommenes Leben zu führen. Teilweise aber auch, wie ich die Zukunft aller Menschen zum Besseren richten könnte.

Nach tieferen Überlegungen dachte ich über die Vergangenheit nach, jegliche Fehler, die ich begangen hatte, oder Erlebnisse, von denen ich mir wünschte, sie wären nie passiert. Das Ganze führte dann zu einem kleinen Hin und Her. Ohne meine Vergangenheit gäbe es keine Zukunft, aber eine bessere Vergangenheit könnte auch meine Zukunft ins Positive ändern. Ein wahrlich moralisches Dilemma.

Wenn man aber genauer über das Konzept von Wünschen nachdenkt, fängt man an zu experimentieren – mit Wünschen, die menschlich gar nicht möglich sind. Komplizierte Fantasiekonzepte, die man vielleicht nur in Fiktion sieht.

Sophia Ackermann
Berufsfachschule für Kinderpflege, Klasse Ki 11B

Meine Wünsche

Als ich klein war und immer gefragt wurde, was mein größter Wunsch sei, sagte ich immer, dass alle meine Wünsche in Erfüllung gehen, sei mein größter Wunsch. Ich dachte mir immer, wenn ich mal eine Wunderlampe finden und mir ein Dschinni sagen würde, dass ich drei Wünsche frei hätte, würde ich ihm sagen, dass es mein Wunsch sei, dass all meine Wünsche in Erfüllung gingen. Dazu gehören, dass es keinen Krieg mehr auf dieser Welt gibt, alle Menschen gleich behandelt werden, alle Kinder eine glückliche Kindheit erleben können, dass ich einmal so viel Geld haben werde, dass ich anderen helfen kann und mir das Leben so aufbauen kann, wie ich es mir vorstelle und ganz viele weitere Wünsche.

Beyza Sandal
Berufsfachschule für Kinderpflege, Klasse Ki 11B

Geburtstagswünsche

Hallo, ich bin Sophia. Wisst ihr, dass Wünschen etwas ganz Besonderes ist? Es kann jeder Mensch machen, ohne dass es dir jemand verbietet. Ich finde Geburtstagswünsche am tollsten. Man kann sich das ganze Jahr wünschen, was man so Tolles in der Welt sieht. Man kann sich wünschen, was man will. Manche Wünsche gehen nicht in Erfüllung, aber wenn man nicht aufhört, es sich zu wünschen, dann gehen sie irgendwann doch noch in Erfüllung. Manche gehen auch gleich in Erfüllung. Mein allergrößter Wunsch ist, dass es allen Menschen gut geht.

Sophia Meßmer
Eichendorff-Grundschule, Klasse 2b

Ich wünsche mir

Ich wünsche mir, dass wir Menschen unser inneres Kind nicht verlieren, wenn wir älter werden. Dass wir mal wieder unbeschwert und ohne Sorgen leben können. Dass wir Sachen machen können, ohne dass wir uns denken: „Was würden jetzt die anderen um mich herum von mir denken, wenn ich das jetzt mache?" Die Freude über Kleinigkeiten im Leben. Dass man trotz der dunklen Zeit, die gerade ist, das helle Licht am Ende des Tunnels sehen kann.

Mirella Sturm
Berufsfachschule für Kinderpflege, Klasse Ki 11C

Wünsch dir was – Mein Wunsch nach mehr Zeit

Das Leben besteht meistens nur noch aus Arbeit, Stress und Streitigkeiten. Viel zu selten hat man Zeit, um die schönen Momente im Leben zu genießen oder einfach mal komplett abzuschalten und den Alltag hinter sich zu lassen. Ich wünsche mir, dass sich mein Leben zum Besseren entwickelt, dass ich auch mal Zeit für Freunde, Familie und meine Beziehung finde. Nebenbei habe ich noch meine Hobbys und meine Ausbildung, die mir alle sehr wichtig sind, aber auch viel Zeit in Anspruch nehmen. Meine beiden Hobbys Tanzen und Bouldern werden immer mehr vernachlässigt. Von den zwei bis drei Tagen in der Woche bleibt teilweise nur noch einer oder auch gar keiner, an denen ich Zeit für meine Hobbys finde. Ich möchte für all das gleich viel Zeit haben. Nur leider haben dann oft Freunde und Familie nicht so viel Zeit, etwas zu unternehmen. Es gibt kaum noch Tage, an denen ich meine Freunde oder meine Familie sehe. Oftmals schreibe ich auch nur mit meiner Familie, da ich sie kaum noch bis gar nicht mehr sehe, weil sie genauso arbeiten müssen.

Ich träume und wünsche mir sehr oft, dass es Momente gibt, an denen wir alle zur selben Zeit Zeit füreinander haben und die schönen Momente im Leben genießen können. Ich träume zurzeit auch oft von einem perfekten Urlaub, bei dem alle dabei sind, die mir wichtig sind, und wir eine schöne Zeit gemeinsam haben und den Alltag vergessen können. Gemeinsam mit meinem Freund plane ich schon sehr lange für ein Wochenende wegzufahren, um uns entspannen zu können. Nur leider halten uns Arbeit und auch hauptsächlich Geld davon ab, etwas gemeinsam zu unternehmen. Viele meiner Freundschaften sind leider beendet worden, da wir keine Zeit hatten, diese zu pflegen. Mein größter Wunsch ist, dass jeder Zeit für das bekommt, was ihm Spaß macht, und dass irgendwann Streit, Stress und Arbeit beiseite gelegt werden können und jeder Moment genossen werden kann.

Svenja Mayer
Berufsfachschule für Kinderpflege, Klasse Ki 10A

Die Sternschnuppe

Es war einmal ein kleines Mädchen namens Ilya. Einen Tag vor Weihnachten war Ilya sehr traurig. Normalerweise würde morgen ihre gesamte Familie zu Besuch kommen, um gemeinsam Weihnachten zu feiern. Dieses Jahr würde jedoch ihre Oma wegen ihrer Arbeit nicht kommen können. Sie liebte ihre Oma sehr und vermisste sie. Betrübt starrte sie durch das Fenster den Sternenhimmel an. Plötzlich flog eine Sternschnuppe an ihren Augen vorbei. Schnell wünschte sie sich ganz fest, dass ihre Oma morgen auch da sein könnte. Ding, dong! Als es abends am nächsten Tag unerwartet an der Tür klingelte, war das Mädchen sehr aufgeregt. Sie öffnete die Tür und da stand wirklich ihre Oma vor ihr. „Omaaaa!", rief das Mädchen glücklich und sie drückten sich ganz fest. Sie nahm sie bei der Hand, erzählte ihr, was es zum Essen gab, und führte sie zu den anderen. Alle waren da: Mama, Papa, Raphael, Tante Fredi, Tante Teresa, Opa Albin, Opa Reiner, ihre Cousinen Becki und Pauline, Oma Carmen und Oma Irene. Sie hatten ein wunderbares Weihnachtsfest!

Johanna Nix
Franz-von-Assisi-Grundschule, Klasse 4

Die Welt der Wünsche

In dieser Welt gab es schon immer Wünsche. Sie kommen aus der Dimension der Menschen und werden direkt an die zuständigen Schreiber gesandt, die diese dann wie eine Geschichte schreiben. Schreiber, Wesen, die es in den verschiedensten Formen und Farben gibt: normale Menschen, Schlangen, Drachen und sogar Wasser. Sie werden in vier Klassen eingeteilt: Die vierte, die untersten Klasse, ist die der „Tagträumer". Sie übernimmt Wünsche, die einem Menschen oft nur kurz durch den Kopf gehuscht sind, wie beispielsweise sich einen Hund zu kaufen. In der Klasse über dem Tagträumer ist der „Kindeswunsch" zuhause. Sie übernimmt die ein wenig stärkeren Wünsche, oft von Kindern. Die „Wunschdenker" aus der zweiten Klasse schreiben oft die unmöglichsten Wünsche auf wie zum Beispiel einen Lotto-Gewinn. Die stärkste von allen ist der „Lebenstraum", sie soll sogar in der Lage sein, ein neues Leben zu schreiben.

Aber genug davon, mein Name ist Reed. Ich bin auf dem Weg zur Zulassungs- und Einschätzungsprüfung der Verwaltung der Schreiber, die auch „VdS" genannt wird. Alle von uns, die über 100 Jahre alt sind, müssen an der Prüfung teilnehmen. Meine Mutter, mein großer Bruder, einfach alle. In meiner Familie soll es sogar irgendwann vorkommen, dass ein Lebenstraum geboren wird. Ich glaube aber erst in ein paar Jahrzehnten. Als ich bei der Verwaltungseinrichtung ankomme, ist es dort proppenvoll. Überall sind verschiedenste Kreaturen: ein Zentaur mit dem Unterleib eines Zebras, ein Löwe, eine Fee und Meil Work. Der Sohn des Vorsitzenden der Schreiber ist in der Gestalt eines Engels mit goldenem Haar und weißer Robe anzutreffen. Ich halte ihn für einen Angeber, obwohl ich ihm gar nicht so unähnlich sehe: Ich habe ein blasses, nicht allzu hässliches Gesicht, Haare, die aussehen, als seien sie vollgeschneit, rabenschwarze Augen sowie pechschwarze Flügel und Klamotten. Plötzlich ertönt eine mechanische Stimme: „Alle zu Prüfenden bitte im 10. Stock einfinden!" Sofort

strömt die Menge zum Treppenaufgang, doch ich bleibe stehen. Während die anderen mit dem Aufstieg beschäftigt sind, gehe ich wieder zur Tür hinaus und schaue den riesigen grauen Wolkenkratzer hinauf. Plötzlich bemerke ich, wie neben mir ein Mädchen mit Hörnern ihre drachenähnlichen Flügel ausbreitet und mir zuzwinkert. Dann fliegt sie in die verschwommene Nebellandschaft hinein. Eine mir leider bekannte Stimme ertönt hinter mir: „Ah, der Rabenjunge ist auch da! Willst du dir hier deinen wohlverdienten Titel als Tagträumer abholen?" Ich antworte der Stimme desinteressiert: „Was willst du, Meil?" „Nur schneller als du im Test sein", erwidert er. Dann breitet er seine Flügel aus und fliegt nach oben. Sofort tue ich es ihm gleich. „Von so einer Pappnase lasse ich mir das doch nicht bieten!", denke ich mir. Oben angekommen warten Meil und das gehörnte Mädchen zusammen mit einer großen Menge an anderen auf mich. Da ertönt der quietschende Laut eines übersteuerten Mikrofons, danach ein Knacksen, dann nichts mehr. Plötzlich hallt eine laute, kratzige Stimme durch den gefüllten Saal: „Liebe Zu-Prüfende, dies hier ist die einzige Chance für euch, einen hohen Rang als Schreiber zu erlangen. Also, viel Glück bei der Prüfung …!"
Ein paar Tage später: Ich gehe zum Aushängeschild in der Eingangshalle der VdS, dort steht auf dem zweitem Platz der Auswertung …

Linus Niyaz
Gymnasium Maria Stern, Klasse 7c

Ein Kind entdeckt Leben im Weltall

Ein Kind namens Max hatte immer gleiche Tage: Er stand auf und zog sich an, ging in die Küche und aß sein Müsli. Er fuhr mit dem Fahrrad zur Schule und wieder zurück.
Aber dieser Tag war anders, denn er kam in die Küche sah fünf Leute am Tisch, deren Jacke mit einem Zeichen versehen war. Darunter stand „Space for life". Er dachte sich: „Das ist doch die neueste Raumfahrtentwicklung. Was wollen die denn hier?" Seine Frage beantwortete sich, als sie ihn sahen. Sie sagten: „Ah, hallo, bist du Max? Wir erwarten dich." Max dachte sich, vielleicht nehmen die mich mit in den Weltraum, bitte bitte? Dann befahlen die Space for Life-Leute: „Setz dich, heute musst du nicht in die Schule, heute darfst du für die Raumfahrt Space for Life trainieren. Kommst du mit oder willst du in die Schule? Du bekommst sogar 1.000 Euro pro Monat und nach einem Erfolg auf anderen Planeten sogar das Zehnfache, also 10.000 Euro." Da sagte Max: „Ja, ich wollte schon immer in den Weltraum." „Dann komm

mit, dort wartet das Auto." Es war ein langer Rolls Royce in Schwarz. Er stieg ein und sie fuhren in die Space-for-Life-Trainingsstation. Für Max war das Training besser als Schule, denn er durfte Karussell fahren, mit Sauerstoffflasche unter Wasser Rohre zusammenschrauben, Steine sammeln und bis um zehn Uhr ausschlafen. Nicht um 6:30 Uhr aufstehen, das fand er gut. Aber das musste er jeden Tag machen. Er bekam Obst und Gemüse zu essen und musste Sport treiben. Aber es gefiel ihm. Als er 18 war, durfte er endlich in die neueste Space-for-Life-Rakete einsteigen. Sie war riesig mit vier großen Triebwerken an den Seiten, einem Haus, einem Garten mit Obst und Gemüse, einem Stall mit Tieren, einer Metzgerei, einem Bäcker und einem Einkaufscenter, wo es alles gab, was man begehrte. Der Boden war mit einer Schwerkraftmaschine versehen, damit die Tiere nicht wegfliegen.

Endlich geht es los, der Countdown wurde von 10 herunter gezählt,10, 9, 8, 7, 6, 5, 4, 3, 2, 1, 0, die Rakete startete und endlich wusste er, wieso das Karusselfahren so schlimm gewesen war. Es presste ihn in den Sitz mit lockeren 2G und sie flogen, bis sie in der Nähe des Rocket 54 waren. Dort sahen sie eine Stadt und Lebewesen. Sie funkten es durch und sagten, sie hätten endlich Leben entdeckt. „Wir schicken euch ein Bild von den Menschen und sammeln Steine." Doch dann brach die Verbindung ab ...

Jakob Riedelsheimer
Jakob-Fugger-Gymnasium, Klasse 5e

Die Fröhlichkeit

Es lebte einmal im Winter, in einem alten Haus mitten in einem Wald, eine kleine Familie. Da waren: Mama Carli, Papa Davide, Sara und Lorenzo. Sie hatten kein Geld, nicht mal ein schönes Haus. Sie hatten nicht so viel wie eine normale Familie. Eines Abends stritten sie. Sara sagte: „Ich will nicht mehr in diesem hässlichen Haus sein. Ich wünschte, wir lebten besser!" Und sie ging weinend in ihr Zimmer. Am nächsten Tag gingen Mama Carli und Papa Davide auf die Suche nach einer Arbeit. In einem Supermarkt fanden sie etwas, aber nicht als Verkäufer, sondern als Putzmann und Putzfrau. „Ihr sollt jeden Morgen um 6 Uhr hier sein und putzen. Ihr bekommt 50 Euro pro Stunde. Ist alles klar?", sagte der Chef. „Ja", antworteten die zwei. Sie gingen so glücklich nach Hause und sagten ihren Söhnen: „Wir haben eine Arbeit gefunden!" „Ach echt?", fragte Lorenzo und Sara meinte: „Was für eine?" „Putzmann und Putzfrau!", antworteten sie. „Wo denn? In einer schönen Villa?", wollte Sara wissen. „Nein, in einem Supermarkt!", sagte Papa. Am nächsten Tag gingen Mama Carli und Papa

Davide arbeiten. Sie bekamen 200 Euro, weil sie 4 Stunden gearbeitet hatten. Sie sparten das Geld, bis sie 1.500 Euro hatten, und dann kauften sie sich ein schönes Haus. Die zwei Kinder gingen in die Schule. Sie hatten Freunde, ein neues Haus und eine glückliche Familie.

Diletta Fiumara
Löweneck-Grundschule, Klasse 4b

Der unvergessliche Urlaub

Nach einem anstrengenden sonnigen Arbeitstag sehnte ich mich nach etwas Spaß, also beschloss ich, auf die Malediven zu fliegen. Um 4:00 Uhr morgens standen alle Koffer vor der Tür, und meine Mitarbeiterin und ich waren bereit loszulegen. Der Flughafen war voller Leben. Nach neun Stunden Flug erreichten wir endlich unser Ziel, und ich wusste, dass unser Urlaub großartig werden würde.

Nachdem wir in unsere Hütte eingecheckt und alles ausgepackt hatten, machten wir uns sofort auf den Weg zum Meer. Der Sand war warm, das Meer strahlte in einem tiefen Blau. Ich genoss das Surfen, Sonnenbaden und einfach nur Entspannen. Meine Mitarbeiterin und ich waren überglücklich.

Am Abend genossen wir ein köstliches Abendessen in einem schicken Restaurant. Das Essen war vorzüglich. Nach vielen unterhaltsamen Tagen und viel Gelächter war es schließlich Zeit, Abschied zu nehmen. Es waren viele Emotionen im Spiel. Seit langem hatte ich nicht mehr so viel gelacht. Ich freue mich bereits auf unseren nächsten Urlaub.

Nach dem Urlaub konnte ich nur noch an die Malediven denken. Und ich wusste bereits, wohin es als Nächstes gehen sollte.

Sandra Laazer Schaba
Löweneck-Mittelschule, Klasse 7a

Meine Schneetigerin Nina

Mein Name ist Julia. Ich bin 9 Jahre alt und mein Lieblingskuscheltier ist Nina, meine Schneetigerin. Wenn ich einen Wunsch frei hätte, würde ich mit Nina sprechen und spielen wollen. So wie letzte Woche, als wir zusammen im Skiurlaub in den Bergen waren. Ich habe ein Iglu gebaut. Ich buddelte gerade den Schnee aus einem Loch für die Tür. Plötzlich stürzte das Iglu ein und ich wurde unter dem Schnee verschüttet. Ich hatte Angst. Es war dunkel und ganz ruhig. Da spürte ich eine weiche, warme Pfote an meiner Backe. Ich erschrak – ein weißer Kopf mit schwarzen Streifen, blauen Augen und einer rosa Schnauze sah mich an. Es war Nina. Sie fragte mich: „Alles okay mit dir?" Es fiel mir ein Stein vom Herzen, als ich meine Schneetigerin erkannte. Verwundert fragte ich: „Du kannst ja sprechen und bist echt!" Nina schmunzelte und antwortete: „Das Plüschtier bin ich nur zur Tarnung. Wenn du in großer Gefahr bist, werde ich echt und komme dir zu Hilfe. Das ist allerdings unser Geheimnis. Du darfst niemandem davon erzählen, dass ich ein magisches Tier bin!" Seit diesem Erlebnis weiß ich, dass ich immer einen Schutzengel namens Nina bei mir habe. Abends kuschele ich gern im Bett mit Nina.

Julia Geyer
Franz-von-Assisi-Grundschule, Klasse 3 rot

Drei Wünsche

Als Kind habe ich die Geschichte von Aladdin geliebt. Ich fragte mich immer, was ich mir gewünscht hätte, wenn ich auch eines Tages eine Wunderlampe gefunden und ein Dschinni mir gesagt hätte, ich hätte drei Wünsche frei. Wahrscheinlich wären damals meine Wünsche gewesen, eine Prinzessin zu sein, ein riesiges, pinkfarbenes Schloss und alle Barbie-Puppen, die es gibt, zu besitzen.
Doch was wünsche ich mir heute? Um ehrlich zu sein, habe ich keine Ahnung, was ich mir wünschen würde, wenn ich drei Wünsche frei hätte. Einige Menschen haben einen Traum und hätten sich gewünscht, dass er in Erfüllung geht. Was ist mein Traum? Was ist mein Wunsch? Ich denke, mein erster Wunsch wäre, dass endlich all der Hass und Krieg auf dieser Welt verschwinden. Es sollen keine unschuldigen Kinder mehr sterben müssen, denn diese Kinder haben auch Wünsche und Träume wie ich damals. Sie sollen auch an einem Wunsch festhalten können, der eines Tages in Erfüllung geht. Mein nächster Wunsch ist, dass jeder Mensch auf dieser Welt ein glückliches Leben führen soll, bevor er stirbt. Ich möchte, dass keiner irgendwann im Sterbebett liegt und sein Leben bereut. Wir sollten stattdessen auf all die schönen Momente zurückblicken können und uns denken, was für ein schönes und glückliches Leben wir hatten. Nun bleibt mir nur noch ein Wunsch frei. Mein letzter Wunsch ist, dass DEIN Wunsch in Erfüllung geht. Also wünsch dir was – vielleicht taucht ja wirklich eines Tages eine Wunderlampe auf, in der ein Dschinni wohnt.

Azra Nur Cakmak
Berufsfachschule für Kinderpflege, Klasse Ki 11B

Die schönsten Momente, die Tim je erlebt hat

Es war einmal ein kleiner Junge namens Tim. Er konnte nie einen Wunsch äußern, da seine Eltern und er arm waren. Das Geld reichte nur für das Allernötigste. Tims Verwandte lebten auf einem anderen Kontinent und Tim und seine Eltern hatten kein Geld, um sie zu besuchen. Bald war Tims 11. Geburtstag und er wünschte sich einen Geburtstagskuchen mit 11 Kerzen. Endlich war sein Geburtstag gekommen, doch wie üblich gab es keine Geschenke. Nicht einmal den Geburtstagskuchen, den er sich gewünscht hatte. Als er in die Schule kam, feierten seine Klassenkameraden fröhlich mit ihm. Nach der Schule kam sein Freund Simon auf ihn zu und gratulierte ihm: „Alles Gute zu deinem 11. Geburtstag!" Tims Geheimnis lag in Simons Hand, denn nur er wusste, dass Tim und seine Eltern arm waren. Nach dem kurzen Treffen ging Tim nach Hause. Seine Eltern waren nicht da, da sie einen wichtigen Termin hatten. So ging Tim über eine kleine Treppe in sein Zimmer. Auf seinem Schreibtisch lag ein dicker Wälzer mit dem Titel: „Ungeklärte Phänomene – Aus dem Nichts gekommen". Neugierig öffnete Tim die erste Seite und erschrak! Gleich auf der ersten Seite war ein Wesen, oder besser gesagt irgendein Geschöpf. Als er umblättern wollte, zuckte seine Hand vor Schreck zurück. Denn das Geschöpf begann plötzlich lebendig zu werden und zu dichten:
Willst du ein fröhlicher Junge sein, wie eh und je?
Dann musst du gehen in den endlosen Schnee.
Im Paradies von Kälte und Eiswasser
wirst du den klugen Mann finden namens Nasser.
Er wird dir Fragen und Antworten stellen im Gletscher,
selbst wenn er nur ist ein schlauer Übersetzer.
Dann wirst du Antworten haben in deinem Kopf,
und bist dann nicht mehr ein armer Tropf.
Als Tim sich schon zum dritten Mal kniff, begriff er, dass es kein Traum war. Da hörte er auch schon, wie der Hausschlüssel in der Haustür gedreht wurde und seine Eltern zurückkamen, um das Abendessen vorzubereiten. Nachdem sie gegessen hatten, kamen Tims Eltern in sein Zimmer und gaben ihm eine Tafel Schokolade und gratulierten und umarmten ihn herzlich: „Alles Gute zu deinem 11. Geburtstag!" Kurz danach war Schlafenszeit und alle legten sich gemütlich in ihre Betten und schliefen ein.
Als Tim am nächsten Morgen erwachte, fiel sein Blick sofort auf seinen Schreibtisch. Der Tisch war gedeckt mit leckerem Essen, einem Blumenstrauß, einem Brief und drei Geschenken. Tim war gerührt und gleichzeitig überrascht. Zuerst las er den Brief, darin stand:

„Lieber Tim,

es wird Zeit, dass wir dir von unserer Entdeckung erzählen. Leider hatten wir gestern keine Zeit, dir unser großes Geheimnis zu erzählen. Alle Antworten findest du neben unserem Bett. Dort ist ein Knopf. Den Knopf musst du nur drücken und schon bist du bei uns! Wir warten auf dich und freuen uns auf dich! Lass dir dein Frühstück schmecken und viel Spaß beim Auspacken deiner Geschenke!

Deine Mama und Papa"

Nachdem Tim den Brief gelesen hatte, frühstückte er schnell und packte anschließend seine Geschenke aus. In dem ersten war ein großes Zeichen-Set. Tim liebte es zu malen und er freute sich sehr, endlich schöne Farben und Bleistifte zu haben. Das zweite Geschenk war ein Basketball. Zuletzt packte er das größte Geschenk aus, es war ein blau-schwarzes Fahrrad. Tim freute sich sehr, endlich hatte er ein eigenes Fahrrad und konnte zur Schule fahren und musste nicht mehr den langen Weg zur Schule zu Fuß gehen. Anschließend räumte Tim alles auf und ging danach in das Schlafzimmer seiner Eltern. Er schaute neben das Bett, um den Knopf zu finden, aber er sah ihn nicht. Da strich er mit der Hand über die Wand und plötzlich spürte er, wie ihn unter seiner Hand etwas Kleines drückte. Vorsichtig nahm er die Hand von der Wand und tatsächlich, da war ein kleiner Knopf erschienen, der zuvor nicht dagewesen war. Tim drückte den Knopf.

Auf einmal fing das ganze Zimmer an sich zu drehen. Tim spürte, wie er sich selbst drehte, alles um ihn herum verschwamm, er konnte nichts mehr deutlich sehen, alles wurde zu einem weißen Nebel, in dem er zu schweben schien. Plötzlich wurde es ganz still und kalt. Als der Nebel verschwand und Tim wieder Kontrolle über seinen Körper hatte und sich nichts mehr drehte, erschrak er. Überall war es weiß und es lag Schnee, soweit er sehen konnte. Er war in einer Eiswelt! Er blickte sich um und sah seine Eltern, wie sie auf ihn zuliefen, sie winkten ihm und freuten sich unbeschreiblich, dass er endlich bei ihnen war. Bei ihm angekommen, umarmten sie ihn fest und herzlich und gaben ihm dicke Schneekleidung zum Überziehen. Sie nahmen ihn in ihre Mitte, führten ihn durch den Schnee und waren nach kurzem Fußmarsch an einem Gletscher angekommen. Auf einem schmalen Weg aus Schnee und Eis gingen sie in das Innere des Gletschers hinein. Als sie im Inneren des Gletschers in einer Art Eishöhle waren, fand Tim seine Sprache wieder. Er bedankte sich für die schönen Geschenke und fing an, über das merkwürdige Wesen in dem Buch, das wie aus dem Nichts auf seinem Schreibtisch gelegen hatte, zu berichten. Seine Eltern waren sehr froh, dass Tim gekommen war, damit

er endlich das große Geheimnis mit eigenen Augen sehen konnte. Erst jetzt bemerkte Tim, dass sie nicht allein in der Höhle waren. Aus der hinteren Ecke kam ein Mann auf sie zu, der sich mit dem Namen Nasser vorstellte. Tim lief in dem Moment ein Schauer über den Rücken. Das Geschöpf aus dem Buch hatte doch von einem Mann namens Nasser gesprochen. Nasser kam weiter auf sie zu und Tims Eltern gingen ihm entgegen und gaben Tim zu verstehen, dass er mitkommen solle. Zusammen liefen sie alle weiter in die Eishöhle hinein. Von der Decke hingen wunderschöne Kristalle herab und es glitzerte unbeschreiblich, wenn das Licht der Fackeln, die den Weg beleuchteten, auf das Eis traf. Nachdem sie eine lange Zeit gelaufen waren, erreichten sie die riesengroße Schatzkammer. Das war ein Glitzern und Funkeln und ein unvorstellbares Vermögen, das Tim auf einmal erblickte. Er konnte es kaum glauben und war so glücklich wie nie zuvor. Doch plötzlich gab es ein gewaltiges Beben und die Erschütterung riss Tim fast zu Boden. Seine Freude wich der Angst. Auch in die Gesichter von Tims Eltern trat pure Verzweiflung und Angst. Einzig Nasser blieb völlig ruhig und entspannt stehen. Nachdem das laute Donnern verhallt war, erklärte Nasser ruhig und freundlich, dass es der Eingangswächter gewesen sei, der nur einen schweren Brocken herunter gelassen habe, damit die Eishöhle sicher verschlossen sei und niemand sie finden könne. Weiter sprach er: „Die Eishöhle und der Schatz darin ist das Vermächtnis eurer Vorfahren an euch, vor undenklich langer Zeit lebten eure Vorfahren hier und sie waren sehr reich und mächtig und halfen vielen Lebewesen, die Hilfe brauchten. Sie sorgten für Frieden und Sicherheit für alle. Doch dann waren sie plötzlich wie vom Erdboden verschwunden und seitdem ist es meine Aufgabe, den Schatz und die Eishöhle zu bewachen, solange bis irgendwann einmal ein echter Nachfahre des alten Volkes erscheinen wird. Dies ist jetzt geschehen und der Schatz gehört euch." Tim stammelte: „Aber, aber, dann bist du ja schon älter als ein Mensch werden kann?!" Nasser schien zu lächeln bei Tims Frage: „Mein Junge, Alter spielt keine Rolle, den Schatz und euer Volk zu bewachen und zu beschützen, das ist meine Bestimmung, für alle Ewigkeit!"
Tim fiel es immer noch schwer zu glauben, was er soeben alles erlebt und erfahren hatte. Das bedeutete für ihn und seine Eltern ab jetzt, keine Geldsorgen mehr zu haben, und sie würden auch nicht in der Eishöhle sterben. Ab jetzt könnten sie sorgenfrei In die Zukunft blicken und viel Zeit miteinander verbringen. Aber Tim hatte noch eine Frage: „Warum haben Sie uns nicht schon viel früher von dem Gletscher und dem Schatz erzählt?" Wieder lächelte Nasser und antwortete: „Zeit spielt auch keine Rolle,

außer dem Tag deines 11. Geburtstages. An dem Tag erst ist es möglich, dass dir der Zugang zu dieser Eiswelt gelingt, an diesem Tag erst zeigt sich, ob du ein Nachfahre des Volkes bist, dem ich für alle Ewigkeit diene." Tims Eltern kamen zu den beiden und luden Nasser zu einem großen Essen ein, was Nasser gerne annahm. „Aber wie kommen wir wieder nach Hause?" fragte Tim. Nasser antwortete lächelnd: „Der Ort spielt keine Rolle." Auf einmal waren sie alle auf der Straße vor dem Restaurant in Tims Heimatstadt. Sie gingen hinein und dort stellte Tim Nasser die letzte Frage: „Wer und warum hat jemand das Buch „Ungeklärte Phänomene – Aus dem Nichts gekommen" auf meinen Tisch gelegt?" Nasser antwortete: „Ich habe das Buch auf den Tisch gelegt, weil ich wollte, dass du an Wunder glaubst und dein 11. Geburtstag das einzig Wichtige an der Zeit ist." Da begriff Tim, dass sein Leben jetzt tatsächlich eine entscheidende Wendung genommen hatte. Sie gingen zu einem schönen Ecktisch und bestellten ihr Essen. Es war sehr lecker und Tim und seine Eltern waren sehr glücklich. Als Dessert bestellten Tims Eltern einen Geburtstagskuchen mit 11 Kerzen, den Tim sich gewünscht hatte. Nasser lächelte die ganze Zeit, als Tim den Kuchen anschnitt, und auch er schien glücklich zu sein. Später verließen sie das Restaurant, Tim drehte sich zur Seite und wollte sich noch einmal bei Nasser bedanken, aber Nasser, der eben noch neben ihm gestanden hatte, war plötzlich verschwunden. Von der Stelle, an der er eben noch gewesen war, flogen gelbe Sterne hoch hinaus in die Nacht. Tim und seine Eltern winkten Nassers Sternenschweif nach. Zu Hause gingen sie erschöpft, aber glücklich in ihre Betten. Tim schlief mit einer Freudenträne im Augenwinkel schnell ein.

Alexander Stefan Šmer
Jakob-Fugger-Gymnasium, Klasse 5b

Wünsche, die wirklich zählen

Wir Menschen sind alle gleich – das hört man immer wieder. Doch stimmt das wirklich? Nein – ich denke, dass das nicht stimmt. Wir sind alle etwas Besonderes. Ob groß, ob klein, dick oder dünn, hell- oder dunkelhäutig. Wir haben unterschiedliche Glauben; ja, jeder glaubt etwas, selbst der Atheist glaubt an „Nichts". Und jeder von uns liebt jemand anderen. Ob homo-, heterosexuell oder darüber hinaus. Das Leben und die Menschen sind vielfältig und das macht jeden von uns einzigartig und alles andere als gleich. Und das ist auch gut so. Eine Sache verbindet uns dennoch alle miteinander – WÜNSCHE.

Jeder von uns hat sie. Und sie verändern sich im Laufe unseres Lebens. Als Kind war das neuste Spielzeug das Wichtigste, als Erwachsener das Erfolgreich-Sein im Job oder das Finden der großen Liebe. Und im Alter vielleicht noch einmal zusammen mit den Liebsten das Meer sehen, bevor man aus dem Leben scheidet.

Und die Art der Wünsche ist nicht nur abhängig vom Alter, sondern besonders auch von der Situation im Leben, in der wir uns gerade befinden, und den Dingen, die wir schon erlebt haben oder erleben mussten. Der Kranke wünscht sich Gesundheit, der Arme wünscht sich Geld und der Alte wünscht sich seine Jugend zurück.

Doch was genau wünsche ich mir eigentlich? Ich wünsche mir, dass wir alles, was wir bereits haben, wertzuschätzen lernen, anstatt sich nur darüber zu beschweren, was man denn alles nicht hat. Ich wünsche mir, dass materielle Dinge an Bedeutung verlieren und immaterielles Gut wie Familie, Freundschaft und Liebe wieder an Wert gewinnt. Denn gerade Letzteres weiß man erst dann zu schätzen, wenn es nicht (mehr) existent ist.

Dominik Mayer
Berufsschule II, Klasse DMG 10C

Weltberühmt

Weltberühmt
Uhren haben
Nikeanzug
schnell rennen
Chanel tragen
Haus haben

Asmen Satik
St. Georg Mittelschule, Klasse 7a

Wünsch dir was

Ich wünsche es mir. Das sagen wir oft, aber was wünscht du dir? Überleg mal. Ich zum Beispiel, Ich wünsche mir Frieden. Ich wünsche mir Liebe. Ich wünsche mir Akzeptanz. Ich wünsche mir Freude am Leben. Ich wünsche mir Gesundheit. Ich wünsche mir Freunde. Ich wünsche mir eine glückliche Familie. Wünschst du dir dasselbe? Wünschst du dir auch Dinge, die nicht käuflich sind? Wünschst du dir auch Dinge, damit nicht nur du, sondern auch andere glücklich sind? Wünschst du dir auch Dinge, bei denen du nur hoffen kannst, dass sie in Erfüllung gehen und du das nicht wirklich beeinflussen kannst? Aber du kannst das beeinflussen! Du kannst deinen Beitrag dazu leisten, damit deine Wünsche nicht nur Wünsche bleiben, sondern Realität werden.

Geh auf friedliche Demonstrationen, um Frieden zu schaffen. Sei selbst kein Unruhestifter. Verteile DEINE Liebe, um Liebe zu erhalten. Akzeptiere andere Leute, um selbst akzeptiert zu werden. Unternimm Aktivitäten und die Sachen, die dir gefallen und die du mit Leidenschaft machst, damit du Freude am Leben hast. Pass auf dich auf, zieh dich warm an, um gesund zu bleiben. Stärke dein Immunsystem. Sei ein Freund für andere, um selbst Freunde zu gewinnen. Sei ehrlich zu deiner Familie und verursache keine Diskussion; – vielleicht ist das der Weg, um eine glückliche Familie zu erhalten.

Aber jetzt: Wünsch dir was!

Sarissa Kosik
Berufsfachschule für Kinderpflege, Klasse Ki 11A

Wunschwerk

Tom war aufgeregt. Es war endlich wieder soweit. Morgen war Weihnachten. Es war die Zeit im Jahr, auf die er sich am meisten freute. Er schrieb gerade seine Wunschliste, doch es stand erst ein Wunsch darauf. Er hatte einfach keine Idee mehr, was er sich noch wünschen könnte. Sein Kopf war so leer, dass er den Hohlraum darin hätte vermieten können. Es konnte doch nicht so schwer sein, sich einen einfachen Wunsch einfallen zu lassen. Da kam seine Mutter herein und fragte: „Und, hast du deine Wunschliste schon fertiggestellt? Wenn du sie nicht bald abgibst, kommen deine Wünsche nicht mehr rechtzeitig an." Widerwillig gab Tom ihr die Liste: „Na gut, hier." „Ich geb sie gleich dem Christkind!", trällerte seine Mutter und verschwand wieder hinter der Tür. Na toll. Einen einzigen Wunsch hatte er aufgeschrieben und den konnten ihm seine Eltern ja gar nicht erfüllen. Enttäuscht ging er ins Bett und schlief kurz darauf ein. „Wach auf, mein Engel!", weckte eine schrille Stimme Tom aus seinem Schlaf. „Was ist denn, Mama?", fragte er verschlafen und rieb sich die Augen. „Ach, zieh dich erst einmal an und dann sieh selbst." Er tat, wie ihm geheißen, und stand wenig später erstaunt im Wohnzimmer. Vor ihm stand ein großes, rotes und mit schwarz-weißen Katzen verziertes Geschenk. Konnte das etwa …? „Na los, pack schon aus!", forderte sein Vater ihn auf. Er ging langsam auf das Paket zu. Im Inneren des Pakets bewegte sich etwas, oder bildete er sich das nur ein? Sorgfältig packte er es aus und … war geschockt. Im Inneren des Geschenks lag, zusammengekugelt zu einem kleinen Fellknäuel, ein süßes Babykätzchen. „Danke Mama, danke Papa, das ist genau das, was ich mir gewünscht habe!" Tom hätte nicht glücklicher sein können, er war dankbarer als je zuvor.

Warst Du auch so dankbar wie Tom, als Du deinen Wunsch erfüllt bekommen hast, oder warst Du enttäuscht oder wütend, weil Du nicht das erhalten hast, was Du dir gewünscht hast?

Dominik Mayr
Gymnasium Maria Stern, Klasse 7

Mein Wunsch nach einem normalen Leben

Hallo! Ich bin Jamal und lebe in Niger. Ich habe als Haustier einen Tiger und jedes Mal, wenn ich ihn füttern will, versucht er mich aufzufressen. Ich habe wegen ihm schon zwei Finger verloren. Heute gehe ihn wieder füttern, er schläft gerade, ich werfe ihm 25 kg Fleisch hin und renne weg. Ich komme zu der Tür und wegen der Kieselsteine falle ich hin. Der Tiger wacht auf und rennt in meine Richtung. Ich stehe auf und mache in der letzten Sekunde die Tür zu, aber er macht mit seinem Körper die Tür kaputt und ich verstecke mich im Schrank und er sucht mich. Am Ende kommt er zum Schrank und riecht dran und geht weg. Ich erinnere mich, dass auf den Tisch eine Waffe mit Beruhigungsmittel liegt. Ich springe aus dem Schrank, renne zu der Waffe und nehme sie und schieße. Der erste Schuss trifft nicht und ich schieße das zweite Mal und treffe ihn. Ich nehme mein Handy und rufe den Zoo an und erkläre, dass es eine sehr große Verantwortung für mich ist. Deshalb will ich ihnen meinen Tiger geben. Am nächsten Morgen stehe ich auf und freue mich, dass ich nicht mehr den Tiger füttern muss, ich jetzt die 785 Quadratmeter verkaufen kann, mir ein Haus in der Stadt kaufen, eine Frau finden und wie ein normaler Mensch leben kann.

Erik Kotlyar
Löweneck-Mittelschule, Klasse 7a

Wünsch dir was!

Wünsch dir was! Manche Menschen können ihre Wünsche nicht laut aussprechen, weil sie sonst unterdrückt oder gar getötet werden. Zum Beispiel, wenn sich in der Türkei ein Mädchen wünscht: „Ich wünschte, ich müsste kein Kopftuch mehr tragen", dann heißt es: „Sei leise, Weib". Oder der Sklavenhandel in Afrika. Er wurde zwar abgeschafft, doch manche Afrikaner werden dennoch wegen ihrer Hautfarbe benachteiligt. Zu viele Menschen können sich nicht laut etwas wünschen oder ihre Wünsche anderen erzählen. Ich finde, dass diese Leute ein Recht haben darauf, sich Sachen laut zu wünschen, ohne gleich Probleme zu bekommen, und ich wünsche mir, dass diese Leute ein Recht auf ein freies Leben haben und sich alles wünschen können. Auch manche Kinder, vor allem die aus ärmeren Familien, haben es nicht so leicht, weil die Eltern oft gestresst sind und keine Zeit für die Wünsche der Kinder haben. Ich wünsche, dass diese Kinder auch ein Leben mit freien Wünschen bekommen können und deren Eltern mehr Zeit für sie hätten. Ich hoffe, dass es, bis all dies geschieht, nicht mehr so lange dauern wird. Aber wahrscheinlich …

Jonas Werner
Gymnasium bei St. Stephan, Klasse 6c

Sommer

Manchmal sehnt sich die Seele einfach danach, im Sommer draußen zu sitzen und in die Seiten eines Buches einzutauchen. Unter einem blauen Himmel und umgeben von sanften Sommerklängen versinkt man in Geschichten und Abenteuern, während die warme Sonne auf der Haut prickelt. Es ist der Wunsch nach einem einfachen Moment der Ruhe und des Friedens, weit weg von der Hektik des Alltags. Wäre doch jeder Tag wie dieser.

Blanca Scheidle
Gymnasium bei St. Stephan, Klasse 9b

Wünsch dir was

In einer Welt voller Farben und Licht,
wo Träume fliegen wie ein Vogel in der Sicht.
Ein Wunsch, so zart und rein,
Möge er erfüllt sein.
Ein Lächeln, das die Herzen berührt,
ein Augenblick, der die Seele verführt.
In jeden Atem spürst du Glück,
Ein Wunsch, der dich beglückt.
Die Sterne scheinen in der Nacht.
Sie halten deine Träume in ihrer Pracht.

Ein Wunsch, der leise in dir klingt,
die Hoffnung, die in dir singt.
Lass deine Wünsche in die Welt hinaus,
vertrau darauf und bleib stets aus.
Denn in jedem Moment, groß oder klein,
Kann ein Wunsch erfüllt sein.

Mihaela Lukic
Berufsfachschule für Kinderpflege, Klasse Ki 11A

Wunschfreundschaft

Die lauten Streitgespräche meiner Eltern rissen mich aus dem Schlaf. Es war zwar erst 6:30 Uhr, aber für meine Eltern kein Grund, nicht zu streiten. Ich drehte mich noch einmal um, doch es war unmöglich, nochmal ein Auge zuzubekommen. Der Weg zur Schule war wie jeden Morgen, Regen lag in der Luft, es war trüb, so wie man es von Hamburg gewohnt ist. In den ersten beiden Stunden hatte ich Geschichte, schon wieder eine fünf. Die Pausenglocke läutete, und ich begab mich schnell aufs Mädchenklo in der zweiten Etage. Meine Gedanken spielten verrückt, die fünf in Geschichte wird bestimmt wieder ein weiterer Grund, worüber meine Eltern streiten könnten. Dabei wollte ich doch vermeiden, Probleme zu machen. Ich wurde wütend, warum konnte ich nicht einfach perfekt sein so wie Mia aus meiner Parallelklasse. Sie ist das beliebteste, hübscheste und coolste Mädchen der ganzen Stufe. Tränen liefen mir das Gesicht hinunter. Genau in dem Moment kam Mia, über die ich vor wenigen Minuten noch nachgedacht hatte, zur Tür herein. Ich versuchte mir noch die Tränen wegzuwischen, doch sie hatte sie bereits bemerkt. Sie kam auf mich zu und fragte, ob alles ok sei. Für mich war es ungewohnt, dass sich jemand erkundigte, wie es mir geht, obwohl ich mir so oft wünsche, jemanden zum Reden zu haben. Sie schaute mich aus ihren braunen Augen an, sofort bekam ich das Gefühl, ihr vertrauen zu können. Mia setzte sich neben mich auf die kalten Fliesen. Ich erzählte ihr, was passiert war. Sie nahm mich in den Arm und es fühlte sich an, als würden wir uns schon ewig kennen. Die Klingel kündigte das Ende der Pause an und wir verabredeten uns. Nach der Schule verließ ich das Schulgebäude und konnte Mia und ihre große Freundesgruppe schon von Weitem erkennen. Als sie mich sah, verabschiedete sie sich von den anderen und ging mir entgegen. Wir hatten ausgemacht, dass wir nach dem Unterricht zu ihr gehen und dort eine Lösung für mein Problem finden würden. Als wir wenig später an ihrem Haus ankamen, stieg mir der Geruch von frisch gekochtem Essen in die Nase. Wir setzten uns mit ihren Eltern und ihrem kleinen Bruder an den Esstisch und aßen gemeinsam. Nach dem perfekten Familienessen gingen wir in Mias noch perfekteres Zimmer. Das Klingeln meines Handys unterbrach unser Gespräch. Und ich sah, wie der Name meiner Mum auf dem Bildschirm angezeigt wurde. Als ich ans Telefon ging, meinte meine Mutter, ich solle bald nach Hause kommen, da sie noch etwas mit mir besprechen möchte. Als ich vor unserer Wohnung stand, erwartete ich die lauten Stimmen meiner Eltern zu hören, doch die beiden saßen ganz gelassen am Esstisch. Sie erklärten mir, dass sie sich scheiden lassen, da es einfach nicht mehr passt zwischen ihnen. In dem Moment war ich total überfordert und wusste nicht, wie ich mich fühlen sollte. Einerseits hatte sich gerade diese ganze Streiterei gelöst, aber andererseits ist es immer noch meine Familie. Acht Wochen später zog ich mit meiner Mutter in eine gemütliche Wohnung in der Nähe von Mias Haus. Anfangs war es zwar schwer, sich an die neue Situation zu gewöhnen, aber ich war trotzdem sehr glücklich, weil sich der ganze Stress nach der Trennung aufgelöst hatte und mein Wunsch, eine glückliche Familie und eine gute Freundin zu haben, in Erfüllung gegangen sind.

Pia Gohl und Nora Anlauf
Mädchenrealschule St. Ursula, Klasse 8a

Schule soll so bleiben, wie sie ist

Die Schule soll Spaß machen. Die Schule soll so bleiben, wie sie ist. Die Schule soll nicht verändert werden. Ich wünsche mir für immer, dass die Schule weiter so toll ist. Ich wünsche mir, dass die Fächer so bleiben, wie sie sind.

Kutay Abacioglu
Grundschule Centerville-Süd, Klasse 1c

Ich wünsche mir

Jeder sieht, wenn die Sonne scheint,
jeder sieht, wenn jemand weint.
Die schönen Regenbogenfarben bekomme ich gesagt,
aber nur wenn ich danach frag.
Warum ich nicht sehen kann, weiß ich nicht.
Ich weiß nur, eines Tages verschwand das Licht.

Während die Kinder alle auf den Spielplatz gehen,
gehe ich mit meiner Mutter zum Arzt und versuche zu sehen.
Ich wünschte, ich könnte seh'n,
dann könnte ich mit den anderen Kindern endlich auf den Spielplatz gehen.

Ahu-Naz Sahin und Veronika Kechaidou
Berufsfachschule für Kinderpflege, Klasse Ki 11C

Wünsche sind toll

Wünsche werden nicht immer erfüllt, doch einmal wurde mir ein richtig toller Wunsch erfüllt. Meine Mutter sagte beim Frühstück zu mir: „Melissa, du bekommst eine Schwester." Ich war sprachlos. Jetzt wurde ein großer Traum für mich wahr. Nach ein paar Monaten weckte mich mein Vater mitten in der Nacht und schrie durch das Haus: „Lena ist da!" Ich sprang aus dem Bett und wir fuhren in das Krankenhaus Josefinum. In Zimmer 20B lag meine kleine Schwester, sie war ziemlich klein und schrumpelig. Ein paar Tage später kam meine Mutter mit Lena nach Hause. Nun war sie schon größer und nicht mehr so schrumpelig.

Mit dieser Geschichte wollen wir euch zeigen, dass Wünsche nicht immer nur Spielzeug sein müssen.

Elisa Gigl und Lilly Mair
Lichtenstein-Rother-Schule, Klasse 4

Was soll so ein Wunsch überhaupt sein?

Ich weiß zumindest, dass ein Wunsch keine Erwartung ist, kein Anspruch und erst recht keine Forderung. Durch einen Wunsch erhält man kein Versprechen, keine Zusicherung und keine Verbindlichkeit. Dennoch bedeuten Wünsche uns sehr viel und wir alle haben welche, die unterschiedlicher nicht sein könnten. Ein Wunsch kann frisch in einem kleinen Kind aufblühen und in einem älteren Menschen tief verankert auf Erfüllung warten. So einen Wunsch zu haben, kann ein Fluch, aber auch ein Segen sein – oder beides. Sie können sich brennend und voll Begierde anfühlen, sie können sich überfordernd und aufwühlend anfühlen, sie können sich inspirierend und kraftgebend oder auch ganz anders anfühlen. Wünsche sind etwas ohne jegliche Erfolgsgarantie, etwas, auf das wir alle einfach vertrauen. Wünsche sind viel mehr als nur Verlangen und die Erfüllung. Wünsche setzen uns Ziele, fordern uns heraus und treiben uns im Leben an. Sie geben uns eine Bedeutung und zeigen uns das Licht in der

Dunkelheit, sie halten uns am Leben oder sind die letzte Hoffnung, die uns bleibt. Wünsche können Schmerzen in uns heilen wie ein Pflaster für die Seele. Denk mal darüber nach, wie magisch Wünsche wirklich sind. Selbst jene Wünsche, die unsere Lippen nie verlassen, jene, die nie ein anderer hören darf, können in Erfüllung gehen. So hüten wir alle unsere eigenen kleinen Träume.

Lena Wagner
Berufsfachschule für Kinderpflege, Klasse Ki 11A

Vorsicht vor Wünschen

Ein Junge hatte einen Wunsch – einen Punsch. Er bekam einen Punsch und hatte sofort einen neuen Wunsch. Der Wunsch gefiel den Eltern nicht und sie sagten: „Du kleiner Wicht!" Der Junge verwandelte sich in einen Wicht und dachte sich, ich will das nicht!

Theo Krause
Jakob-Fugger-Gymnasium, Klasse 5c

Schneeflockenwunder

Missmutig schaue ich durch das Fenster meines Kinderzimmers nach draußen. Warum? Gestern hatte es noch so schön geschneit, aber heute? Über Nacht hatte sich die weiße Pracht vor meinem Zimmer in einen braunen Eismatsch verwandelt. Von der Regenrinne tropft das Wasser des geschmolzenen Schnees herunter und von dem Schneemann, den ich gestern noch mit meinem Bruder gebaut habe, ist nur noch ein trauriges Häufchen Matsch übrig. Aus dem geplanten Schlittenfahren würde heute wohl nichts mehr werden! Ich seufze tief und der Gedanke an den bevorstehenden Deutschaufsatz macht meine Laune nicht gerade besser. Eigentlich mag ich Deutsch, aber zu dem Thema „Weihnachtswunder" will und will mir nichts einfallen. Wie sehr wünsche ich mich in ein traumhaftes Schneegestöber! Doch ein einziger Blick aus dem Fenster genügt, um mich wieder auf den Boden der Realität zu holen. Enttäuscht rutsche ich von der Fensterbank und will mich wieder meinen Hausaufgaben zuwenden, da fällt mein Blick auf die kleine Schneekugel von Irmi-Omi, die ich etwas achtlos unter meinen Fenstersims gestellt habe. Vorsichtig hebe ich die zierliche Kugel hoch und schüttele sie. Weiße Pracht wirbelt darin auf und legt sich ganz sachte auf den kleinen Fuchs, das Reh und den Baum, unter dem es sich die Tiere gemütlich gemacht haben. Toll sieht das aus. Wie Puderzucker tanzt der

Schnee darin herum, bevor er auf die Figuren herabregnet. Wie gerne würde ich in der Kugel, in dem Schneegestöber und zugleich unter dem Baum neben den Tieren sein. Immer und immer wieder schüttele ich die Kugel und kann mich einfach nicht losreißen. Der Gedanke an das ausgefallene Schlittenfahren löst sich in Luft auf. Meine Blicke kleben an der Landschaft im Schneegestöber und nichts um mich herum nehme ich mehr wahr. Ewig könnte ich so dastehen. Wenn es doch auch nur draußen so aussehen könnte. Doch mit einem Mal fliegt die Tür zu meinem Zimmer auf und mein Bruder kommt hereingestürmt! „Es schneit! Es schneit wieder! Komm schnell!". Verwirrt wirble ich herum und sehe nach draußen. Tatsächlich! Es schneit wieder! Dicke Flocken rieseln aus den Wolken herab und bedecken unseren Garten, die Bäume und alles andere. Meine Blicke wandern nun zwischen meiner Schneekugel und unserem Garten hin und her. Als ich meine Fassung wieder gefunden habe, tanze ich glücklich mit meinem Bruder im Zimmer herum, bis wir schließlich keuchend auf den Boden fallen. „Vielleicht können wir ja morgen Schlittenfahren", hofft mein Bruder und ist auch schon wieder aus dem Zimmer hinaus gehüpft, um weiter Weihnachtsmann zu spielen. Ich aber stelle die Schneekugel auf meinen Schreibtisch. Und plötzlich weiß ich, über was ich meinen Aufsatz schreibe: SCHNEEFLOCKENWUNDER Missmutig schaue ich durch das Fenster meines Kinderzimmers nach draußen. Warum? Gestern hatte es noch so schön geschneit, aber heute? Über Nacht hatte sich die weiße Pracht vor meinem Zimmer in einen braunen Eismatsch verwandelt. Von der Regenrinne tropft das Wasser des geschmolzenen Schnees herunter und von dem Schneemann, den ich gestern noch mit meinem Bruder gebaut hatte, ist nur noch ein trauriges Häufchen Matsch übrig geblieben … Und während ich schreibe, schüttele ich ab und zu meine kleine Schneekugel …

Leyla Kobor
Gymnasium Maria Stern, Klasse 7a

Der Traum von grenzenloser Kunst

In der Stadt der verlorenen Träume lebte die junge Künstlerin Mia. Eines Tages fand sie einen alten Spiegel, der irgendwie anders war. Als sie hineinsah, erschien ein mysteriöser Geist und bot ihr drei Wünsche an. Mia wünschte sich zuerst die Fähigkeit, in ihre Gemälde eintauchen zu können. Plötzlich konnte sie in ihren Kunstwerken umherwandern und ihre eigene Welt erkunden. Ihr zweiter Wunsch war, die Menschen mit ihrer Kunst zu berühren. Über Nacht wurden ihre Werke überall bekannt und verbreiteten Freude und Inspiration. Für ihren letzten Wunsch dachte Mia an ihre Heimatstadt und wünschte sich, dass die Stadt zu einem Ort der Hoffnung und Kreativität wurde. Als sie zurückkehrte, blühte die Stadt auf, und die Menschen fanden neue Wege, ihre Leidenschaften zu verfolgen. Mia hatte nicht nur ihre eigenen Träume verwirklicht, sondern auch das Leben aller um sie herum positiv verändert.

David Haferkamp
Berufsfachschule für Kinderpflege, Klasse Ki 10A

Erfülle dir deine Wünsche

Heute bin ich der Halbmond und ich möchte dir sagen: Diese Nacht wache ich über dir. Wenn du Angst vor der Dunkelheit hast, wirst du mich über dir sehen. Durch das Licht wirst du eine klare Sicht haben und dadurch bereit sein, Dinge aus einem anderen Augenwinkel zu betrachten. Deine Motivation, etwas zu tun, werde ich nicht ändern können; die wirst du selber ändern, indem du an dich glaubst.

Heute bin ich dir ein Spiegel und ich möchte dir sagen: Du bist schön so, wie du bist. Du bist mehr als genug. Du gibst dein Bestes. Dein Lachen steht dir. Die Menschen in deinem Umfeld können sich glücklich schätzen. Ich wollte nur, dass du das weißt. Dein Selbstvertrauen werde ich nicht stärken können; das wirst du selber stärken, indem du an dich glaubst.

Heute bin ich eine Sternschnuppe und ich möchte dir sagen: Du kannst dir alles wünschen, was du willst. Deinen Wunsch werde ich dir nicht erfüllen können; den wirst du dir selbst erfüllen, indem du an dich glaubst.

Ömer Bayrak und Zehra Hilal Bayrak
Reischlesche Wirtschaftsschule, Klasse 8b und Peutinger Gymnasium, Q12

Alles passiert aus einem bestimmten Grund. Und zwar im Hier und Jetzt

„Nur noch zehn Minuten, dann ist die Schulstunde vorbei."

„Noch drei Tage, dann haben wir Wochenende."

„Noch zwei Wochen, dann haben wir Ferien."

„Noch sechs Monate, dann ist endlich das Konzert, auf das ich mich schon ewig freue."

„Noch drei Jahre, dann habe ich mein Abitur."

„Gut Ding hat Weile", sagen sie immer. „Vorfreude ist die beste Freude", erklärte man mir schon als kleines Kind, als ich etwas nicht abwarten konnte. Immer freuen wir uns auf die Zukunft, die immer besser sein sollte als die Gegenwart.

„Er wünscht sich eine glänzende Zukunft!"

„Sie wünscht sich ein schöneres Leben."

„Er wünscht sich ein Sixpack."

„Sie wünscht sich einen besseren Style."

Wünsche über Wünsche für die Zukunft. Doch was ist mit der Gegenwart? Was ist, wenn wir morgen sterben? Sind es dann wirklich unsere Wünsche, die zählen? Liegen wir genau dann im Sterbebett und denken uns: „Hey, ich habe mein ganzes Leben nur gearbeitet für einen Traum, dessen Erfüllung ich nie erlebt habe?" Auch bemerken wir, wenn wir in unseren Erinnerungen kramen, eine Vergangenheit ohne Vergangenheit. Ohne Erinnerungen. Ohne glückliche Momente. Da sind nur noch wir und das ständige Träumen. Die Wünsche. Die Hoffnung. Wir werden uns wünschen, dass wir doch im Moment gelebt hätten. Nicht alles so negativ gesehen hätten. Das Leben ist wie ein Marathon. Klar wird der Weg mal steinig, dein Schuh geht mal auf, du stolperst mal oder das Wetter schlägt um, aber wenn du immer auf das Ziel blickst, wirst du sehr viel öfter stolpern, weil du gar nicht siehst was vor dir liegt. Schritt für Schritt. Tag für Tag. Meilenstein für Meilenstein. Das Leben ist kein Wettbewerb. Du musst nicht als schnellster und bester am Ziel ankommen. Alles passiert aus einem bestimmten Grund und wenn nicht alles nach deinem Plan läuft, dann ändere den Plan. Wenn die Sterne nicht gut stehen, dann ändere deine Perspektive. Wenn das Leben grau ist, streu Glitzer drauf. Und das kann ich dir versprechen: Es werden mehr Perspektivenwechsel, mehr Pläne und ganz viel Glitzer in deinem Leben notwendig sein. Doch wenn unsere Stunde geschlagen hat, wenn die Uhr abgelaufen ist, werden wir uns denken: Ich habe jeden Tag genossen, habe aus jeder Stunde das beste gemacht, aus jeder Minute gelernt und jede Sekunde den Wunsch einer guten Gegenwart erfüllt.

Lina Schneider
Maria-Ward-Gymnasium, Klasse 9c

Der Weltretter

Eines Tages sah Karl in den Nachrichten, dass Krieg herrschte. Er dachte sich, wieso es überhaupt Krieg gibt. Da beschloss er, Politiker zu werden und wünschte sich Frieden auf Erden. Weil er sehr intelligent war, kam er mit jungem Alter in die Schule. Deswegen nannten ihn alle Kinder auch

„Kind Karl". Sein erster Schultag verlief schlecht, denn er fand keine Freunde. Aber ihm fielen die Aufgaben sehr leicht, so dass er die zweite Klasse überspringen durfte und direkt in die dritte Klasse ging. Danach meisterte er alle Klassen bis zum Abitur sehr leicht und studierte Politikwissenschaft. Er ging nach dem Studium in das örtliche Wahllokal und ließ sich aufstellen. Er wurde von vielen gewählt, weil es sonst nur noch wenige ältere Politiker gab. Karl stellte einen guten Kontakt mit anderen Politikern aus anderen Ländern her. Er wusste, was er machte, und kontaktierte die Länder, die am Krieg beteiligt waren. Er forderte sie auf, den Krieg zu stoppen, und nach ein paar Wochen war der Krieg vorbei. Nun kann sich Karl in Ruhe ins Bett legen und denken: „Ich habe meinen Wunsch erfüllt!"

Jakob Ludwig und Jasper Knöll
Gymnasium bei St. Stephan, Klasse 5a

Wünsch dir was

Es war ein wunderschöner Frühlingstag. Nachdem alle Kinder in den Kindergarten gekommen waren, teilte die Erzieherin den Kindern mit, dass sie heute alle gemeinsam an einen verzauberten Ort gehen würden. Alle Kinder waren neugierig, wo dieser Ort sein werde. Nachdem sie alle an dem verzauberten Ort angekommen waren, begann die Erzieherin, den Kindern von diesem Ort zu erzählen. Aber das Interessanteste und Wichtigste, was die Erzieherin den Kindern sagte, war, dass der Wunsch eines jeden Kind, das seinen Wunsch auf ein Blatt Papier schreibt und an diesem Ort hinterlässt, in Erfüllung geht. Die Kinder waren bestrebt, ihre Wünsche aufzuschreiben. Die Erzieherin verteilte an jedes Kind einen Zettel, doch bevor alle anfingen, ihren Wunsch aufzuschreiben, erklärte die Erzieherin den Kindern, dass dieser Wunsch niemandem mitgeteilt werden dürfe. Alle Kinder fingen an, ihren Wunsch aufzuschreiben, aber die Erzieherin schaute sich trotzdem heimlich an, was die Kinder schrieben. Jemand hatte geschrieben, dass er ein großer Chef werden wolle, ein anderer wollte als Erwachsener ein teures Auto haben oder die teuersten Geburtstagsgeschenke bekommen. Sogar die Erzieherin überlegte, was sie auf das Blatt schreiben wollte. Doch ein kleines Mädchen hatte sein Wunsch auf ihren Zettel geschrieben, was die Erzieherin sprachlos machte. Nachdem die Kinder ihre Wünsche geschrieben hatten, begann die Erzieherin, den Wunschzettel jedes Kindes in einem Glas zu sammeln. Nachdem sie sie von jedem Kind gesammelt hatte, war das kleine Mädchen an der

Reihe. Auf dem Blatt des kleinen Mädchens stand, dass es ihr größter Wunsch sei, dass Gott immer an ihrer Seite sei. Auf dem Weg zum Kindergarten dachte die Erzieherin darüber nach, was das kleine Mädchen geschrieben hatte und schämte sich, da sie als erwachsene Person über etwas Materielles nachdachte, aber ein kleines Mädchen von nur fünf Jahren machte allen klar, dass das Wichtigste auf Erden der Glaube an Gott ist.

Cristina Cazacu
Berufsfachschule für Kinderpflege, Klasse Ki 11C

„Wünsch dir was"

Wunsch, Wünsche, „Wünsch dir was!"
Was ich mir wünsch? Was wäre das?
Ein Wunsch wär's, die „Wunschvorstellung" zu überschreiten.
Ein Wunsch wär's, Wünsche zu erreichen.
Den Wunsch nicht einfach Wunsch sein zu lassen.
Zu wissen, wenn ich was wünsch, dann kann ich's auch schaffen.
Doch Wünsche gibt es viele, wie am Meer den Sand.
Und deshalb liegt auch nicht jeder Wunsch in uns'rer eignen Hand.
Ein Wunsch kann dich in den Wahnsinn treiben.
Er scheint so weit weg, kann man ihn erreichen?
Wünsche fordern oft sehr viel,
doch zeigt das nicht auch: „Der Weg ist das Ziel!"?
Ein Wunsch ist etwas, der lässt dich träumen.
Ein Wunsch lässt dich das hier und jetzt versäumen.
Können Wünsche dich zum Weitermachen motivieren?
Oder lassen Wünsche dich einfach die Kontrolle verlieren?
„Wer Wünsche hat, kann in die Zukunft denken!"
Doch was ist, wenn Wünsche mich zu sehr lenken!
Wenn Wünsche nicht erreichbar sind?
Wie „der Wunsch nach Fliegen" bei einem Kind.
Dann geht bei Wünschen der Albtraum los.
Egal wie klein, egal wie groß.
Denn Wünsche machen keinen Sinn,
wenn ich von Beginn an zum Scheitern verurteilt bin.
Dann ist der Sinn verflogen. Der Sinn zum Weitermachen.
Der Sinn zum „durchbeißen", der Sinn zum Lachen.
Der Wunsch, der macht dich dann kaputt,
er lädt auf dich drauf, enormen Druck.

Manche Wünsche machen dich aus, und sagen, wer du bist.
Doch ist die Unerreichbarkeit des Wunsches, das, was dich am Ende zerfrisst.
Ein Wunsch ist am Ende verlorene Zeit im Leben.
Ja, am Ende verlorene Zeit.
Am liebsten möchte' ich keine Wünsche haben,
weil am Ende ein Wunsch ja doch immer nur „Wunschvorstellung" bleibt.

Pauline Mößner
Fachakademie für Sozialpädagogik, Klasse Faks 1B

Wünsch dir was

Wir alle haben Wünsche, ob große oder kleine. Das Mädchen, dessen Geschichte ich erzähle, hatte auch Wünsche. Wie die meisten Menschen wollte sie mehr Geld für ein besseres Haus, mehr Kleidung und vieles mehr. Obwohl sie bereits alles hatte, was ein Mensch braucht: genug Kleidung, Essen, ein Dach über dem Kopf und das schönste ist, dass sie eine glückliche Familie hatte, mit der sie aber nicht unbedingt Zeit verbrachte, die sie aber dennoch sehr liebte.

An einem Donnerstagnachmittag erfuhr sie vom Tod eines Familien-mitglieds. In dem Moment fühlte sie sich komplett leer und hohl, konnte gar nicht glauben, was sie erfahren hatte, wollte es nicht wahrhaben. Sie konnte nicht weinen, ihre Gedanken waren eingefroren. Der Satz „Er ist gestorben" hörte sich für sie vollkommen leer und sinnlos an. Ab diesem Zeitpunkt war ihr einziger Wunsch, diese Person noch einmal wiederzusehen, nur ein Wunsch, nicht mehr, um mit ihm eine schöne Zeit zu verbringen. „Warum habe ich diese Dinge um mich herum nicht schon vorher wertgeschätzt?", fragt sie sich die ganze Zeit. Ihr wird klar, dass alle ihre Wünsche nie wichtig waren. Ihr Wunsch ist es nur noch, so viel Zeit wie möglich mit ihren Geliebten zu verbringen.

Dieses Mädchen, über die ich erzählt habe, bin ich.

Sena Özer
Berufsfachschule für Kinderpflege, Klasse Ki 10C

Nur fest daran glauben!

Es war einmal ein kleiner Junge namens Timmy. Sein größter Wunsch war es, einmal zum Mond zu fliegen. Jeden Abend dachte er vor dem Einschlafen fest an seinen Traum, nie ging er jedoch in Erfüllung. Doch er gab nie auf, an sein Ziel zu glauben und eines Tages geschah es. Mitten in der

Nacht wurde er von einem seltsamen Geräusch geweckt. Sofort durchfuhr in die Angst, doch er schlich trotzdem neugierig aus seinem Zimmer. Als er vorsichtig die knarzende Treppe hinunter ging, hörte er das Geräusch wieder. Er schlich zur Gartentür und sein Herz blieb fast stehen, als er vorsichtig seinen kleinen Kopf durch die Türe schob. Vom Mondlicht angestrahlt, erblickte er eine riesige Rakete. Auf einmal vergaß er alles um sich herum. Mit einem vor Freude kribbelnden Gefühl im Bauch ging er zu der Rakete, öffnete die Luke und stieg ein. Wie von Geisterhand hob die Rakete ab und düste geradewegs Richtung Mond! Der so sehnlich erwünschte Traum war kurz davor, in Erfüllung zu gehen. Die Rakete näherte sich langsam der Oberfläche des Mondes. Seine Augen wurden größer und größer und sein Atem blieb fast stehen. Doch plötzlich machte es einen lauten Rumms und Timmy schlug mit dem Kopf fest auf der Armatur des Fluggerätes auf. Einen Moment später, fand er sich auf dem Boden seines Zimmers wieder. Als er sich ein wenig traurig seinen noch schmerzenden Kopf rieb, kam ihm der tröstende Gedanke, dass das wohl der beste Traum seines Lebens war. Da sieht man, dass wenn man nur fest an seinen Wunsch glaubt, er auf jeden Fall auf irgendeine Weise in Erfüllung gehen kann.

Luis Lübeck und Victor Mann
Jakob-Fugger-Gymnasium, Klasse 6a

Im Seifenblasenland

Warst du schon mal im Seifenblasenland? Ich schon! Lass mich dir meine Geschichte erzählen. Also ich blies auf meinem Bett Seifenblasen und ich wünschte mir, dass ich woanders wäre. Plötzlich gab es eine riesige Seifenblase und darin schwebten Wörter. Ich las: Steig hinein! Ich dachte, jetzt ist es meine Chance. Ich stieg hinein und schon gings los. Ich flog immer weiter über Felder und über Täler und dann erreichte ich ein Land, das ich noch nie in meinem Leben gesehen hatte. Die Seifenblase platzte und ich landete auf festem Boden. Ich guckte herum und sah ein kleines Wesen, ein unbekanntes Wesen. Es war grün und hatte vier Arme und vier Beine. Ich fragte es: „Wo bin ich?" Das Wesen antwortete: „Du bist im Seifenblasenland." „Im Seifenblasenland?", rief ich erschrocken. „Aber wie bin ich denn hierhergekommen und wie komme ich nach Hause zurück?" „Du hast es dir gewünscht. Aber ich kann dir helfen, den Weg nach Hause zu finden", antwortete das kleine Wesen. „Folge einfach dem Seifenblasenweg, bis du den See der Wünsche erreicht hast." „Aber wie soll ich es wissen, dass es der See der Wünsche ist?", fragte ich. „Du wirst es spüren", sagte es. Also machte ich mich auf den Weg. Es rief mir hinterher: „Verlasse den Weg nicht, sonst verirrst du dich!" „Okay!", rief ich ihm zurück und lief los. Für eine ganze Weile gab es nur Seifenblasen, aber dann gab es einen Wald aus Süßigkeiten. Ich traute mich nicht, die Süßigkeiten zu essen, weil es so schön aussah. Also ging ich weiter. Dann sah ich einen Unterhosend-schungel, aber da rannte ich durch, weil es muffelig war. Danach fand ich eine Zimtwüste. Ich wollte ein bisschen Zimt essen, aber Zimt alleine schmeckt nicht gut. Deshalb lief ich weiter. Plötzlich bekam ich großen Hunger. Ich sah ein Erdbeerfeld auf der linken Seite. Ich war so hungrig, dass ich vergaß, auf dem Weg zu bleiben. Als ich das Erdbeerfeld er-reichte, aß ich, bis ich beinahe platzte. Ich wollte zurück zum Weg, aber der Weg war nicht mehr da. Stattdessen war ich in einem dunklen Wald. Doch da tauchte das Wesen wieder auf und sagte: „Du hättest den Weg nicht verlassen sollen!" Da antwortete ich: „Man muss im Leben auch mal Entscheidungen treffen." „Das stimmt", entgegnete das Wesen. „Also gut, ich helfe dir den Weg zu finden." „Vielen Dank!", sagte ich. Wir gingen los und waren stundenlang unterwegs, aber endlich fanden wir den Weg. Ich war so glücklich, ich nahm es an den Händen und tanzte mit ihm im Kreis. Dann schaute das Wesen auf und sagte: „Guck mal, da ist der See der Wün-sche!" „Danke, dass du mir geholfen hast!", sagte ich. „Bitte!", antwortete es. „Übrigens heiße ich Xbf160, aber du kannst mich Fritz nennen." „Danke, Fritz!", kicherte ich. „Tschüss!", rief ich, sprang in den See der Wün-sche und landete wieder im Bett.

Clara Hackenberg
Elias-Holl-Grundschule, Klasse 3a

Wünsche, was für ein komisches Wort?

Wünsche, was für ein komisches Wort? Sie können doch vieles sein: groß oder klein, realistisch oder unrealistisch, materiell oder immateriell. Mit der Zeit, die man auf dieser Erde wandeln darf, verändern sich auch die Wünsche. Als kleines Kind hat sich mit Sicherheit jeder irgendein Spiel-zeug oder etwas Ähnliches gewünscht. Je älter man wurde, desto indivi-dueller, einzigartiger und besonderer wurden die Wünsche, so wollte der eine ein Meerschweinchen während der andere viel lieber einen Film ge-habt hätte. Mit der Zeit kamen auch immer mehr Beweggründe dazu, als das einfache Zeitvertreiben. So wollte der eine unbedingt ein Ticket für den öffentlichen Verkehr, um seine Freunde zu besuchen. Der andere wünschte sich eine einfache Fertigkeit, um endlich einmal einzigartig zu sein. Wiederum der andere wünscht sich, dass der Welthunger gestoppt wird. Doch der große Unterschied zwischen diesen drei Wünschen ist, wie sie keine Wünsche mehr bleiben, sondern Wirklichkeit werden. Während der eine sich sein Ticket entspannt kaufen kann, muss der Andere viel Zeit und auch Kraft aufwenden, sowohl geistige als auch körperliche. Doch der Andere kann zwar vielen Obdachlosen und Bedürftigen etwas spenden, aber die Welt ist für einen einfachen Menschen viel zu schwer. So muss er hoffen, dass seine und die Stimme vieler anderer gehört werden und das Problem von einer höheren Person ganz egal ob der Herr des eigenen Glaubens oder der Staatsmann in die eigene Hand nimmt. Aber eins steht fest: Egal, ob der Wunsch groß oder klein, realistisch oder unrealistisch, materiell oder immateriell ist – Wünsche können uns antreiben. Manchmal sogar so sehr, dass wir Großes erreichen, manchmal aber auch nicht.

Anton Kordik
Förderzentrum Hören-Augsburg, Klasse 6s

Daheim sein

Wenn du daheim bist und gewisse Privilegien hast, vergisst du ganz schnell, dass eine Familie, ein Handy und etliches mehr nicht selbstverständlich sind. Wenn dir all das fehlt, merkst du, wie wichtig dir all dies eigentlich ist. Ich sitze hier, abgekapselt von meiner Familie, zwei Stunden Handy am Tag und kaum Kontakt zu Freunden. Mein Wunsch wäre es, dass die Gesellschaft und vor allem die Jugend all diese Privilegien zu schätzen und zu würdigen weiß. Mein Wunsch für mich wäre, wieder nach Hause zu dürfen und meine ganze Familie wieder wertschätzen zu dürfen. Ein Zuhause ist nicht selbstverständlich. Doch viele haben eins und wissen nicht, wie glücklich sie sich schätzen können. Schätze das, was du für selbstverständlich hältst und äußere deine Wünsche mit Bedacht.

Josie Wojtas
Balthasar Neumann Berufsbildungszentrum, Klasse BGJ Holz10b

I'm just a freak!

"Just help me run away from everyone I need a place to stay Where I can cover up my face"... Freaks – Surf Curse
Vorsichtig nehme ich meine kabellosen Kopfhörer aus dem Case und schiebe sie mir in die Ohren. Ich setzte die Musik auf volle Lautstärke und

schließe die Augen. Die Musik füllt meinen Kopf aus, zieht mich immer weiter weg. Weg von den Problemen, die mich nachts wachhalten und mit denen ich dann schlussendlich doch in den Schlaf falle, um am nächsten Morgen wieder mit ihnen aufzuwachen. *"I'm just a freak! I'm just a freak! I'm just a freak!" Freaks – Surf Curse* Immer weiter hinein in die Worte, die jeder Mensch anders fühlt, zu einem Ort, an dem nur ich bin. Ich, die Melodie und der wunderbar einnehmende Text. Ich wünsche mir, das Lied würde nie enden. Ich wünsche, ich würde diesen wunderbaren Ort, der mein Zuhause ist, nie verlassen müssen. Das Lied fadet in einem melancholischen Text aus. Langsam treten die Umrisse der Welt wieder aus dem wunderbaren Schatten, der bei mir bleiben will, mich aber nicht halten kann. *"Hopefully, I won't wake up this time! I won't wake up this time! I won't wake up this time! I won't wake up this time!" Freaks – Surf Curse*

Julia Zitzelsberger
Maria-Theresia-Gymnasium, Klasse 6b

Mein Traum

Ich hatte einen Traum, der besagte, dass ich der beste Fußballer werden würde. Jeden Tag begab ich mich zum Bolzplatz, um zu trainieren. Selbst wenn ich krank war, spielte ich zu Hause. Und wenn ich traurig war, fand ich Trost auf dem Bolzplatz, denn dort machte es immer Spaß zu spielen. Ich wollte einfach nicht aufhören.

Im Laufe der Zeit wurde ich immer besser. Eines Tages, als ich zum Training ging, sagte mein Trainer, dass ich so gut sei, dass ich zu einem besseren Team wechseln sollte. Ich musste eine Stunde fahren, um dorthin zu gelangen. Ich war begeistert. Alles war so sonnig und die Gräser waren so grün. Obwohl ich keine Freunde hatte, waren alle nett zu mir. Ich fand einen neuen Freund, und wir waren unzertrennlich. Ich gehörte zu den Besten in meinem neuen Team, und es dauerte nicht lange, bis ich in ein noch besseres Team aufgenommen wurde.

Dimitar Petkov
Löweneck-Mittelschule, Klasse 7a

Was wünsch ich mir?

Es war einmal eine alte Flasche. Sie wurde immer in den Müll geworfen. Eines Tages fand sie ein Mann und nahm sie mit nach Hause. Er stellte sie als Deko in ein Regal. Fünf Jahre vergingen. Eines Nachts merkte der

Mann, dass die Flasche im Regal leuchtete. Er sah sich das genauer an und es gefiel ihm. Er nahm sie sogar mit in sein Bett, um unter der Decke zu lesen. Dabei strich er bewundernd über das Glas und ein weißer Geist kam heraus. Der Mann erschrak fürchterlich und fiel beinah aus dem Bett. Der Geist sagte: „Ich bin ein Flaschengeist und du hast drei Wünsche frei." Hm, okay! Das war ja cool! Als erstes wünschte er sich ein Samsung Galaxy 7 Handy und zockte sofort den Rest der Nacht Roblox. Als zweites wünschte er sich eine Villa. Das dauerte etwas, aber nach zwei Monaten bekam er sie. 500 Quadratmeter purer Luxus! Cool! Jetzt überlegte er sich schon seinen dritten Wunsch. Er wünschte sich 300.000.000.000 Dollar! Das ging wieder schneller! Zwei Tage später schrieb ein YouTuber: „Hey, du bist der reichste Mensch der Welt!" Der Flaschengeist aber sagte: „Jetzt, wo du deine drei Wünsche bekommen hast, zerspringt die Flasche in 1000 Splitter. Und ich mit ihr!" KRACKS! „Oh, nein! Ich muss sie wieder mit Sekundenkleber zusammenkleben!" rief der Mann. Als er viele Tage später die Flasche wieder beisammen hatte, fragte er die Flasche: „Hallo? Lebst du noch?" Aber es kam keine Antwort. Da benutzte er die Flasche eben bloß noch als Flasche, füllte Wasser hinein und trank daraus. Irgendwann brachte er die Flasche aber zum Wertstoffhof und entsorgte sie. Traurig ging er nach Hause. Dort fand er auf seinem Bett eine neue Flasche. Darauf stand, einen Wunsch hast du noch frei! Der Mann freute sich und wünschte sich einen drei Meter langen Fernseher. Die Flasche zersprang wieder, diesmal aber in 2.000 Teile. Diesmal sammelte der Mann die Teile in einem Beutel und trug diesen zum Wertstoffhof. Daheim fand er allerdings keine neue Wunschflasche mehr. Er suchte überall, fand aber nichts. In der Nacht träumte er sogar von der Wunschflasche und das jede Nacht. Er war ganz traurig. Eines Nachts träumte er, sie läge unter der Couch! Er sprang am nächsten Morgen auf und schaute gleich nach. Und wirklich, da war sie. Diesmal stand darauf: Du hast 1.000.000 Wünsche frei! Ich hoffe, das reicht! Der Mann rief so laut er konnte: „Juhuuuuuu!" Er war glücklich bis an sein Ende!

Johannes Gorbauch
Grundschule Bärenkeller, Klasse 4b

Ich wünsche mir Reisen

Ich wünsche mir, viele andere Orte der Welt zu sehen, viele schöne Orte. In unserer Welt gibt es viele interessante Orte und Tiere und ich mag das. Ich möchte etwas Neues sehen. Ich weiß nicht was noch, aber ich werde mir das überlegen … Menschen können etwas Schönes machen, ich weiß das, aber ich möchte etwas sehen, dass die Natur machen würde. Die ganze Welt besteht aus interessanten Orten, aber viele davon sah der Mensch. Und ich möchte einen Ort finden, den noch niemand sah. Der Ort, an dem es viele neue Tiere gibt. Und ich wollte dort einige Zeit alleine sein. Nur Natur und Ruhe. Aber wollte ich dort nicht lang sein. Nur mich umsehen. Ich wünsche mir einfach viele neue Reisen.

Sofiia Miniakhmetova
Werner-von-Siemens-Mittelschule, Klasse DK7/9

Koko wünscht sich was

Koko wünscht sich einen Porsche und einen Bugatti.
Mama sagt: „Wir haben kein Geld."
„Du wirst schon sehen. Ich werde arbeiten gehen."
20 Jahre später
Koko sagt in seiner Villa: „Ich bin Millionär." Er geht einkaufen mit seinem Bugatti. Er sagt in seinem Bugatti: „Ich bin reich."

Henry Hollerbach
Grundschule Göggingen-West, Klasse 2e

Meine Wünsche

A benteuer erleben (z. B. in der Wildnis übernachten)
B ei meiner Oma mal wieder übernachten
C omics lesen – das habe ich nämlich noch nie
D eutsch gute Noten schreiben (z. B. 1, 2, 3)
E ssen, was ich will und nicht immer das, was die Erwachsenen wollen
F rei im Dschungel rumlaufen
G eschwisterchen (2.)
H eute in den Urlaub fahren
I talien nochmal mit meinem Uropa erleben
J ule, meine beste Freundin, nie verlieren
K önigin sein
L iebe an alle Menschen auf der ganzen Welt
M enschen versuchen, vor dem Sterben zu retten
N iemals krank werden (z. B. Krebs)
O pa, ich wünsche dir viel Glück im Himmel
P rinzessin sein

Q uatsch in bestimmten Momenten
R echtschreibprofi mag ich gerne, deswegen mehr Hausaufgabe darin
S chätze finden, also richtige
T anzen so viel ich will
U nglaublich geliebt werden
V ogelzwitschern im Sommer
W ünsche erfüllen können
X ylofon spielen, also so richtig
Y akari kennenlernen
Z irkus mitmachen

Anna Beutmüller
Fröbel-Grundschule, Klasse 4b

Alles hängt davon ab, was wir uns wünschen!

Es gibt den Krieg, Verrat, Leid, es gibt die Hungersnot und die Krisen. Außerdem gibt es so vieles mehr, so viel, dass wir es gar nicht aufzählen können. Ihr fragt euch doch sicher, warum es das alles gibt. Die Antwort ist, dass sich die meisten Menschen nicht wünschen, dass es dieses Leid nicht mehr gibt. Die meisten Menschen denken, sie können sowieso nichts verändern. Das ist wie die Hoffnung aufzugeben. Doch alles hängt davon ab, ob wir es uns wirklich wünschen. Jeder Wunsch zählt! Wenn sich alle wünschen, dass es keinen Krieg mehr gibt, alle Soldaten, Generäle, Diktatoren und alle normalen Bürger, gäbe es doch keinen Krieg mehr. Alles hängt davon ab, was wir uns wünschen!

Jakob Heinrich
Jakob-Fugger-Gymnasium, Klasse 6a

Die sieben Freunde und die Wunschgrotte

Diese Geschichte handelt davon, dass jeder einen großen Wunsch hat und wenn man nur fest genug an ihn glaubt, dass alles möglich werden kann.
Du kennst doch sicher den Ort der Wünsche, den Ort, an dem dein tiefster Wunsch tatsächlich wahr werden kann, oder? Nein, dann lass mich dir davon erzählen!
Es war einmal im Sommer, da lebten die kleine Schildkröte und ihre Freunde auf der großen Wiese und lebten ihr Leben. Es war ein ganz normaler Sommeranfang. Die Sonne schien, es war ein schöner, blauer Himmel, mit kaum einer Wolke zu sehen und die Luft war schön erfrischend.

Jeden Tag machten die Freunde das, was sie jeden Tag machten. Die kleine Schildkröte wanderte auf den großen Hügel und wieder hinunter, das Wildschweinchen ging in den Wald und sammelte Pilze, Beeren und Nüsse, der Brummelbär schlief, die Biene Sabiene übte Kampfsport, die Rennschnecke Franz machte ein Wettrennen gegen sein Spiegelbild und der Hoppelhase übte mit der weisen Eule lesen. Dann weckte der Hoppelhase den Brummelbären, sie trafen sich alle in der großen Hütte, der Brummelbär kochte den Fund des Wildschweinchens zu einem leckeren Eintopf und sie aßen. Dann machten sie sich auf zu ihrer täglichen Wanderung in Richtung Osten und kehrten am Abend wieder zurück. Ein ganz typischer Sommer eben. Noch ahnte keiner, dass sich das allerdings ganz schnell ändern könnte.

Tag 1

Es war wieder einer dieser Tage. Als sie allerdings zu Mittag aßen, klopfte es an der Tür. Als die weise Eule geöffnet hatte und wieder hereinkam, war sie ganz hibbelig, was eher untypisch für sie war. „Was ist los?", fragte der Brummelbär. „Das war die IBPADGW", antwortete die weise Eule. „Die schreibt nor…" „Die was?", fragte das Wildschweinchen mampfend. „Die international beste Post auf der ganzen Welt", erklärte die weise Eule, „schreibt normalerweise nur, wenn es echt wichtig ist!" „Setz dich", sagte die Rennschnecke Franz. „Und sag uns was drinsteht!" Die weise Eule setzte sich und las vor, was in der Nachricht stand.

Liebe Leserinnen und Leser, eine Sensation! Unser Forscherteam hat Unglaubliches entdeckt, eine Wunschgrotte, ja, Sie haben richtig gelesen, eine Wunschgrotte. Sie scheint Wünsche erfüllen zu können. Allerdings berichten unsere Forscher davon, dass nur beste Freunde die Wunschgrotte gemeinsam betreten können.

„Was genau heißt das?", fragte die kleine Schildkröte. „Das heißt, dass wir diese Wunschgrotte betreten können. Allerdings müssten wir dabei den finsteren Wald, den Ungeheuersee, die brennenden Fluten, das windige Tal und den Greifvögel Turm überwinden…", meinte die weise Eule. „Dann könnten wir uns unsere tiefsten Wünsche erfüllen lassen! Das ist ja großartig! Los Leute, packt alle eure Koffer, wir gehen reisen!", sagte die kleine Schildkröte. „Ne", meinte der Hoppelhase. „Da sind Ungeheuer!" „Hab doch Flugangst", meinte Sabiene. „Zu müde", brummelte der Brummelbär. „Feuer", rief das Wildschweinchen, „niemals!" „Greifvööööööögel!", stieß die Rennschnecke Franz aus. „Nie im Leben!" „Aber denkt doch mal daran, was wir erreichen könnten", sagte die kleine Schildkröte. „Ich könnte endlich ein Abenteurer werden. Du könntest endlich den schwarzen Gürtel machen, Sabiene. Du könntest die größten Delikatessen essen, Wildschweinchen, nichts gegen dich, Brummelbär. Du könntest endlich schwimmen, Hoppelhase. Du würdest das perfekte Bett bekommen, Brummelbär. Du wärst die erste Schnecke auf der Welt, die mit Landkarten umgehen könnte und du könntest endlich rechnen, weise Eule." Damit hatte die kleine Schildkröte ihre Freunde überzeugt, morgen würde es losgehen.

Tag 2

Früh am Morgen weckte die kleine Schildkröte, was dem Brummelbär gar nicht gefiel, ihre Freunde. Sie packten ihre Sachen und machten sich auf den Weg in den „finsteren Wald". Die Freunde hatten ein paar Probleme mit dem Tempo, denn Sabiene hatte Flugangst und musste deshalb hinter ihnen her joggen, bis die weise Eule nach einer halben Stunde darauf kam, dass sich Sabiene auch einfach auf den Rücken von der kleinen Schildkröte setzen könnte. Bald erreichten sie eine kleine Lichtung. Es war unheimlich und gespenstisch und das Wildschweinchen bekam es mit der Angst zu tun, als sie plötzlich ein Rascheln aus dem Gebüsch hörten. Doch als der Brummelbär schützend vor es trat, kam nur ein Schmetterling aus dem Gebüsch. Er hatte leuchtend gelbe Flügel und einen lustigen Hut auf. Doch die Freunde waren erst recht verwirrt, als der Schmetterling anfing, heftig mit den Armen zu gestikulieren und auf Italienisch sagte: „Benvenuti al ristorante Foresta Oscura. Sono Luigi. Dato che sei il nostro primo cliente, ottieni tutto a metà prezzo. Seguimi!" „Was hat er gesagt?", fragte das Wildschweinchen. „Er hat gesagt: ‚Willkommen im Restaurant zum finsteren Wald. Ich bin Luigi. Da ihr heute unsere ersten Kunden seid, kriegt ihr alles zum halben Preis. Folgt mir!'", übersetzte die weise Eule. „Können wir dahin gehen?", bettelte das Wildschweinchen, „das kostet bestimmt auch nicht viel!" „Von mir aus gerne!", sagte die weise Eule. „Sind dabei!", riefen die anderen im Chor. Sie folgten Luigi ins Gebüsch und staunten. Sie standen in einem riesigen, gemütlichen Gebäude, das von unten bis oben mit Pflanzen bedeckt war. „Allora ecco il tuo tavolo. Prendo subito il menu. Un minuto!", sagte Luigi und zeigte auf einen Tisch mit sieben Stühlen. „Er hat gesagt, dass hier unser Tisch ist und er noch kurz die Speisekarte holt", sagte die weise Eule und bedankte sich bei Luigi auf Italienisch. „Grazie Luigi!" Die Freunde setzten sich. „Woher kannst du eigentlich Italienisch?", fragte der Hoppelhase die weise Eule. „Nun, ich war mal in Italien und dort habe ich einen Igel kennengelernt, der Bongo

hieß. Ja, und da Bongo kein Deutsch konnte, habe ich mich an sein Italienisch gewöhnt. Und von da an konnte ich Italienisch." „Oh, da kommt Luigi mit der Speisekarte", sagte die kleine Schildkröte. „Allora ecco il menu. Da bere c'è acqua minerale … gelato artigianale." Die weise Eule übersetzte: „Hier ist die Speisekarte. Zu trinken gibt es Mineralwasser, Tee und Apfelsaft. Dann gibt es Pizza Margherita, Tortellini mit Tomaten- oder Bolognesesauce, Spaghetti mit Tomaten- oder Bolognesesauce oder Salat. Und zum Nachtisch gibt es Eis oder Schokokuchen. Heute empfehlen wir den Tee, die Tortellini mit Bolognesesauce und unser hausgemachtes Eis."
„Ich nehme Wasser, Salat und Schokokuchen", sagte die kleine Schildkröte. „Ich auch", sagte der Hoppelhase. „Für mich bitte das Gericht des Tages, also Tee, Eis und Tortellini mit Bolognesesauce", sagte das Wildschweinchen. „Saft, Pizza und eine doppelte Portion Eis, bitte!", meinte der Brummelbär. „Für mich ein Wasser und eine Familienpizza, bitte!", sagte Sabiene. „Und für dich Rennschnecke Franz?", fragte die weise Eule. „Einen kleinen Salat! Ich muss doch auf meine Figur achten!" Die weise Eule bestellte das Essen für alle. „Viene subito!", sagte Luigi. Die weise Eule bedankte sich: „Grazie Luigi!" Als das Essen an den Tisch gebracht wurde, war das Wildschweinchen ganz aufgeregt, denn es hatte noch nie in einem Restaurant essen dürfen. Das Essen schmeckte hervorragend! „Das Essen hat 22 € und die Getränke haben 3,50 € gekostet, aber weil wir alles zum halben Preis bekommen, kostet es insgesamt 12,75 €." Als sie bezahlt hatten, fragte die weise Eule Luigi nach einem Hotel. „Si, conosco … da qui", sagte Luigi und zeigte in Richtung Südost. „L'albergo si chiama Hotel nella foresta oscura." „Grazie Luigi!", sagte die weise Eule. „Er hat gemeint, hier in der Nähe gibt es ein Hotel, das zum finsteren Wald heißt." Gemeinsam gingen sie in Richtung Südost. Als sie beim „Hotel zum finsteren Wald" ankamen, meinte Sabiene: „Ich bin super müde." Gemeinsam gingen sie in die Lobby des Hotels und staunten. Das Hotel hatte einen kleinen, aber dafür umso gemütlicheren, Eingangsbereich, der voll mit Sofas und Sesseln war. Die Freunde gingen ans Ende der Lobby und standen nun einem kleinen Maulwurf gegenüber. „Guten Tag die Herrschaften!", begrüßte er sie. „Mein Name ist Jonathan und ich heiße Sie in unserem Hotel Willkommen!" „Hallo!", sagte die weise Eule, die oft das Reden übernahm. „Wir hätten gerne ein großes Zimmer." „Sehr gerne!", antwortete Jonathan. „Da habe ich genau das Richtige für Sie!" Er führte sie in eine riesige Suite mit mindestens zehn Betten. „Wissen Sie, wir bekommen so selten Besuch, deswegen kriegen Sie heute alles kostenlos", meinte er. „Viel Spaß!" Die kleine Schildkröte war so müde, dass sie sich gleich ins

erstbeste Bett legte. Die anderen machten es ihr nach und im Nu waren alle eingeschlafen.

Tag 3

Am nächsten Tag wachten die Freude auf und waren begeistert, wie gut sie geschlafen hatten. Dann machten sich die Freunde auf, um den „See der Ungeheuer" zu überqueren. Sie wanderten relativ kurz und waren überrascht, dass sie es so schnell zum Ufer des Sees geschafft hatten. Doch es stand noch das größte Hindernis bevor, die Überquerung des Sees. Denn sie mussten über den See schwimmen, um auf die andere Seite zu gelangen, und die Ungeheuer würden sich auch als gefährlich herausstellen. Da entdeckte der Hoppelhase eine kleine Höhle. Sie gingen auf sie zu und entdeckten, dass sich in ihr Sand, ein Liegestuhl und ein Sonnenschirm befanden und oben in der Höhle ein Loch war, durch das Licht hineinfiel. Sie gingen wieder aus der Höhle heraus und Sabiene entdeckte eine große Luftschlange mit einem riesigen Kopf am Ende, die im Wasser trieb. „Das bedeutet, dass jemand tut, als wären hier Ungeheuer, aber hier sind gar keine", erklärte die weise Eule. Die kleine Schildkröte verstand: „Dann bleibt ja nur noch der See als Hindernis und es gibt gar keine Monster!" „Dann los auf die andere Seite!", rief die weise Eule. Der weisen Eule, dem Wildschweinchen und dem Brummelbär viel es relativ leicht auf die andere Seite zu kommen, denn die weise Eule konnte fliegen und der Brummelbär und das Wildschweinchen konnten schwimmen, aber für die kleine Schildkröte, die Rennschnecke Franz, Sabiene und den Hoppelhasen sah es nicht gut aus. Doch dann schaffte es die kleine Schildkröte, ihre Beinchen so schnell zu bewegen wie Propeller eines Hubschraubers und sie paddelte an Land. Der Hoppelhase und Sabiene machten es ihr nach und sie kamen ebenfalls ans andere Ufer, aber die Rennschnecke Franz drehte sich aus Versehen mit dem Kopf unter Wasser und wurde wie bei einem Tornado in die Luft gewirbelt. Dann flog sie wieder in Richtung Wasser, es gab eine große Welle und der Brummelbär rettete sie schließlich. Als sie wieder an Land waren, sagte die Rennschnecke Franz: „Los!" und zeigte in Richtung Westen. Auf dem Weg zu den „brennenden Fluten", kamen die Freunde an einem Reiseführer vorbei, der ihnen erklärte: „Die brennenden Fluten sind nicht immer aktiv. Falls Sie an einer von ihnen vorbeikommen, rennen Sie einfach ganz schnell, bis Sie an einen Wald kommen. Dort gibt es auch ein Hotel für die Nacht." Sie machten sich auf den Weg, um die brennenden Fluten zu überqueren. „Die brennenden Fluten", erklärte die weise Eule. „Sind in Wirklichkeit ein riesiger Vulkan. Und …" Ein gewaltiger Knall unterbrach die weise Eule. Hektisch schaute sie sich um. Orangene Lavaströme flossen den Berg hinunter. „Lauft!", rief die weise Eule. Der Brummelbär nahm Sabiene, die kleine Schildkröte, den Hoppelhasen und das Wildschweinchen auf den Rücken und rannte so schnell er konnte in Richtung Wald. Auf halbem Weg überholte ihn die Rennschnecke Franz und rief ihm zu: „Die weise Eule ist schon im Wald und sucht nach dem Hotel. Wir sehen uns dann nachher!" und rauschte davon. Als sie endlich am Wald ankamen, brauchte der Brummelbär erstmal eine Pause. Da hörten die Freunde über ihnen im Baum etwas rascheln. Sie sahen nach oben und erblickten die weise Eule, die über ihnen im Baum saß. „Ich habe das Hotel nicht gefunden", sagte sie. „Das heißt, dass wir heute Nacht hier draußen übernachten müssen." Die kleine Schildkröte hatte eine Idee: „Wir haben doch alle Schlafsäcke dabei, das heißt wir könnten uns ein Lager machen. Wir suchen uns einen Baum, unter dem wir schlafen können, und du holst von den umliegenden Bäumen Blätter, damit es noch weicher ist, weise Eule." Als die Freunde ihr Nachtlager aufschlugen, meinte die kleine Schildkröte: „Das ist ein tolles Abenteuer" und schlief ein.

Tag 4

Als die Freunde in der Früh aufwachten, machten sie sich gleich auf den Weg zum „windigen Tal". Auf dem Weg sagte Sabiene: „Was passiert, wenn ich durch den Wind weggepustet werde?" „Dann hole ich dich", sagte die weise Eule. Auf einmal spürten sie einen kräftigen Wind und die weise Eule sagte: „Wir sind da, das ist das windige Tal." Die Freunde wechselten einen Blick und der Brummelbär stellte sich vor den Hoppelhasen, die Rennschnecke Franz, die kleine Schildkröte und das Wildschweinchen und hielt Sabiene zum Schutz in der Hand. Die weise Eule flog über den Freunden. „Wir müssen da hinten über den Berg!", rief sie gegen den starken Wind an und zeigte auf einen kleinen Berg. Die Freunde kletterten los, doch plötzlich rutschte der Brummelbär ab und ließ aus Versehen Sabiene los, um sich festzuhalten, Sabiene jedoch stürzte in die Tiefe und flatterte hektisch mit ihren kleinen Flügelchen. Doch es brachte nichts. Da flog die weise Eule zu Sabiene und hielt diese fest, doch nun stürzten sie beide in die Tiefe. Doch blitzschnell packte der Brummelbär Sabiene und die weise Eule. Schnell zog er sie zu sich hoch und kletterte mit ihnen über den Berg auf die andere Seite. Auf der anderen Seite angekommen, sahen die Freunde sich um. Sie standen auf einer großen Lichtung. In der Mitte befand sich ein kleiner Fluss, auf der rechten Seite ein Tannenwald und auf der linken Seite ein Kornfeld. „Nach der Karte hier zu urteilen", sagte die weise Eule und zeigte auf ein kleines Holzschild mit der Karte der Umgebung, „müsste sich der ‚Greifvögel Turm' hinter dem Kornfeld befinden." „Aber wenn wir durch den Wald gehen, kommen wir vor der Wunschgrotte wieder raus. Und im Wald können die Vögel uns kaum etwas anhaben", sagte die Rennschnecke Franz und zeigte ebenfalls auf die Karte. Damit hatte die Rennschnecke Franz ihre Freunde überzeugt und sie wanderten in den Wald hinein. Als sie nach einiger Zeit fast das Ende des Waldes erreicht hatten, hörten die Freunde einen lauten Vogelschrei und in der nächsten Sekunde auch noch vier weitere. Plötzlich tauchten fünf Vogelköpfe über den Bäumen auf und gingen auf die Rennschnecke Franz los. „STOPP!", rief Sabiene und stürmte auf einen der Vögel zu. Dann sprang sie ihm auf den Kopf, stieß sich ab und flog so bis zu einem Vogel, der gerade versuchte, das Haus der Rennschnecke Franz aufzubrechen. Dann wirbelte sie ihn herum, ließ ihn auf zwei der anderen Vögel fliegen, sprang auf einen anderen Vogel, stieß ihn um, rannte zu dem letzten Vogel und gab ihm mit einem Tritt an den Schnabel den Rest. „Schnell verschwinden wir, bevor sie wieder aufwachen!", rief Sabiene und stieg auf den Rücken der weisen Eule, die sofort in Richtung Wunschgrotte flog. Als auch der Brummelbär, die kleine Schildkröte, das Wildschweinchen, der Hoppelhase und die Rennschnecke Franz dort eintrafen, sagte die weise Eule: „Wir haben es geschafft." Vor ihnen lag eine große Höhle, aus der es seltsam funkelte. Gemeinsam gingen die Freunde in die Höhle hinein. Als sie drinnen angekommen waren, staunten die Freunde sehr. Sie standen in einer Höhle, die so groß war wie ein Raum. In der Mitte der runden Höhle war ein kristallklarer See und an den Wänden wuchsen große Kristalle, doch das beeindruckendste war ein riesiger Thron, der auf der anderen Seite des Raumes stand. „Hallo kleine Schildkröte, hallo Sabiene, hallo Wildschweinchen, hallo Hoppelhase, hallo Brummelbär, hallo Rennschnecke Franz und hallo weise Eule!", sagte eine Stimme. „Ich bin die Wunschgrotte und ich freue mich, dass ihr so klug und mutig wart und mich gefunden habt." „Hallo, liebe Wunschgrotte", meldete sich der Hoppelhase zu Wort. „Wie bekommt man den Wunsch erfüllt?" „Das braucht ihr gar nicht mehr, denn die Wünsche haben sich schon unterwegs erfüllt. Du wolltest ein Abenteurer werden, kleine Schildkröte, durch dieses Abenteuer bist du ein Abenteurer geworden. Sabiene, du wolltest den schwarzen Gürtel machen, du hast heute die Rennschnecke Franz so gut verteidigt, du könntest ihn auch so machen. Wildschweinchen, du wolltest die größten Delikatessen essen, im Restaurant zum finsteren Wald hast du das doch schon. Du wolltest schwimmen können, Hoppelhase, im See der Ungeheuer hast du das doch gelernt. Du wolltest das perfekte Bett, Brummelbär, im Hotel zum finsteren Wald hast du das beste Bett deines Lebens bekommen. Du wolltest mit Karten umgehen können, Rennschnecke Franz, du hast heute einen Weg durch den Wald vorgeschlagen, der nicht einmal auf der Karte notiert war und du, weise Eule, wolltest rechnen lernen, das hast du bei Luigi schon gelernt. Denn tiefe Wünsche werden auch ohne mich wahr", sagte die Wunschgrotte.

David Hagen
Jakob-Fugger-Gymnasium, Klasse 5b

Mein Traumpferd

Die Rettung des Pferdes
Ich habe mir schon immer ein Pferd gewünscht. Eines Tages sah ich im Wald ein weißes Pferd. Der Schimmel steckte in einer Falle. Ich befreite ihn. Aber es war gar nicht so leicht. Ich habe eine Stunde gebraucht. Wir sind beste Freunde geworden.
Das Einhorn-Abenteuer
Wir sind nur noch zusammen galoppiert. In der Nacht ist das Pferd plötzlich ein Einhorn geworden. Die ganze Nacht lang sind wir dann zusammen herum galoppiert.

Louise Tassel
Grundschule Centerville-Süd, Klasse 1c

Die Wünsche für die Welt

Anouk war gerade noch in der Schule. Jetzt aber radelte sie nach Hause. Der Wind pfiff ihr um die Ohren. Es war gerade Mitte Sommer. Zu Hause angekommen packte sie ihren Badeanzug ein. Sie wollte zum Schwimmbad, das um die Ecke lag. Da hatte sie sich mit ihrer Freundin verabredet. Beim Schwimmbad angekommen, suchte sie ihre Freundin. Sie sah sie in ihrer Lieblingsecke. Schnell ging sie zu ihr. Dann legte sie ihr Handtuch neben ihres. „Wollen wir ein Wettschwimmen machen?", fragte Luise (ihre Freundin). „Aber", sagte Anouk „wer gewinnt, darf dem anderem eine Frage stellen." „Okay", antwortete Luise. Beide gingen an den Beckenrand. Gleichzeitig riefen sie: „1, 2, 3 und los!" Sie sprangen ins Becken und kraulten los. Zu Anouks Enttäuschung gewann Luise. Jetzt hatte sie eine Frage bei ihr frei.

Und sie fragte auch gleich. Ihre Frage hieß: „HAST DU EINEN WUNSCH?"
Anouk antwortete nicht gleich, doch nach längerer Zeit antwortete sie: „Ich
möchte Ärztin werden." „Hast du nur den?," hakte Luise nach. „Nein, das ist
nicht mein einziger Wunsch", erwiderte Anouk. „Aber ich verrate die Wünsche nur, wenn du mir hilfst, dass sie in Erfüllung gehen." „Okay", ließ sich
Luise darauf ein. Anouk starrte ins Wasser. Die anderen Wünsche lauteten:
„Ich will eine Erfindung bauen, die die Welt verändert, mehr Frieden auf der
Welt schaffen und zuallerletzt wünsche ich mir, die Klimaerwärmung zu
stoppen." „Das sind ja nur Wünsche für die Welt", rief Luise ganz erstaunt.
„Ärztin werden hilft den Kranken und so weiter", fügt Luise dazu. Das alles
schrieb Anouk am gleichen Tag in ihr Tagebuch: Ich war heute im
Schwimmbad und bin um die Wette geschwommen. Leider habe ich verloren. Da hatte sie (meine Freundin) eine Frage bei mir frei. Sie hat mich nach
meinen Wünschen gefragt. Ich hab ihr meine vier Wünsche gesagt.

Anouk Saquet
Fröbel-Grundschule, Klasse 4c

Mein Wunsch — Elfchen

Wünsche
ohne sie
wäre es schlimm,
weil es langweilig wird!
Öde!

Leon Heindl
Drei-Auen-Grundschule, Klasse 3b

Hast du schon mal deine Wünsche geträumt?

Es war einmal ein Mädchen namens Ceren, sie träumte und träumte immer wieder. Eines Tages ging sie zur Schule und etwas Seltsames passierte: Ein Mann tauchte auf! Ceren war so nervös und fragte: „Wer bist
denn du? Und, und kennen wir uns? Was machst du hier? Und und
und …" Da fiel ihr der Mann ins Wort, obwohl sie noch viele Fragen hatte.
„Hast du schon mal deine Wünsche geträumt?" „Nein wieso?" „Und hast
du schonmal deine Wünsche geträumt!?", fragte er nochmal. „Nein, nein",
sagte sie. Der geheimnisvolle Mann fragte: „Würdest du es gerne?" „Ja, ja
natürlich." Der geheimnisvolle Mann sagte: „Bevor du schlafen gehst,
sagst du das Wort ‚Anarasumanara'". Der geheimnisvolle Mann

verschwand und seit dem Tag begegneten sie sich nicht mehr. Zwei Jahre vergingen, Ceren war 11 Jahre alt und hatte keine Wünsche mehr und auch keine Freude. Als es Nacht wurde, schlief sie ein, aber sie hörte eine Stimme: „Anarasumanara". Sie stand auf und dachte an den Mann, den sie schonmal gesehen hatte: „Anarasumanara, Anarasumanara?" Erst jetzt fiel ihr ein, was er sagte: „Bevor du schlafen gehst, musst du Anarasumanara sagen." Ceren sagte Anarasumanara und schlief ein. In ihrem Traum war sie 7 Jahre alt und sie lief auf Zuckerwattewolken und ritt auf einem Einhorn. Das war das, was sie glücklich machte.

Ceren Karatas
Jakob-Fugger-Gymnasium, Klasse 5e

Bei der Arbeit

Zwei Polizeiwachen bewachen den Vordereingang der Bank. Eine Polizeiwache wünscht sich, dass seine Familie wieder gesund wird und dass es keinen Weltkrieg gibt. Dann passiert Glück! Ein Engel kommt. Er hat alles gehört. Der Engel sagt: „Dein Wunsch wird in Erfüllung gehen."

Hossein Najafian
Grundschule Göggingen-West, Klasse 2e

Mein Wunsch

Was wünsch ich mir so ganz allein? Im Frieden auf der Welt zu sein. Ohne Kriege, Kämpfe, Streit. Nur noch Frieden jederzeit!

Sophie Oehme
A. B. von Stettensches Institut, Klasse 5a

Das fromme Mädchen

Es war einmal vor langer Zeit, da lebte einst ein frommes Mädchen. Jeden Tag half das Mädchen all jenen, die Hilfe brauchten. Nach drei Jahren harter Arbeit ging das Mädchen wieder einmal zum Wasserholen an den Brunnen. Plötzlich ertönte eine tiefe Stimme: „Hilf mir, bitte ziehe mich hier heraus!" Das Mädchen zögerte nicht und ließ ihren Eimer an einem Seil herunter, sodass sich der Gefangene daran festhalten konnte. Als die Gestalt oben ankam, entpuppte sie sich als Magier. Er sprach: „Zum Dank, dass du mich gerettet hast, erfülle ich dir drei Wünsche. Was ist dein Erster?" Das Mädchen überlegte kurz, dann antwortete es: „Mein erster Wunsch ist, dass jeder jedem hilft, mein Zweiter ist, dass es Frieden auf der ganzen Welt gibt und mein letzter Wunsch ist, dass jeder jeden versteht, egal welche Sprache er oder sie spricht." Der Magier erfüllte ihr alle Wünsche, dann verschwand er. Das Mädchen freute sich, denn nun war die Welt perfekt. Und so lebte sie glücklich in ihrer perfekten Welt bis an ihr Lebensende.

Hendrik Pflaum und Raoni Ferreira da Silva
Jakob-Fugger-Gymnasium, Klasse 6a

Lias Weihnachtswunsch

Vorwort

Das diesjährige Thema war für mich besonders schwer, weil ich so viele Ideen hatte. Ich entschied mich für den Wunsch „Frieden und Freude in der ganzen Welt", weil es jedes Jahr so viel Krieg, Hass und Leid gibt und leider nicht jeder das Glück hat, schöne und friedliche Feiertage zu haben oder ohne Angst einfach so auf die Straße zu gehen. Auch die 10-jährige Lia wünscht sich Frieden und Freude und versucht, diesen Wunsch wahr zu machen. Ich wünsche euch viel Spaß beim Lesen!

Lia sollte eigentlich schon im Bett sein, doch sie konnte nicht schlafen, also entschloss sie sich, zu ihren Eltern ins Wohnzimmer zu gehen. Der Fernseher lief, Mama und Papa schauten Nachrichten und bemerkten Lia dabei nicht. Der Nachrichtensprecher erzählte von Kriegen, Erdbeben, Überflutungen und noch mehr schlimmen Sachen. Lia wurde traurig, es ist doch ein Tag vor Weihnachten, dem Fest des Friedens und der Liebe, warum also passieren so schlimme Sachen? Mit Tränen in den Augen sagte sie nun: „Mama? Papa? Ich verstehe das nicht. Es ist doch bald Weihnachten, da müssen doch alle glücklich sein und außerdem: Warum tun Menschen so etwas Schlimmes?" Ihre Eltern nahmen sie fest in den Arm und Mama sagte: „Ach, mein Schatz, Krieg ist etwas Schlimmes. Der entsteht, wenn zwei mächtige Leute sich sehr arg streiten, sie wollen sich mit Gewalt gegenseitig zu etwas zwingen." Papa fügte hinzu: „Meistens wollen diese Leute ihr Land vergrößern, mehr Macht oder sie wollen anderen den Glauben verbieten oder aufzwingen." Dann brachten Lias Eltern sie wieder ins Bett. Noch bevor sie einschlief, wünschte sie sich zu Weihnachten, dass sie etwas zum Frieden auf der Welt beitragen könnte oder am besten der Krieg einfach ganz vorbei sei.

Gleich am nächsten Morgen sprang sie auf, rannte ins Wohnzimmer und schaltete den Fernseher ein, um Nachrichten zu sehen. Doch als sie den

Sprecher die schlechten Nachrichten verkünden hörte, wurde sie traurig. Mama kam herein und fragte, was los sei. Lia schaute sie mit Tränen in den Augen an und sagte: „Ich habe mir zu Weihnachten Frieden gewünscht. Ich sag doch immer, wenn man sich etwas fest genug wünscht, dann geht dieser Wunsch in Erfüllung." Mama nahm sie in den Arm und tröstete sie. Ein schöner 24. Dezember verging, Lia war sehr glücklich und hatte einen tollen Tag. Doch abends kam die Enttäuschung über ihren nicht in Erfüllung gegangenen Wunsch wieder. Als sie ins Bett gehen wollte und noch einmal zum Fenster schaute, sah sie ein kleines Geschenk. Lia nahm das Geschenk und öffnete es. Darin war eine Halskette mit einem Anhänger daran, der aussah wie eine Rune. Sie wusste das, weil sie ein Buch darüber hatte. Lia holte schnell das Buch und schlug nach, was diese Rune zu bedeuten hatte. Sie sah aus wie ein kantiges B und ein verdrehtes R. Das ist die Friedens-Rune der Wikinger! Lia schloss für einen Moment die Augen und musste an den Krieg in der Ukraine denken, über den der Nachrichtensprecher kürzlich berichtet hatte. Als sie die Augen wieder öffnete, war Lia nicht mehr in ihrem Zimmer. Als sie Herrn Selenskyj sah, wurde ihr klar, wo sie gelandet war. Die Kette schien magische Kräfte zu haben. Lia entschloss sich, den ukrainischen Präsidenten anzusprechen: „Entschuldigung, Herr Selenskyj", sagte sie mutig. „Wo kommst du denn her, meine Kleine?", antwortete er verwundert. Darauf wusste sie nicht so wirklich zu antworten, also entschied sie sich, davon abzulenken und gleich auf den Punkt zu kommen. „Ich bin hier, um den Krieg zwischen Ihnen und Herrn Putin zu beenden." „Aber wie stellst du dir das denn vor?", fragte der Präsident. Darüber hatte Lia noch gar nicht nachgedacht. „Na, rufen Sie ihn doch einfach mal an. Mein Papa sagt immer, offene Kommunikation ist der Schlüssel zu allem." Noch etwas verwundert holte Herr Selenskyj sein Telefon aus der Tasche und rief Putin an. Sie sprachen offen über alles, was ihnen nicht passte, und am Ende des Gespräches witzelten die beiden schon wieder herum. Nun war Lia sehr müde, sie schloss ihre Augen und dachte an ihr Zimmer und an ihr warmes, kuscheliges Bett und da war sie wieder, bereits in ihre Decke eingekuschelt in ihrem Bett.

Als Lia am nächsten Morgen hinunter ins Wohnzimmer ging, verkündete der Sprecher gerade, dass der Ukrainekrieg seit gestern Abend beendet sei. Lia war überglücklich. Als sie danach hörte, welche schlimmen Überflutungen es hier in Deutschland gegeben hatte, entschied sie sich heute Abend dorthin zu gehen, um zu helfen. Der Tag wollte einfach nicht vergehen. Als es endlich Abend war, sagte Lia ihren Eltern früh gute Nacht und ging schnell in ihr Zimmer. Gummistiefel und Regenjacke hatte sie sich schon bereitgestellt und zog das alles nun hastig an. Schnell schloss Lia ihre Augen und dachte an die überfluteten Gebiete. Kaum waren die Augen geöffnet, da schnappte sie sich eine Schaufel, füllte Säcke mit Sand und schleppte sie dann an eine Stelle, wo sie gestapelt wurden. Die ganze Nacht schuftete Lia hart, als es dämmerte, legte sie zufrieden ihre Schaufel zur Seite und dachte einfach nur an ihr Bett, wo sie dann auch sofort einschlief.

Als Lia am nächsten Tag aufwachte, ging sie hinunter, um die freudige Nachricht zu erhalten, dass die Überschwemmungen zurückgegangen und durch die Sandsackdämme viele Leute, Häuser und Tiere gerettet worden seien. Von nun an half Lia jeden Abend, wo Hilfe gebraucht wurde.

Und wenn du in den Nachrichten hörst, dass wie durch ein Wunder über Nacht geholfen wurde, dann sei dir sicher, dass es Lia war, die dorthin gekommen ist, um Frieden und Freude zu verbreiten.

Linnea Borchert
Berufsfachschule für Kinderpflege, Klasse Ki 10B

Die Wunschmaschine

Es gibt viele Gelegenheiten, sich etwas zu wünschen. Egal, ob an Weihnachten, am Geburtstag oder einfach mal so. Doch was wäre, wenn alle Wünsche sich erfüllen würden? Dazu gibt es eine Geschichte.

Jakob war ein Junge, der ständig versuchte, die Welt besser zu machen. Eines Tages erfand er eine Wunschmaschine, mit der alle Wünsche wahr wurden. Doch dann kam es zu unerwarteten Problemen, da sich viele Leute unüberlegt Sachen wünschten. Als Jakob eines Tages aus dem Fenster schaute, entdeckte er nur Villen und Sportautos und kam zu dem Schluss, dass es besser wäre, die Wunschmaschine zu zerstören, sodass die Menschen wieder zur Vernunft kommen. Und so geschah es. Und das soll eine Lehre sein, man muss immer überlegt wünschen.

Jasper Hackanson
Jakob-Fugger-Gymnasium, Klasse 6a

Wünsche

Ob groß oder klein, jeder hat Wünsche. Manche wollen Reichtum, manche eher Zuneigung und manche wollen auch Spielsachen. Meine Wünsche sind komplett anders. Mein Wunsch ist weiter zu träumen. Das hört sich komisch an, aber jeder Traum kann ein Wunsch sein. Wenn man von einem Raumschiff träumt, ist es höchstwahrscheinlich, dass man eins bekommen will. Oder wenn man von einem Haustier träumt, will man ein Haustier bekommen. Manche Wünsche gehen in Erfüllung und andere bleiben nur ein Traum. Einen Wunsch zu haben, ist wie ein Ziel, das man unbedingt erreichen will. Falls man es nicht schafft, vergisst man diesen Wunsch und bekommt höchstwahrscheinlich einen neuen. Wünsche bleiben Wünsche und man will, dass sie wahr werden, auch wenn man alles dafür gibt. Durch Träume kriegt man neue Wünsche und sie werden zwar nicht immer besser, aber man hat sozusagen ein Ziel. Wenn ein Wunsch in Erfüllung geht, ist das wahrscheinlich der beste Tag im Leben. An Weihachten wünscht man auch sehr viel, und die meisten gehen auch in Erfüllung. Aber das ist etwas anderes, als wenn plötzlich das, was man sich schon immer gewünscht hat, auf einmal passiert. Wenn ich träume, kommt mir jeder Gedanke in den Kopf. Einer von denen ist: „Was ist mein Wunsch?"

Danial Hamdan
Jakob-Fugger-Gymnasium, Klasse 7b

Der Wunsch der Mäuse

Hallo liebe Leser, ich bin eine Maus namens Jeffrey und ich habe in meinem ersten Brief geschrieben: „Ich hoffe, dass es mir besser geht, wenn ihr das lest." Ich lebte bei einer Familie eingesperrt in einem kleinen Terrarium mit 20 anderen Mäusen. Wir bekamen dreimal täglich einen Futternapf für Katzen mit ekligem Nassfutter. Vor ein paar Tagen versuchten wir auszubrechen, weil wir nicht mehr auf so engem Raum leben und besseres Futter haben wollten. Wir wollten nur noch weg von hier. Als Erstes versuchten wir an den Wänden hochzuklettern, um durch das Dach auszubrechen. Doch es funktionierte nicht. Deshalb versuchten wir die Wände durchzubeißen, als unser Besitzer kam. Er sah unser ungewöhnliches Verhalten und dass wir unser Nassfutter nicht gefressen hatten. Er fragte sich, wieso wir unser Futter nicht angerührt hätten. Danach tippte er etwas auf seinem Handy. Nach ein paar Minuten fragte er uns: „Mögt ihr kein Nassfutter? Oder wollt ihr ein schöneres und größeres Gehege? Oder beides?" Wir quiekten zustimmend und er antwortete: „Ich gehe jetzt für euch Mais einkaufen – und bestelle einen für euch angemessenen Käfig." Wir freuten uns schon auf den Mais, denn wir hatten gehört, dass er richtig gut schmeckt. Und ein schöneres Gehege hatten wir uns auch schon immer gewünscht. Nach einer Stunde kam unser Besitzer zurück und gab uns den Mais. Der Mais schmeckte köstlicher, als wir uns ihn vorgestellt hatten. Wir freuten uns auf unseren neuen Stall. „Der wird bestimmt schön!", freute sich einer meiner Brüder. Von nun an durften wir auch jeden Tag ein bisschen im ganzen Haus herumschnüffeln. So haben wir uns das Leben als Maus erträumt! Es war richtig toll. Wie ihr seht ist, mein Wunsch wahr geworden. Jetzt sind wir wunschlos glücklich.

Elias Buchalla und Erik Rippberger
Peutinger-Gymnasium, Klasse 6b

Wunschbilder

Im Schatten der Sterne, in der Stille der Nacht, flüstert mein Herz, was mein Wunsch wohl macht. Ein Sternenlicht leitet mich durch Dunkelheit verwoben, durch Träume und Sehnsucht, die tief in mir toben. Ein Wunsch, so zart, wie der Morgentau, ein leiser Ruf nach Innenschau. In der Tiefe der Seele, wo Träume entfachen, möchte ich Wünsche zu Sternschnuppen machen. Ein Wunsch, der wie eine Feder sanft schwebt, über Täler und Berge, wohin er auch geht. Die Flügel der Hoffnung tragen ihn weit, durch Raum und Zeit, bis in die Unendlichkeit. Möge mein Wunsch ein Lächeln tragen, wie Sonnenstrahlen an klaren Tagen. Ein Funke im Dunkel, ein Glanz ist zu sehn, ein Wunsch, der erfüllt, wird nie vergehn. Magie webt sich um meine Gedanken, wenn der Wunsch in meinem Herzen erwacht. In den Schwingen der Zeit möchte ich ihn lenken, bis er im Universum seinen Weg macht.

Juliane Singer
Gymnasium bei St. Stephan, Klasse 8b

Gehe vorsichtig mit Wünschen um!

Hallo, ich heiße Ben. Ich hasse meine Schule! Es wäre schön, wenn es sie nicht gäbe. Dort, in meiner Klasse, ist sogar ein Mädchen, das ich hasse. Sie heißt Ella, hat blonde Haare ... und was Mädchen nur für ekelige Sachen haben. „Ab in die Schule!", sagte meine Mutter. Ich ging müde zur Schule, weil meine Mutter mich immer so früh weckte. Wenn ich zur Schule wollte, musste ich durch die Stadt. Dort ging ich am Stadtbrunnen vorbei. Ich sah eine Münze. Was, eine Münze? Ich nahm sie und bemerkte, dass da etwas drauf stand. „Du hast einen Wunsch frei. Schmeiß sie in den Brunnen!", las ich. Natürlich habe ich mir gewünscht, dass es keine Schule mehr gibt. Am nächsten Tag wurde ich nicht geweckt, ich konnte seit Langem mal wieder richtig ausschlafen. Als ich runter zum Frühstück kam, waren meine Eltern schon wach! „Guten Morgen, Bennilein!", sagte meine Mutter. Ich hasste es, wenn sie mich so nannte! „Muss ich nicht in die Schule?", fragte ich. „Äh, nein", sagte mein Vater. „Was ist das?", fragte meine Mutter. Da fiel mir ein, dass ich ja die Münze in den Brunnen geworfen hatte. Ich hätte vor Freude in die Luft springen können. „Ich habe geträumt!", sagte ich schnell. Wahrscheinlich haben alle außer mir die Schule vergessen. Nach drei Wochen bemerkte ich, dass es voll langweilig geworden war. Ich schaute auf mein Handy, ob mein Freund Zeit hätte. Aber ich fand ihn nicht. Und alle meine anderen Freunde waren auch weg! Ah, da war noch eine. Ihr könnt euch denken, wer das war: ELLA! „OH NEIN! Warum diese dumme Kuh und wo sind meine Freunde hin?", schrie ich. Sie wurden sicherlich gelöscht, das ist alles nur meine Schuld! Aber warum nicht Ella? Ich wollte sie nicht anrufen, aber ich tat es doch. „Hi Ella, ich bin's, Ben." „Was willst du denn jetzt?", kam eine genervte Stimme aus dem Hörer. „Sind deine Freunde auch weg?", fragte ich weiter. „Ja, und nur du warst da!" „Ich hatte nur dich." „Weißt du, warum das so ist?", fragte Ella. „Ja, ich habe eine Münze gefunden und durfte mir etwas wünschen. Ich habe halt die Schule weggewünscht." „Echt jetzt!?", fragte Ella. „Ich möchte dir helfen, Ben. Weil dann bekommt jeder seine Freunde und die Schule wieder." „Ok, abgemacht!" „Wollen wir uns am großen Spielplatz treffen?" „Ja, bis gleich!", sagte ich. Wir trafen uns dann auf dem großen Spielplatz. „Vielleicht musst du die Münze wieder raufholen?", schlug Ella vor. „Das wäre eine Idee. Aber wie soll ich in den Brunnen springen?" „Komm, wir holen erstmal eine Leiter, damit du runter in den Brunnen steigen kannst und nicht fällst!", sagte Ella. „Du hast recht. Und wo wollen wir eine Leiter besorgen? Wir haben ja nicht mal so viel Geld!" „Dann besorgen wir was. Ich habe 20 € dabei, das reicht bestimmt!", redete Ella weiter. Wir gingen zu Frau Müllers Laden und besorgten eine Leiter. „Und was ist, wenn uns jemand sieht? Oder was ist, wenn es nicht klappt?", fragte ich. „Niemand wird uns sehen, weil wir uns in der Nacht hier treffen werden. Ungefähr um 12 Uhr?", fragt Ella. „In der Nacht? Du spinnst wohl, ich darf in der Nacht nicht raus! Soll ich etwa heimlich?", fragte ich. „Ja natürlich, wie denn sonst?", sagte Ella. „Na gut, bis heute Abend", sagte ich. Am Abend ging ich mit Straßenkleidung ins Bett und wartete, bis das Licht ausgegangen war. Dann ging ich leise nach unten und zum Brunnen. Ella war schon da, sie hatte die Leiter auch dabei. „Hallo, hast du schon geschlafen? Es ist 12:15 Uhr!", fragte Ella. „Nein, meine Eltern waren so lange wach!", sagte ich. „Okay, verstehe. Steig aber jetzt hinunter!" Ich stieg in den Brunnen. Nach ein paar Schritten bemerkte ich etwas Kaltes, ich war im Wasser! Oh nein, jetzt musste ich auch noch tauchen! Zum Glück hatte ich eine Taucherbrille und eine Taschenlampe dabei. Bevor ich untertauchte, schrie ich noch zu Ella: „Das Wasser ist eiskalt! Kannst du das nicht machen?", fragte ich. „Ben, jetzt mach schon!", sagte Ella einfach. „Na gut, ich werde es tun!", sagte ich zu mir selbst. Ich tauchte schnell unter. Als mich etwas anblinkte, schwamm ich dahin. Es war die Münze! Ich schwamm, so schnell ich konnte, nach oben. „Ich hab sie!", rief ich, so laut ich konnte. Ella schlug ihre Hand gegen den Kopf! Ich wusste, was das bedeutete. Ich drückte meine Hand schnell auf den Mund. Dann stieg ich zitternd und klatschnass aus den Brunnen. Schnell rannten wir dann nach Hause. Ich duschte erstmal mit warmem Wasser. Am nächsten Morgen wurde ich geweckt: „JUHU!" Als ich mich mit Ella traf, sagte ich zu ihr: „Ich habe zwei Sachen gelernt: 1. Dass man vorsichtig mit Wünschen sein soll! 2. Dass du doch nicht so schlimm bist!"

Lotta Markgraf
Franz-von-Assisi-Grundschule, Klasse 4

Wie wichtig ist ein Wunsch?

Wünsche sind wichtig im Leben, aber einen echten Wunsch kann es nur ein einziges Mal geben. Hast du dir trotzdem schon einmal überlegt, wie wichtig Wünsche sein können? Sehr wichtig. Manche glauben nicht an Wünsche, dass ist ihre eigene Entscheidung. Andere finden deinen Wunsch unnötig und sagen, dass Wünsche eh nicht in Erfüllung gehen. Ich finde aber, dass es egal ist, was andere zu deinem Wunsch sagen. Es ist nur wichtig, dass du selbst an deinen Wunsch glaubst.

Laura Simanowski
Gymnasium bei St. Stephan, Klasse 6c

Unsere Traumbücherei

Als ich an einem Dienstagnachmittag die neue Bücherei betrat, spürte ich sofort, dass sie etwas Besonderes war. Das Erste, was ich hörte, war Kinderlachen und angeregte Gespräche, doch der Raum, in dem ich mich gerade befand, war still und es saßen nur wenige Kinder an Arbeitstischen. Es war dennoch ein freundlicher, heller Raum. Die Wände waren weiß gestrichen und zwischen den bunten Buchrücken standen Pflanzen aller Art. Das Einzige, was man hörte, war das leise Murmeln einer Schülerin, die einer anderen Nachhilfe gab. Man hatte einen angenehmen, ruhigen Arbeitsplatz geschaffen, indem man die insgesamt sieben Tische durch Bücherregale voneinander getrennt hatte. Außerdem waren die Tische gut beleuchtet, denn auf jedem Tisch stand eine schwarze Schreibtischlampe. Ansonsten gab es hier nicht viel, was ablenken könnte, außer einem Plakat an der Wand, das auf eine Aktion, die hier im Raum stattfinden sollte, aufmerksam machte. Ich schlenderte durch den Raum und wollte gerade ein Buch aus dem Regal ziehen, als ich stockte – ein Mathebuch! Meine Augen schweiften über die anderen Bücher, und ich bemerkte, dass es hier nur Sach- oder Schulbücher gab. „Wenn du etwas Spannendes lesen willst, musst du rüber in den Leseraum", erklang die Stimme von dem Jungen, der hinter dem Bücherregal saß. Ich bedankte mich und bevor ich die Verbindungstür zu dem Raum von nebenan öffnete, fragte ich ihn, was er hier mache. Er antwortete, dass er hier manchmal für Referate Informationen recherchiere oder sich in das Thema einlese. Besonders aber nutze er den Raum für Hausaufgaben im Stillen, weil er sich in der lauten Aula kaum konzentrieren könne. Außerdem finde man hier immer wieder interessante Bücher. Als ich die Tür hinter mir schloss und in den „Leseraum" blickte, fühlte ich mich sofort wie zu Hause im Wohnzimmer. Statt kahler Leuchtleisten pendelten Hängelampen von der Decke, die das Zimmer in einem warmen Licht erhellten. Viele Kinder tummelten sich auf unterschiedlichen Sitzgelegenheiten, beispielsweise auf bunten Sitzsäcken, weichen Sesseln und sogar einem Sofa. Die Stimmung war gut gelaunt, und auf vielen Gesichtern strahlte ein Lächeln. Ein paar Schüler waren in ein Buch vertieft, andere unterhielten sich mit Freunden und wieder andere blätterten gemeinsam im Guinnessbuch der Rekorde oder lachten über einen lustigen Comic. Mir fiel auf, dass die Fenster – nein eigentlich der ganze Raum schön geschmückt und dekoriert waren. Die Regale waren ordentlich in verschiedene Kategorien sortiert, sodass man sofort wusste, wo man stöbern könnte. Ein kleines Regal warb auch mit Büchern, die zur Jahreszeit passten. Ich fand ein Buch, das mir gefiel, und ließ mich damit zufrieden in den Sitzsack neben der Ausleihe sinken.

Malia Lohr und Felicia Huber
Rudolf-Diesel-Gymnasium, Klasse 7d

Wünsch dir was

Leben. Was heißt das? Identische Grundrechte für jeden, doch so differenziert für jedes Leben. Erwartungen, Träume und Wünsche, ich habe sie. Erwartungen, Träume und Wünsche, du hast sie. Erwartungen, Träume und Wünsche, wir alle haben sie. Doch warum nimmst du dir das Recht, Erwartungen, Träume und Wünsche meines Lebens zu zerstören? Du nimmst mir mein Leben weg, das Leben meiner Freunde, das Leben meiner Familie … Ich bin noch sehr jung, aber mir wurden mein Leben und meine Wünsche genommen. Ich wünsche mir ein Stück Brot und Wasser, ein Dach über dem

Kopf. Mein größter Wunsch ist aber, meine Mama und meinen Papa wiederzusehen, meine Geschwister in den Arm nehmen zu können und niemanden mehr in Schutt und Asche unter den Trümmern unserer Häuser zu finden. Das ist mein größter, aber in diesem Leben nicht mehr erfüllbarer Wunsch.

Merven Aydin und Sinem Aydin
Berufsfachschule für Kinderpflege, Klasse Ki 11B

Der Wunsch nach Großem

In uns der Wunsch nach
Großem klein
Zu schaffen was
Unendlich bleibt
Die Angst vorm Scheitern hält uns fest und zieht uns gen
Einfachheit

Simon Rosenauer
Berufsschule VI, Klasse HOL 10 A

Sophies Wunsch

Heute ging Sophie wie immer zur Schule. Eigentlich hörte sie in der Schule gut zu, aber heute war alles anders. Als die Lehrerin sie fragte, was für Gefahren Feuer hat, war ihr Kopf wie leergefegt und sie sagte nur: „Weiß nicht." Auch ihre Freundinnen wussten nicht, was los war. Als sie sich in der Pause näherten, rannte Sophie einfach weg und rief: „Lasst mich in Ruhe!" Nach den Hausaufgaben aß Sophie noch schnell zu Abend, putzte sich die Zähne und ging ins Bett. Im Bett fiel ihr dann endlich ein, was sie bedrückte: Sie hatte Angst, dass sie bei der Probe, die sie in zwei Tagen zurückbekommen sollte, eine schlechte Note haben würde. Ihre Eltern wollten nämlich, dass sie gute Noten hatte. Sophie zog ihr Handy aus der Schreibtischschublade und googelte nach „Sternschnuppen-nacht". Sophie hatte so ein Glück, denn heute war Sternschnuppennacht und sie begann in fünf Minuten! Sophie raste zum Balkon und schon fiel die erste Sternschnuppe vom Himmel. Schnell wünschte sich Sophie: „Ich wünsche, wünsche, wünsche mir, dass ich eine gute Note in der Probe habe." Mit einem erleichterten Blick schlief Sophie ein. Am nächsten Morgen sprang sie aus dem Bett, zog sich an und lief zur Schule. Heute wusste sie alles über Feuer, spielte in der Pause Pferdchen mit ihren Freundinnen und lief nicht weg. Als sie am nächsten Morgen zur Schule trödelte, fiel ihr aber etwas ein: „Wenn ich eine gute Note habe, denken die anderen bestimmt, dass ich eine Streberin bin, weil ich ja in Mathe eine Niete bin und wir morgen eine Matheprobe zurückbekommen." Schnell wünschte sich Sophie ihren Wunsch wieder zurück: „Ich wünsche mir eine nicht ganz so gute Note." Am nächsten Tag bekam sie ihre Arbeit zurück und wie durch ein Wunder hatte sie eine 3-. Genauso eine Note hatte sie sich gewünscht. Ihre Eltern waren zuerst ein bisschen sauer, als Sophie ihnen die Probe zeigte, aber danach gingen sie noch zum Zoo. Sophie war glücklich. Heute war ein schöner Tag.

Alma Steghöfer
Fröbel-Grundschule, Klasse 4b

Wünsche und Träume

Wünsche. Hm, was sind Wünsche eigentlich? Wünsche sind etwas Einzigartiges. Sie sind wie Träume. Für jeden sind sie anders. Und Jeder hat eigene Wünsche.

So auch ein kleines Mädchen, das man meistens nur träumen sah. Von ihren Lehrern bekam sie dafür immer nur Standpauken. Von ihren Mitschülern wurde sie als langweilig bezeichnet und ihre Eltern sagten, sie solle sich zusammenreißen und wie die anderen Kinder spielen gehen.

Das verstand sie allerdings nicht. Was gab es denn Schöneres als Träume und Wünsche? Was war denn daran langweilig, sich vorzustellen, mit einem Pony durch die Gegend zu reiten? Oder ein berühmter Sänger zu sein? Was war denn daran Zeitverschwendung, in schönen Träumen zu schwelgen? Das kleine Mädchen konnte sich nichts Schöneres vorstellen. Sogar als ihre Eltern sie in den Garten schickten zum Spielen und sie sich unter einen schattigen Baum setzte und einen Schmetterling beobachtete, fing sie wieder an zu träumen. Sie stellte sich vor, auf einem riesigen Schmetterling über die ganze Stadt zu fliegen. Stellte sich vor, dass ihr der Wind durch die Haare fuhr. Stellte sich vor, dass der Schmetterling sogar bis nach Frankreich flog und auf dem Eiffelturm landete.

Ja, Paris war ihre Lieblingsstadt. Wenn sie groß ist, will sie unbedingt nach Paris. Das war ihr größter Wunsch. Doch sie konnte ihre Eltern einfach nicht überreden, nach Paris zu fahren. Ihre Eltern meinten, wenn sie irgendwann erwachsen sei und ihr eigenes Geld verdiene, könne sie ruhig nach Paris fahren. Das fand das kleine Mädchen doof. Immer wieder schwelgte sie in Träumen von Paris. Vielleicht würde sie ja auch mal ein Bild malen, das man im Louvre ausstellt? Und Menschen aus der ganzen Welt würden kommen, nur um sich ihr Bild anzusehen! Das wäre was!

Da fasste das kleine Mädchen einen Entschluss. Sie hatte Träume und einen Wunsch, der ihr sehr wichtig war. Wenn sie bessere Noten schrieb, würde sie einen besseren Job bekommen, wenn sie erwachsen ist. „Das mit den Träumen ist dann gar nicht so schlimm", dachte sie sich. „Ich nutze das einfach zu meinem Vorteil." Und tatsächlich! In Mathe stellte sie sich einfach vor, wie sie als Clown mit Zahlen jonglierte, bis das richtige Ergebnis da war. In Deutsch rangelte sie mit einer meterlangen Wörterschlange. So schaffte sie es, gute Noten zu schreiben und bekam einen super Job. So konnte sich das kleine Mädchen, das jetzt eine Frau war, ihre Reise nach Paris leisten. Leider hat das mit dem Bild für den Louvre nicht geklappt, aber das machte ihr nichts aus.

Und auch nach all der Zeit hat das kleine Mädchen es nie verlernt, zu träumen. Niemand kann ihr je ihre Träume nehmen.

Celina Scheithauer
St. Georg Mittelschule, Klasse 7a

Es kommt auf die Einstellung an

„Wünsch dir was!" Genau diesen Satz habe ich schon oft gehört, als ich noch ein kleines Kind war, sei es an Geburtstagen oder an Weihnachten: Jeder wollte meine Wünsche erfahren und, zugegeben, es war nichts Tiefgründiges. Es waren einfach nur Spielzeuge oder das neuste Game auf der Playstation 3. Doch wenn wir älter werden, hört das Träumen nicht auf. Wir glauben nur nicht mehr daran, wir lassen es sein und geben es nicht mal zu, welche zu haben, da es einfach zu „unrealistisch" ist. Insgeheim wünschen wir Menschen uns viel: ein neues Handy, das schnellste und teuerste Auto, neue überteuerte Mode oder auch einfach etwas, das nicht käuflich ist wie Liebe und Erfolg. Wir wünschen uns etwas wegen eines Zwecks; wir wollen uns besser fühlen, endlich nicht mehr einsam, erfüllt, beliebt oder auch einfach besser als die anderen. Daran hoffnungslos festzuhalten, aber nicht daran glauben, dass es von allein schon kommt, so denken viele. Oft sind Wünsche etwas, das eine noch größere Sache versteckt, ein noch größeres Begehren, sie zeigen, was wir wirklich wollen, und damit meine ich nicht nur irgendwelche Sachen. Menschen, die uns ehrlich sagen, was sie sich wünschen, inspirieren uns, besonders diese, bei denen sich ihre Wünsche und Träume erfüllt haben. Wünsche sind da, um uns optimistisch und bei Laune zu halten, sie sind da, damit wir niemals die Hoffnung aufgeben, egal wie unrealistisch es uns erscheint. Wünsche sind da, um das, was greifbar ist, auch endlich zu ergreifen, sich dafür einzusetzen. Wünsche, die aber auch nicht in Erfüllung gehen, sind da, um uns zu zeigen, dass wir auch jetzt glücklich sein dürfen und sollen.

Jetzt frag ich dich: Was wünschst du dir, welche Wünsche kannst du dir selbst erfüllen und welche sind es wert, daran zu glauben?

Enrico Liese
Berufsschule II, Klasse DMG 10C

Warum?

„Mama, müssen wir denn wirklich umziehen? Ich habe doch gerade erst Freunde gefunden!", fragte Micha, als seine Mutter gerade ihre Klamotten in den großen Umzugskarton packte. „Ja, es tut mir leid, Micha, aber seit Papa weg ist, kann ich mir das große Haus leider nicht mehr leisten!" „Schade!", dachte Micha traurig, denn für ihn war es besonders schwer, Freunde zu finden. Er saß im Rollstuhl und hatte mehrere Gesichtsoperationen hinter sich. Zwei Tage später saß Micha in seiner neuen Klasse, der Klasse 5a. Alle Kinder starrten ihn an und flüsterten miteinander – wahrscheinlich über ihn. Zuhause fragte er seine Mutter aufgebracht: „Warum? Warum bin ich so? Keiner mag mich!" „Aber Micha, du bist toll, so wie du bist", beruhigte seine Mutter ihn sanft. In seinem Zimmer betete Micha still: „Lieber Gott, bitte schenke mir doch einen Freund zu Weihnachten!" Fünf Tage später war es dann soweit: Es war Weihnachten. Am Morgen gingen Micha und seine Mutter spazieren, danach spielten sie Spiele und am Nachmittag gingen sie in die Kirche. Nach dem Gottesdienst aßen sie mit Oma und Opa, die nach der Kirche mit zu ihnen nach Hause gekommen waren, zu Abend. Endlich war es soweit: Bescherung! Als Micha ins Wohnzimmer rollte – denn dort fand die Bescherung statt – staunte er. Er bewunderte den mit Lichtern bedeckten und geschmückten Tannenbaum, die vielen, lecker aussehenden Plätzchen und natürlich die vielen großen und kleinen Geschenke. Als er alle Geschenke ausgepackt und mit seiner Mutter gesungen, geredet und gespielt hatte, klingelte es plötzlich an der Tür. Als er öffnete, stand da: Emre aus seiner Klasse! „Ähm, ich habe ein Geschenk für dich, weil ich dich cool finde", stammelte er, gab ihm das Geschenk, wünschte frohe Weihnachten, verabschiedete sich und ging wieder. Micha freute sich wie nie zuvor und als er das Geschenk öffnete, befand sich darin das Spiel, das er sich schon so lange gewünscht, aber bis heute nie bekommen hatte. Emre und Micha wurden die besten Freunde und Emre ermutigte Micha immer, wenn er es brauchte.

Freya Schnitzler
Gymnasium bei St. Stephan, Klasse 5a

Wünsch dir was

In einem kleinen Dorf namens Wunschheim lebte ein Junge namens Felix. Eines Tages fand er eine alte Lampe, die, als er sie rieb, einen Flaschengeist befreite. Der Geist gewährte ihm drei Wünsche, doch Felix entschied sich, seine Wünsche mit Bedacht zu wählen. Sein erster Wunsch war, dass das Dorf blühend und glücklich sein möge. Sofort verwandelte sich Wunschheim in einen malerischen Ort voller Leben. Für seinen zweiten Wunsch wünschte sich Felix, dass alle Bewohner von Wunschheim ihre Träume verwirklichen könnten. Plötzlich entfalteten sich Talente, und die Menschen im Dorf unterstützten sich gegenseitig, um ihre Ziele zu erreichen. Doch Felix spürte, dass sein letzter Wunsch etwas Besonderes sein sollte. Nach reiflicher Überlegung wünschte er sich, dass die Magie der Lampe für immer im Herzen der Dorfbewohner blieb, auch wenn die Wünsche längst erfüllt waren. Von diesem Moment an blieb Wunschheim ein Ort der Liebe, Kreativität und Solidarität.

Richard Voronyuk
Berufsfachschule für Kinderpflege, Klasse Ki 10C

Wünsche sind etwas ganz Besonderes

Egal, was du dir wünschst: ob es ein Spielzeugauto ist oder der Wunsch, Fliegen zu können. Eigentlich kannst du dir alles wünschen. Du musst dir nur überlegen, was du dir wünschst. Ob an Weihnachten, Ostern oder an deinem Geburtstag. Was die Wünsche gemeinsam haben, ist, dass man an sie glaubt. Und sich danach besser fühlt. Wünsche sind zu jeder Zeit in deinem Kopf. Glaube daran, dass du, zumindest einen Teil deiner Wünsche, erfüllen kannst. Du musst es dir nur erarbeiten. Aber manchmal, ganz unerwartet, geht ein Wunsch einfach so in Erfüllung. Jetzt bist du dran, wünsch dir was!

Leopold Schneider und Michael Hausladen
Jakob-Fugger-Gymnasium, Klasse 6d

Gustav im Schlaraffenland

Es war einmal ein Gustav. Also, es gibt ja den Namen Gustav, aber es gibt auch das Wesen Gustav. Dieser Gustav also ging die weite Welt, weg von seiner Heimat, dem Gustavland. Er ging weg, weil im Gustavland 12 Stunden Mittagsruhe galten. Die Nacht musste man eh schlafen. So ging Gustav von Gustavland weg. Nach Zuckerwattenland. Hier rastete er und aß kräftig von den Zuckerwattenbäumen und schweren Zuckerwattenwölkchen. Doch bleiben wollte Gustav nicht, also ging er weiter nach Brezenheim. Dort rastete er und aß eifrig an den Brezentoren der Stadt. Aber nach einer Weile wurde es ihm langweilig, also ging er weiter Richtung Limonadendorf. Dort sah er Flüsse mit Limonade darin. Gustav freute sich, denn er hatte Durst. Als er satt und zufrieden war, ging er schlafen. So ging das eine Weile, doch auch diese Schleckereien waren ihm bald zu langweilig, also ging er weiter Richtung Schokoladenkinderwelt. Dort gefiel es ihm sehr gut, denn es gab Schokolade im Überfluss. Aber leider nur Vollmilchschokolade, aber er liebte dunkle Schokolade. So ging er weiter Richtung Weichwölkchenheim. Dort gab es so tief liegende Wolken (aus Zucker), dass man sich hineinlegen konnte. Gustav schlief sehr gründlich, bis er merkte, dass man hier nur schlafen konnte; also ging Gustav weiter Richtung Schlaraffenland. Er näherte sich so weit wie möglich; er konnte das Schlaraffenland schon sehen, als komische Wesen aus dem Gebüsch sprangen und ihm schwarz vor Augen wurde. Als er wieder zu sich kam, lag er auf einem sandigen Boden. Er blickte sich um. Er sah Steine und Sand. Erst jetzt bemerkte er, dass er in einer hellen Höhle lag, über ihm klaffte ein riesiges Loch in der Decke. Er versuchte, sich aufzurichten, aber er zuckte vor Schmerz zusammen. Er versuchte es noch einmal, aber diesmal war der Schmerz schlimmer und er brach zusammen. Gustav schlug die Augen auf und erinnerte sich an alles. Diese komischen Wesen. Das Schlaraffenland, die Höhle und seine Versuche, sich aufzurichten. Er versuchte es noch einmal und diesmal gelang es ihm. Gustav stand auf und versuchte, an der Wand empor zu klettern, aber er rutschte immer wieder ab. Schließlich gab er es auf und suchte nach anderen Ausgängen und sah eine Tür. Gustav rüttelte daran, aber die Tür blieb zu. Er rüttelte und zog, als die Tür plötzlich nachgab und er zurückgeworfen wurde. Er rappelte sich auf und ging durch die Tür hindurch. Gustav sah einen Gang, dem folgte er. Gustav kam in eine große Halle, die seltsam geformt war. Er schaute sich um. Es gab drei Türen. Die erste hatte eine Sonne aufgemalt. Die zweite einen Wassertropfen und die dritte einen bösen Smiley. Plötzlich flammten Buchstaben im Raum auf und Gustav las: GUT WIRD BÖSE UND BÖSE WIRD GUT: WÄHLE GUT! Doch so schnell sie gekommen waren, so schnell waren sie auch wieder weg. Gustav überlegte: Gut wird Böse und Böse wird Gut? Doch da fiel es ihm wie Schuppen von den Augen: Es gab auf den Türen gute Zeichen, Wasser und Sonne, und böse Zeichen, der böse Smiley. Das Gute: Sonne, Wasser wurde böse, also durfte er nicht die Guten drücken, sondern musste den Bösen drücken. Gustav drückte den Smiley fest und die Tür öffnete sich. Vor ihm erstreckten sich die Wiesen und Felder des Schlaraffenlandes! Gustav rannte hinaus und stürzte sich hinein ins Schlaraffenland, denn was Schlaraffenland war, war WUNDERBAR.

Ferdinand Lidl
Gymnasium bei St. Stephan, Klasse 5a

Wünsch dir was

Wünsche bestimmen unsere Prioritäten, Prioritäten leiten unsere Entscheidungen und Entscheidungen bestimmen unser Handeln. Die Wünsche, nach denen wir handeln, bestimmen, wie wir uns verändern, was wir erreichen und wer wir werden. Zuerst spreche ich über einige gemeinsame Wünsche. Als sterbliche Wesen haben wir einige grundlegende körperliche Bedürfnisse. Der Wunsch, diese Bedürfnisse zu befriedigen, treibt uns in unsere Entscheidungen und bestimmt unser Handeln. Mein Wunsch ist es, einen guten Job zu machen, der meiner Familie helfen kann, und dass ich auch anderen Menschen helfen kann.

Shpreh nje deshire Dëshirat përcaktojnë prioritetet tona, prioritetet udhëheqin vendimet tona dhe vendimet përcaktojnë veprimet tona. Dëshirat mbi të cilat ne veprojmë përcaktojnë se si ne ndryshojmë, çfarë arrijmë dhe kush bëhemi. Së pari do të flas për disa dëshira të përbashkëta. Si qenie të vdekshme, ne kemi disa nevoja themelore fizike. Dëshira për të kënaqur këto nevoja drejton vendimet tona dhe përcakton veprimet tona. Dëshira ime është të bëj një punë të mirë që mund të ndihmojë familjen time dhe nëse mund të ndihmoj edhe njerëzit e tjerë.

Njomza Ibrahimi
Werner-von-Siemens-Mittelschule, Klasse DK7/9

Ein Wunsch nach Frieden

Ein Himmel ohne Bomben, ist das nicht das, was sich alle wünschen? In Zeiten des Krieges leiden unschuldige Menschen unter Gewalt, Zerstörung und Verlust. Der Wunsch nach Frieden wird umso stärker, wenn man die Auswirkungen des Krieges sieht. Frieden ist nicht nur das Gegenteil von Krieg, sondern auch ein Zustand, in dem Menschen in Sicherheit und Wohlstand leben können. Es ist auch wichtig, Frieden zu schaffen. Frieden bedeutet, dass Menschen in Harmonie und ohne Gewalt zusammenleben können. Es ist wichtig, dass wir uns für den Frieden einsetzen, sowohl in unseren eigenen Gemeinschaften als auch auf globaler Ebene. Frieden bedeutet, Konflikte friedlich zu lösen und Respekt und Verständnis füreinander zu haben. Lasst uns gemeinsam daran arbeiten, eine friedliche Welt zu schaffen, in der alle Menschen in Sicherheit und Freiheit leben können.

Ainhoa Stan
Jakob-Fugger-Gymnasium, Klasse 6b

Wunsch-Elfchen

Bezaubernd
die Wünsche
sind erfüllt worden
ich habe mich gefreut
Wünsche

Alina Fuchs
Förderzentrum Hören-Augsburg, Klasse 6s

Verschwendete Wünsche

Wenn ich mir überlege, was ich mir wünsche, fallen mir bestimmt viele Sachen ein. Ein neues Handy, neue Klamotten und so weiter. Wenn man über diese Frage aber mal genauer nachdenkt und sich seine spontanen Antworten darauf vor Augen führt, fällt einem auf, dass es in unserer Gesellschaft immer nur um materielle Wünsche geht. Es ist normal, dass alle Geschenke zum Geburtstag oder zu Weihnachten bekommen. Aber was für Geschenke? Genau: Materielle. Können wir dieses Bild in unserer Generation aber überhaupt noch vertreten? In einer Zeit, in der die Gesellschaft in Industrieländern in Konsum versinkt, den wir über kurz oder lang gar nicht mehr stemmen können. Oder, besser gesagt, unsere Welt kann ihn nicht mehr stemmen und wenn man sich die Berichte über die Umweltüberlastung ansieht, dann auch eher über kurz als über lang. Aber was kann man schon dagegen machen? Sämtliche Menschen sind den Konsum eben gewöhnt und wer mag schon Veränderung? Wäre es dann nicht sinnvoller, sich etwas anderes als materielle Güter zu wünschen? Da gäbe es viele Möglichkeiten. Die Liste der internationalen Probleme ist lang und die Möglichkeiten der Bekämpfung für einen normalen Bürger relativ begrenzt. Fast das Einzige, was wir also tun können, ist hoffen. Hoffen und uns wünschen, dass es besser wird. Vielleicht würden manche sagen, dass das Wünschen an sich nichts bringt, doch wer weiß? Vielleicht bringt es ja doch etwas, uns mit unseren Wünschen nicht nur auf uns selbst zu konzentrieren. Auf das, was wir selbst wollen oder nach unseren Ansichten selbst brauchen. Vielleicht sollten wir uns unsere Wünsche aufheben für Dinge, die größer sind als das. Und vielleicht können wir dann damit alle zusammen etwas bewegen. Wer weiß, am Ende richtet unsere gemeinsame Willenskraft ja doch etwas aus. Das können wir uns nur wünschen.

Amelie Pachmayr
Staatliche Fachoberschule, Klasse 13 SA

Wünsche sind wie Träume

Wünsche sind wie Träume, mal groß, mal klein. Man kann sie nicht immer erreichen, doch im inneren Herzen sind sie immer vereint. Aber wenn man seine Wünsche erreicht, bewirken sie manchmal etwas Großes. Allein Gesundheit ist so ein großer Wunsch, der, wenn er erfüllt wird, Großes bewirkt. Doch die Welt ist zu groß, um alle Wünsche zu erfüllen, und deshalb ist jeder einzelne Wunsch, der erfüllt wird, wie ein Wunder. Jedoch manchmal erkennen wir die Wunder nicht, und dies versperrt uns die Sicht. Wir sind gelangweilt und genervt, weil oft Dunkelheit in uns herrscht. Doch wenn wir uns von der Dunkelheit befreien, kann Fröhlichkeit in uns gedeihen. Kinder sind fröhlich und haben viele Träume, und diese lassen Freiräume. Wenn wir alle an Wunder glauben, werden wir als Mutmacher taugen.

Rosalie Taylor und Marie Thuma
Gymnasium bei St. Stephan, Klasse 7c

Der größte Wunsch

Es war einmal ein Mädchen, das war sehr arm. Es wünschte sich, dass es fliegen könnte. Eines Tages hatte sie eine Idee. Sie ging zu ihrer Mutter und fragte sie etwas. Diese sagte: „Ja! Du darfst das machen." Das Mädchen ging zu ihrem Papa, der war nämlich Pilot, um das Geld für die Familie zu verdienen. Sie fragte ihn, ob sie mitfliegen darf. Ihr Papa sagte: „Nein! Heute nicht!" Das Mädchen war sehr traurig und sagte: „Bitte, bitte, bitte!" Der Vater schaut seine Tochter an und sagte: „Na gut!" Sie flogen los und das Mädchen staunte. So schön hätte sie es sich nicht vorgestellt. Sie beschloss, Pilotin zu werden. Als sie es ihrer Mutter erzählte, sagte diese: „Ich habe Flugangst!" Das Mädchen antwortete: „Ich zum Glück nicht!" Sie war so glücklich, dass ihr Wunsch in Erfüllung gegangen ist. Sie lebten glücklich und zufrieden bis an ihr Ende.

Sophie Spangenberg
Drei-Auen-Grundschule, Klasse 3d

2 Menschen 2 Wünsche

Wir wünschen uns Frieden und eine saubere Zukunft. Wir hoffen, dass es weniger Kriege auf der Welt gibt und das mehr Menschen einsehen, dass unsere Umwelt geschützt werden muss – vor allem die Erwachsenen! Überall steigt der Meeresspiegel, das hat mit dem Klimawandel zu tun. Im Meer gibt es eine Plastikinsel, die ist 4xMal so groß wie Deutschland. Auch deswegen sollte man den Müll in die Mülltonnen werfen. Frieden muss es auch überall geben, kein Krieg, keine Streitereien. Wir wollen, dass es den Kindern in den Kriegsgebieten gut geht. Das alles wünschen wir uns aus ganzem Herzen.

Hannah Pochert und Pia Kaiser
Hans-Adlhoch-Grundschule, Klasse 4a

Herzenswünsche

Ich wünsche mir, dass ich gesund bleibe. Ich wünsche, dass es keinen Krieg mehr gibt. Ich möchte reich sein, aber nur, wenn keiner arm ist.

Stefan Hornjak
Grundschule Centerville-Süd, Klasse 1c

Der Traum der Melodie

Alle Menschen haben Wünsche, ganz viele verschiedene sogar. Ich habe nur einen. Einen großen Wunsch, einmal und dann wahrscheinlich nie wieder. Trotzdem wünsche ich mir sehnlichst, einmal in einer großen Oper in Berlin zu singen. Seit ich etwa 2 Jahre alt war, liebte ich das Singen, die Musik und die Melodien. Die Klänge, die so schön durch meine Gedanken tanzten und so viele verschiedene Wörter sprachen, ohne das Alphabet zu kennen. Seit circa vier Jahren interessiere ich mich besonders für den Gesang der Oper und begann deshalb auch mit Unterricht dieser Art.
Vorbilder hat auch so ziemlich jeder, meines ist Diana Damrau. Mit ihren mittlerweile 52 Jahren hat sie schon einiges erreicht. Zu sagen, ich wolle so wie sie sein, ist falsch. Ich hatte Träume und Ziele der gleichen Art, aber niemals das Zeug dazu, das Gleiche zu erreichen wie sie. Ich hatte nicht den Mut und das Talent, mich vor ein ganzes Publikum auf eine Bühne zu stellen und zu singen. Eigentlich sollte ich gerade meine Hausaufgaben machen, doch meine Gedanken schweiften immer wieder zu Diana ab. Schließlich regte ich mich dann doch noch und setzte mich ans Klavier rechts in der Ecke meines Zimmers und begann sanft zu spielen. Taste für

Taste, Note für Note, Ton für Ton. Für ein paar wenige Sekunden verschmolzen Zeit und Raum und jede Sorge dieser Welt wurde von den zarten, aber doch aufwühlenden Klängen verschleiert und versteckt, sodass ich mich voll und ganz darauf konzentrieren konnte, in meine nun singende Stimme genauso viel Zärtlichkeit und Emotion zu binden. Eine kleine Träne floss über mein Gesicht und riss mich kurz und fast schmerzlos aus meiner verschleierten Welt von Träumen aus Melodien. Meine Mutter stand im Türrahmen und beschwerte sich über irgendetwas, bevor sie eine kleine Karte auf mein Bett legte, hinausging und die Tür mit einem Ruck hinter sich zuzog. Einige Minuten lang blieb ich still an der gleichen Stelle hocken, bis ich doch daran interessiert war, was genau da eigentlich auf meinem Bett lag. Mit leisen, schnellen Tritten trappelte ich auf mein Bett zu, nahm die rot-goldene Karte in die Hand und begann zu lesen: „Auftritt der deutschlandweit bekanntesten Sängerinnen in Berlin! Am 13.06.2024 haben wir die Möglichkeit, Diana Damrau die Mercedes-Benz Arena besonders hell aufleuchten zu lassen. Etwa 100 Plätze sind noch frei, die Tickets können online und direkt am Ticketschalter vor der Halle gekauft werden." Meine Kinnlade hing bis zum Boden und ich suchte verzweifelt nach meinem Handy, um nach dem Datum zu sehen. „12. Juni 2024", murmelte ich das heutige Datum leise vor mich hin. Ich checkte die Website und alle Tickets waren ausverkauft. Ich war unfassbar traurig und setze mich auf mein Bett. „Das nächste Mal vielleicht …", dachte ich enttäuscht und legte mich hin und schlief ein. Den kompletten nächsten Tag saß ich deprimiert in meinem Zimmer herum und wartete darauf, dass meine Mutter kam, um mir Bescheid zu geben, dass wir gleich zu meinem Gesangsunterricht fahren würden. Tatsächlich tat sie das dann auch irgendwann und wir kamen beim Haus meiner Lehrerin an. „Sofie! Schön dich wiederzusehen!!", rief mir Frau Müller entgegen. Ich lächelte sie an, bemerkte dann aber, dass sie sich gerade ihre Schuhe anzog, um zu mir zu kommen. „Frau Müller … Was machen Sie da?", fragte ich etwas irritiert. Freudig antwortete sie: „Ich dachte mir, dass wir heute mal im nahegelegenen Stadium üben, um dich an Auftritte zu gewöhnen. Komm mit!" Wir spazierten also los und kamen nach etwa einer Viertelstunde bei der Halle an. Drinnen hatten die Aufbauarbeiten für die Show heute Abend schon begonnen, das störte meine Lehrerin aber nicht. Gemeinsam begannen wir also den Unterricht und ich machte meine Übungen, bis mich eine familiäre Stimme aus meiner Konzentration riss: „Tut mir leid, euch zu stören, aber bei diesem Talent konnte ich nicht anders. Du singst absolut wunderbar!" Das glaub ich jetzt nicht. Träumte ich etwa? Nein. Sie stand wirklich vor mir. Mein Mund war weit offen und ich starrte sie reglos an. „Ich weiß, das klingt jetzt vielleicht sehr spontan und komisch, aber willst du später mit mir auf meiner Show singen?" Ich schaute zu meiner Lehrerin, die mir eifrig zunickte. Ich schaute Diana an und nickte zögernd. „Ich weiß nicht, ob ich das kann …", stammelte ich leise. „Das ist deine Chance, Sofie! Du schaffst das. Ich klär das mit deinen Eltern," strahlte mich Frau Müller an und verließ den Saal. Die Zeit zwischen dem Kennenlernen und dem Auftritt fühlte sich an wie gerade mal fünf Minuten. Nun stand ich hinter dem Vorhang, während Diana draußen schon ihre ersten Lieder sang. Ein Arbeiter sagte mir Bescheid und ich hörte, wie mein Idol mich ankündigte. „Du kannst das, Sofie. Du hast Jahre hierfür trainiert", beruhigte ich mich innerlich selbst. Der Vorhang ging auf, ich stellte mich neben Diana und wir begannen unser Duett. Die Klänge unserer Stimmen verschmolzen und meine Sorgen wurden genauso wie gestern verschleiert. Nach meinem Auftritt wurde ich bejubelt und gefeiert und nur wenige Monate später, am 15.09.2024, hatte sich mein Traum erfüllt. Als jüngste Opernsängerin meiner Zeit stand ich nun im Sydney Opera House und sang als Solistin mit einem ganzen Orchester. Ich hatte es geschafft, auch wenn ich gedacht hatte, ich würde so etwas niemals erreichen. Diese Geschichte erzählt, wie man sieht, eher nicht von meinem Wunsch, sondern von dem eines Mädchens namens Sofie. Trotzdem hat diese Geschichte einen meiner Wünsche erfüllt. Es geht ja so ein bisschen darum, dass Sofie nicht daran glaubt, jemals ihren großen Wunsch erfüllen zu können. Allerdings gibt sie dabei nie auf und schafft es durch Zufall dann doch noch, alles zu erreichen und zu erfüllen, was sie erfüllt und erreicht haben wollte. Genau das ist mein Wunsch. Dass sie, ich und alle anderen nie ihre Träume und Wünsche aufgeben, sondern immer weiter daran arbeiten, bis sie es schließlich schaffen, egal wie unmöglich sie scheinen. Irgendwer glaubt immer an euch, in meiner Geschichte sind es Sofies Lehrerin, ihr Idol und sie selbst. Ihr schafft das!

Leonie Athenstaedt
Mädchenrealschule St. Ursula, Klasse 8a

Ein Junge mit einem großen Wunsch

In Potsdam lebte einmal ein Junge namens Timo. Er war nicht schlauer und nicht dümmer als andere Kinder, sondern ganz normal. Timo hatte einen großen Wunsch: Auf der Erde soll es keinen Krieg geben. Er hasste Krieg, weil dort Menschen ihr Zuhause oder ihre Familie verlieren und fliehen müssen. Als Timo neun Jahre alt war, wusste er nicht, was er gegen den Krieg tun sollte. Doch als er vierzehn Jahre alt war, entschloss er sich, bei einer Demonstration mitzumachen. Es war eine tolle Demo. Viele schöne Sprüche prangten auf den Plakaten und es waren wirklich viele Menschen gekommen. Ab diesem Tag ging Timo auf alle Demos, die mit dem Thema zu tun hatten. In diesem Jahr war Timo auf acht Demos und davon hatte er zwei selber organisiert. Nach dem Abitur flog er in verschiedene Länder, um zu helfen. Timo brachte Essen in die Länder und kümmerte sich um die Kinder, die ihre Eltern verloren hatten. Ein ganzes Jahr reiste er von Land zu Land. Danach machte er eine Pause in Italien. Timo badete viel im Meer und erholte sich gut. Eines Tages, als er ganz früh zum Strand ging und noch niemand sonst da war, sah er etwas Komisches am Boden liegen. Er ging näher heran. Plötzlich sprang aus dem komischen Teil etwas heraus. Es sah aus wie ein Nebelschleier mit Gesicht. Auf einmal rief die Gestalt: „Ich bin der Wassergeist aus der Muschel und du hast einen Wunsch frei. Was wünschst du dir?" Timo starrte den Wassergeist erstaunt an. „Du bist ein Wassergeist? Bist du echt? Ich spinne doch. Es gibt keine Fabelwesen", meinte Timo verwundert. Der Wassergeist sagte entrüstet: „Natürlich bin ich echt. Und jetzt wünsch dir endlich was, bevor die andern Leute kommen!" Timo fragte: „Das funktioniert dann wirklich?" „Natürlich", antwortete der Wassergeist. „Ok. Dann wünsche ich mir, dass es keinen Krieg mehr auf der Erde gibt", sagte Timo schnell. Der Wassergeist nickte und meinte: „Du musst aber ein Vorbild sein. Wenn du freundlich zu den anderen Menschen bist, dann geht dein Wunsch in Erfüllung." Nach diesen Worten verschwand der Wassergeist und Timo stand alleine da. Schon eine Woche später fuhr Timo zurück nach Deutschland. Timos Wunsch ging wirklich in Erfüllung und das ist toll, denn so ist es schöner auf der Welt.

Ronja Asmussen
Fröbel-Grundschule, Klasse 4b

Die Wunschechse

Theo und Lisa spielen Königsfrei im Garten. Plötzlich sehen sie im Gebüsch rote Funken. Vorsichtig schauen die Kinder nach, was da so rot leuchtet. Sie schleichen zum Busch und sehen eine Echse. Sie ist einen Meter lang und 20 Zentimeter hoch. Ihre Haut funkelt rot und glitzert. Die Echse lacht die Kinder an und sagt: „Hallo Theo und Lisa, ich bin eine Wunschechse. Ihr habt so toll gespielt und gelacht. Da bin ich zu euch gekommen." Lisa versteckt sich ängstlich hinter Theo. Theo sagt mutig: „Hallo Wunschechse, willst du mitspielen oder dürfen wir uns etwas wünschen?" „Ja, klar dürft ihr euch etwas wünschen! Ich bin ja eine Wunschechse. Danach können wir dann zusammenspielen. Was wünscht ihr euch denn? Aber überlegt gut. Ihr habt gemeinsam nur einen Wunsch", antwortet die Echse. Die Kinder überlegen. Theo meint: „Ich hätte gerne einen Abenteuerpark." Lisa sagt: „Ich fände Frieden auf der Welt besser." Gemeinsam denken sie darüber nach. Das ist gar nicht so leicht, wenn man nur einen Wunsch hat. Die Kinder besprechen sich lange. Sollten sie sich etwas für sich selbst wünschen oder für alle Menschen auf der Welt? Nach langem Nachdenken wissen die beiden Freunde, was sie sich wünschen: „Wir wünschen uns, dass alle Menschen auf der Welt das bekommen, was sie brauchen. So werden alle glücklich und es geht ihnen gut." Die Wunschechse sagt: „Okay, wenn ihr euch einig seid, erfülle ich euch den Wunsch. Ich finde euren Wunsch super." Lisa und Theo rufen: „Ja, wir sind uns einig." Die Echse schlägt mit ihrem Schwanz auf den Boden. Da steigt ein roter Funkelnebel in die Luft und verteilt sich über die ganze Welt. Die Echse, Lisa und Theo spielen, bis es Abend wird. Seit diesem Tag sind alle Menschen auf der Welt zufrieden und glücklich.

Kutay Abacioglu, Elfin Eryigit, Valentin Haag,
Antonia Herbst und Ellenor van de Ven
Grundschule Centerville-Süd, Klasse 1c

Wünsche dir was

Man kann sich so viel wünschen, doch brauchen wir wirklich immer alles? Manchmal sollte man sich darüber öfters Gedanken machen. Man sollte nicht immer nur an sich denken, sondern lieber auch mal an Menschen, denen es nicht so gut geht wie dir oder mir. Dann könnte man zum Beispiel an der Aktion, in der man ein Packet packt und es in Kriegsgebiete schicken lässt, teilnehmen oder Geld spenden ... Natürlich sollte man sich schon auch mal Wünsche erfüllen, aber mal an andere zu denken, kann nie schaden.

Ellen Leuschner
Gymnasium bei St. Anna, Klasse 7d

Die Stimmen, die niemand hört

Ich fahre auf einer nicht enden wollenden Straße und fahre und fahre. Ich habe kein Ziel. Die Bäume rennen an mir vorbei, die Luft kommt mir wuchtig entgegen. Der Mond ist hell und scheint auf mich herunter. Es ist leuchtend hell, obwohl es stockdunkel ist. Es ist still, ich höre nichts außer dem Aufheulen des Motors meines Autos und den Grillen, die schreien. Ich fahre an einem kleinen Dorf vorbei. Ich sehe Menschen. Groß und klein. Jung und alt. Sie sehen glücklich aus, haben Freude am Leben. Sie machen sich keine Gedanken, was andere über sie denken oder sagen. Nicht wie ich. Jeder hat seine eigene Geschichte, seine eigenen Probleme, seine eigene Vergangenheit. Ich habe mir immer gewünscht, glücklich zu sein, doch ich war blind. Ich habe immer nach etwas gesucht, was ich gar nicht brauche, um glücklich zu sein. Das perfekte Aussehen. Das perfekte Haus. Der perfekte Job. Das perfekte Leben. Doch ich war glücklich, ich habe es nur nicht wahrgenommen. Ich fahre auf einer nicht enden wollenden Straße und fahre und fahre. Jetzt ist es still. Sehr still. Zu still. Ich höre sie nicht mehr. Die Stimmen. Sie sind weg.

Aliyah Schellenbauer
Fachakademie für Sozialpädagogik, Klasse FAKS 1C

Meine Gedanken zu Wünschen und Bedürfnissen

Wünsche sind schön, aber Bedürfnisse sind wichtig. Jeder kann sich etwas wünschen. Man kann sich alles wünschen, zum Beispiel, dass man fliegen kann! Doch nicht alle Wünsche gehen in Erfüllung. Bedürfnisse braucht man meistens zum Leben. Bedürfnisse sind, dass die Familie gesund ist oder dass man ein Dach über den Kopf hat. Wenn die Bedürfnisse verletzt werden, fühlt man sich nicht so gut.
Ich hoffe, dass alle Wünsche in Erfüllung gehen. Meistens sind Wünsche fast wie Geheimnisse. Also ich sage nicht alle meine Wünsche. Ich finde, wenn man seine Wünsche nicht sagt, werden die Wünsche erfüllt. Manche Wünsche können leider doch nicht in Erfüllung gehen. Zum Beispiel, wenn jemand gestorben ist und man will, dass er wieder auf die Welt kommt, oder wenn man seine Vorfahren sehen will.

Amelia Maurer
Drei-Auen-Grundschule, Klasse 3a

Wir wünschen uns

Weltreise
iPhone
Raclette

Wahre Freunde
Urlaub
Eltern für alle
Nie wieder Schule
Schullandheim
Chinchilla
Haustier
Essen für alle
Nagellack

Unterricht für arme Kinder
Nike-Schuhe
Sommer

Gemeinschaftsarbeit
Goethe-Mittelschule, Klasse 5c

Mein unsichtbarer Wunsch

Ich war in meinem Zimmer und wartete gespannt, bis mein bester Freund Emilio durch die Tür trat. Ich hatte gerade ein richtig mulmiges Gefühl, dass ich ihn nie wieder sehen werde. „So ein Quatsch", dachte ich und verdrängte es aus meinem Kopf. Das gleiche Gefühl hatte ich auch, wenn ich ihn anrief und die Roboterstimme antwortete. Und da, endlich, konnte man ein Klopfen an meiner Zimmertür hören. Oder habe ich es mir nur eingebildet? Ich rannte, so schnell ich konnte, zur Tür und erwartete, dass Emilio davor stand. Aber als ich die Tür öffnete, war da niemand. Schon wieder dieses mulmige Gefühl. Ich schloss meine Augen und konzentrierte mich. Als ich sie wieder öffnete, stand mein bester Freund vor mir: Emilio! Ich umarmte ihn. „Hey, alter Knabe, wieso freust du dich so, mich zu sehen? Ich war doch nur kurz unten", sagte er. Ein Stein fiel mir vom Herzen, ich wusste aber nicht wieso. Wir gingen in mein Zimmer. Ein paar Minuten später machten wir uns fertig, um zum Lieblingsplatz unserer Kindheit zu gehen, den Wald. „Mum, Emilio und ich gehen kurz in den Wald. Bis dann", rief ich meiner Mama zu. „Ok. Warte ... welcher Emil..." Den Rest hörten wir nicht, weil wir schon in den Wald hinaus rannten. Der gigantische Wald verschlang alle meine Sorgen. Wir hatten so viel Spaß, wir lachten und spielten die ganze Zeit. Als wir zurückkamen, erwartete uns meine Mutter. Sie sah verweint und gleichzeitig besorgt aus. „Wie kannst du nur so allein in den Wald gehen, auch noch bis ganz spät?" Ich war verwirrt. „Was meinst du mit ‚allein'? Emilio und ich waren doch zusammen!" „Schatz, ich muss mal mit dir reden. Emilio, könntest du kurz hochgehen?" Als sie das sagte, schaute sie aber den Esstisch an und nicht ihn. Es sah aus, als ob sie ihn gar nicht sehen konnte, als ob er unsichtbar für ihre Augen war. Er ging hoch. „Mäuschen, es ist Zeit, endlich loszulassen", sagte sie in einer traurigen Stimme. „Was loslassen? Was meinst du?" In demselben Moment, als ich da sagte, schnürte sich meine Brust fest zusammen und eine kalte einsame Träne rann meine rote Wange hinunter. Wieder dieses mulmige Gefühl, jetzt fühlte es sich noch schlimmer an. „Emilio ist vor zwei Wochen gestorben", sagte sie. „Lüg nicht! Das ist nicht wahr! Wieso erzählst du sowas?! Er ist doch jetzt oben!" Ein paar Sekunden der Stille vergingen. „Oder nicht …?", flüsterte ich unsicher. „Es ist ok, er ist jetzt in Frieden", meine Mutter und wollte mich umarmen, doch ich stieß sie weg. Ich rannte nach oben, um ihr zu beweisen, dass er noch da war. Doch als ich die Tür zu meinem Zimmer öffnete, war niemand da. Dieses Mal tauchte auch niemand mehr auf. Ich brach zusammen.

Sasha Zaharia
International School Augsburg, Klasse 8K

Wünsch dir was!

Manchmal, wenn wir uns etwas wünschen, können magische Dinge passieren. Es ist wie ein Zauber, der uns erfüllt. Aber was genau ist ein Wunsch? Ein Wunsch ist etwas, das wir uns von Herzen wünschen und von dem wir hoffen, dass es wahr wird. Wünsche können groß oder klein sein. Einige Menschen wünschen sich vielleicht ein neues Spielzeug oder eine Reise an einen besonderen Ort. Andere wünschen sich vielleicht, dass alle Menschen auf der Welt glücklich und gesund sind. Es ist wichtig zu verstehen, dass nicht alle Wünsche sofort in Erfüllung gehen. Manchmal müssen wir Geduld haben und hart arbeiten, um unsere Wünsche wahr werden zu lassen. Aber das bedeutet nicht, dass wir aufhören sollten zu träumen und zu wünschen! Es gibt viele verschiedene Arten, wie wir unsere Wünsche ausdrücken können. Manchmal sagen wir sie laut, wenn wir Kerzen auf einem Geburtstagskuchen auspusten. Manchmal schreiben wir sie auf und stecken sie in einen Wunschbrunnen oder schicken sie in einem Luftballon hoch in den Himmel. Es ist auch wichtig zu bedenken, dass wir nicht immer alles bekommen, was wir uns wünschen. Manchmal sind unsere Wünsche nicht das Beste für uns, und manchmal können wir nicht alles haben, was wir wollen. Aber das ist in Ordnung! Wir können immer neue Wünsche haben und neue Träume träumen. Also denk daran, zu träumen und zu wünschen, aber vergiss nicht, auch dankbar für das zu sein, was du hast. Wer weiß, vielleicht geht dein nächster Wunsch in Erfüllung!

Gemeinschaftsarbeit
Pankratiusschule Augsburg, Klasse 5b

Mein größter Wunsch

Mein größter Wunsch ist es, dass es wieder Frieden auf der ganzen Welt gibt, dass niemand mehr leiden muss. Alle Kriege auf dieser Welt sollen aufhören. Kein Mensch muss wegen Ungerechtigkeit leiden. Jeder Mensch, der das liest: Bitte helft mit, die Kriege zu stoppen. Dankeschön!

Aurora Gareri
Holbein-Gymnasium, Klasse 5d

Max und seine vielen Wünsche

An einem schönen Sommertag war Max mit seiner Familie in einem Spielzeugladen, denn er hatte bald Geburtstag und durfte sich etwas aussuchen. Aber Max brauchte den Laden gar nicht, denn er hatte so viele Wünsche, zum Beispiel: eine Drohne mit Kamera, ein ferngesteuertes Auto oder ganz viele Kuscheltiere. Seine Mutter sagte immer: „Hör auf, dir immer so viel zu wünschen." Doch Max konnte sich die Sachen, die er haben wollte, nicht aus dem Kopf schlagen. Eins hatte Max aber nicht: „FREUNDE." Das störte Max aber nicht, weil er sowieso nur mit Spielzeugen und Wünschen beschäftigt war. Bis er in der großen Pause keinen zum Spielen hatte. Eigentlich beschäftigte Max sich immer mit seinem Spielzeug, doch heute fühlte er sich irgendwie einsam. Max versuchte, sich wieder fröhlich zu stimmen, und dachte: „Komm schon, Max, denk an Spielzeug und Wünsche". Ganz kurz funktionierte es, dann nicht mehr. Er kam auf die Idee, sich einen Freund zu suchen, mit dem er spielen konnte, doch niemand wollte mit Max etwas zu tun haben. Als Max nach Hause kam, war er sehr traurig, aber niemand kümmerte sich um Max. Seine Mutter saß mal wieder am PC, sein Vater dagegen rief ein schnelles „Hallo" hinüber, dann war er schon wieder weg. Am nächsten Tag freute Max sich mal wieder gar nicht auf die Schule, aber heute wegen etwas anderem. Erst recht freute er sich nicht auf die Pause, doch in dieser Pause geschah etwas Tolles. Als er einsam auf einem Stein saß, kam auf einmal ein Junge und stupste ihn an. Max erschrak und fiel fast vom Stein. Der Junge fragte leise: „Willst du mein Freund sein und mit mir spielen?" Max sagte schnell „ja" und freute sich. Die zwei spielten bis die Pause aus war und verabredeten sich schon für die nächste Pause. Und ab diesem Tag wusste Max: Wünsche bestehen nicht immer aus Geld. Manche Wünsche sind unbezahlbar und viel wertvoller als Spielsachen!

Lilli Martha Zarling
Westpark-Grundschule, Klasse 3c

Träume werden wahr

Es war einmal ein Mädchen, das lebte in einem Dorf. Sie hatte sich verliebt in einen Jungen. Sie wünschte sich nie wieder umzuziehen. Doch eines Tages passierte etwas Schreckliches. Sie musste umziehen. Sie bettelte ihre Eltern an, aber das brachte nichts. Sie zog in eine Stadt. Sie wünschte sich jeden Tag, wieder bei ihrem Geliebten zu sein. Eines Tages zog ein Junge in eine Stadt. Sie sah ihn auf der Straße und dachte, es wäre er, ihr Geliebter. Tatsächlich! Er war es. Sie war bisschen schüchtern, aber sprach ihn an: „Hallo! Ich möchte Dir etwas sagen. Es tut mir leid, dass ich umziehen musste. Ich wollte nie! Du musst es wissen, aber ich liebe dich sehr." Und er antwortete, dass er sie auch liebe. Ein Tag später. Sie trafen sich und tauschten ihre Telefonnummern. Ab dem Tag waren sie zusammen.

20 Jahre später
Sie hatten zwei Kinder. Leider hatten sie bis jetzt kein eigenes Haus. Beide Kinder wünschten sich ein Haus mit Garten und vielen Tieren. Eines Tages kam eine Fee. Sie hörte die Wünsche von den Kindern und zauberte eine Villa. Danach sagte sie: „Sie gehört euch!" Die Eltern fragten: „Aber warum eine Villa kostenlos bekommen?" Die Fee antwortete: „Jeder wünscht sich etwas. Manches geht in Erfüllung, manches nicht. Seid dankbar für das, was ihr habt!"

Maria Balut
Birkenau-Grundschule, Klasse 3c

Innerer Frieden

Was wäre ein Leben ohne den inneren Frieden? Den wir Menschen alle brauchen, um das wahre Leben endlich zu genießen. Innerer Frieden ist das wahre Ich der Person selbst, der tief im inneren Herzen steckt. Du lebst für dich selbst. Bedenke dabei, dich selbst nicht auszuschließen. Die wahre Person bist du selbst ohne jegliches Verstellen. Schließlich tut es keinem gut, sich selbst zu leugnen. Wäre ich nicht die Person, die ich heute bin, mit all meinen Stärken sowie Schwachstellen. Ich bin dankbar für jede Kleinigkeit. Ich weiß, wer ich bin! Aber damit meine Wunden endlich heilen, brauche ich noch etwas Zeit. Ich zeige mein wahres Gesicht und das schon zu Beginn. Doch ist der schwarze Schatten, der an uns hängt, wirklich stärker als die Sonne, die in uns bis nach außen scheint? Sind die bedeutungslosen Wörter der anderen auf einmal wichtig geworden, um einen zufriedenzustellen? Ich brauche keine Freunde, die mich so sehen, als wäre ich ihr Feind. Und genauso wenig Verwandte, die mich ausstoßen, als wäre ich ne Fremde. Eigentlich hasse ich es zu schweigen! Nun will ich alle Missverständnisse falten. Natürlich will ich nicht mehr leiden. Und auch mein inneres Ich habe ich beibehalten. Bedenke, jedes Kapitel in deinem Leben braucht einen Titel, um es zu beenden. Ohne viel zu reden, ist das Leben alles andere als leicht. Schließlich braucht jedes Buch eine Geschichte, um es komplett zu vollenden. Ich habe bis heute für all meine Ziele gekämpft und sie auch erreicht. Die eigenen Fehler einzusehen, zu akzeptierten und auch daraus zu lernen, ist der Schlüssel zu jeder verschlossenen Türe im vorliegenden Weg. Gefühle sind so kompliziert, dass wir manchmal selber nicht wissen, was wir wollen. Menschen mit gutem Herzen ausnutzen nur für seinen eigenen Zweck. Es gibt nicht einen im Mittelpunkt, sondern viele Hauptrollen. Wofür dieses ständige Sich-Selbst-Bekriegen? Jeder sagt, man sollte niemals aufgeben, denn die Hoffnung stirbt zuletzt. Schwierig oder? Diesen Hass in sich selbst zu besiegen. In hoffnungslosen Phasen merkt aber keiner, wie sehr du dich mit den Problemen auseinandersetzt. Manchmal ist es besser, im Leben öfters zu verlieren. In meinem Herzen gibt es für jeden genug Platz. Um endlich unerwünschte Niederlagen auch zu akzeptieren. Trotzdem hätte ich niemals etwas gegen einen Ersatz. Meine Familie unterstützt mich immer. Ich werde niemals aufgeben! Manchmal wendet sich mein Schicksal (Nasip) mit der Zeit zum Schlimmeren. Nun das bin ich, Rawshy, und mein verrücktes Leben!

Rawshy Shaker
Heinrich-von-Buz-Realschule, Klasse 9e

Rap

Ah ah damals hab' ich mir ein Lamborghini Urus gewünscht
aber aus dem wurde nix hab ein BMW X5 gekriegt
aber den wollte ich nicht
angefangen zu dealen

in einer Gasse waren die Zivilen
schnell weg mit dem Stoff
Ich renn durch die Blocks
damit ich weit weg bin von den Cops
hab aufgehört zu dealen
hab mich für den besseren Weg entschieden
Hab Schule durchgezogen hatte baba Jb
aber hab's auch mal wieder verbockt
mein Leben ging schief, ich hatte nichts zu verlier'n
ging in eine Bar schaute zu wie jeder dealte mit Gras,
verließ die Bar
Ich kriegte 'nen Anruf von meiner Mum
ich schämte mich und lehnte es ab
Ich wünschte mir, dass das nie geschah

Hysni Mataj
St. Georg Mittelschule, Klasse 7a

Mein großer Wunsch

Grundbedürfnisse sind keine Wünsche. Ein rotes Spielzeugauto, eine niedliche Puppe, Pommes zum Mittagessen. Eine 3 in Mathe, eine neue Wimperntusche, dass Mama und Papa heute nicht streiten. Ein entspannter Abend mit Freunden, ein WG-Zimmer zu Semesterstart, dass die demokratischen Parteien sich durchsetzen. Eine sichere Wohnung, eine Aufenthaltsgenehmigung, genug Essen für die Familie. Eine Nacht ohne Bomben, dass Papa wieder auftaucht, Frieden.

Pauline Leuschner
Berufsschule II, Klasse BKV 10A

Du und deine Wünsche

Wünsche über Wünsche. Es gibt Herzenswünsche, materielle Wünsche und unmögliche Wünsche, denn der Mensch wird sich niemals satt sehen können. Wir sind nie zufrieden, doch wissen wir gar nicht, welch ein Glück wir besitzen. Denn andere Menschen haben kein Dach über dem Kopf, wissen nicht, was sie heute zu Abend essen sollen oder müssen Klamotten tragen, die „wir" niemals tragen würden. Ist es wirklich so wichtig, ob du das neueste Handy hast oder die gleiche Tasche wie die Influencerln von Instagram? Das Leben ist doch kein Battle, also sei nicht so gierig und sei dankbar für das, was du hast! Aber … was sind eigentlich Wünsche? Was sagst du, Feli? Mir ist es wichtig, dass meine Familie und ich gesund sind. Dass endlich Frieden auf dieser Welt herrscht und jeder seine Persönlichkeit ausleben kann. Man sollte immer freundlich und respektvoll miteinander umgehen, denn so geht keiner allein durchs Leben, sondern hat immer ein Stück Liebe dabei. Oder … wie siehst du das Lalu? Natürlich werde ich mir das kaufen, was mir gefällt, werde mich aber definitiv nicht mit anderen leveln. Mein Wunsch ist es, meine Mam zum Strahlen zu bringen und das nur mit einem Blumenstrauß. Dass, wenn ich aufwache, alle wohlauf sind und es der Seele meiner Liebsten gut geht. Und jetzt ihr. Hast du wirklich so wenig, wie du denkst? Bist du wirklich so arm dran? In Gedanken – Feli und Lalu.

Dilara Arman und Felicitas Weger
Berufsfachschule für Kinderpflege, Klasse Ki 11C

Was wünschst du dir?

Bei dieser Frage denken viele Menschen sofort an materielle Dinge, die man sich entweder nicht leisten kann oder die letztendlich nicht wirklich notwendig sind. Das neueste iPhone, die teuersten Schuhe, das luxuriöseste Auto oder auch Gutscheine, die letztendlich in der untersten Schublade verschwinden und erst Jahre später beim Aufräumen wieder auftauchen und längst ungültig sind. Doch was wünscht man sich wirklich von Herzen? Was macht einen glücklich, bringt einen voran und erfüllt einen selbst? Oft wird einem erst bewusst, wie wichtig dies ist, wenn es einem tatsächlich fehlt. Ein passendes Beispiel: Sobald man gesund ist, denkt niemand darüber nach, wie glücklich man sich schätzen kann, dass es einem gut geht. Erst wenn der ärgerliche Husten und Schnupfen oder gar ein gebrochenes Bein das Wohlbefinden beeinträchtigen, wünscht man sich nichts Sehnlicheres, als wieder gesund zu sein. Ähnlich verhält es sich im stressigen Alltag, sei es durch Arbeit, Schule oder Freizeitaktivitäten. Man vernachlässigt Treffen mit bestimmten Personen und realisiert erst, wie wichtig diese sind, wenn sie sich plötzlich nicht mehr bei einem melden, weil sie es nach mehrmaligen Absagen aufgegeben haben oder dies vielleicht nicht einmal mehr können … Vor etwa einem Jahr verstarb mein Opa. In diesem Moment hätte ich mir nichts Sehnlicheres gewünscht, als mehr Zeit mit ihm verbracht zu haben. Doch die Zeit lässt sich nicht zurückdrehen. Daher ist es entscheidend, auf die Frage „Was wünschst du dir?" auf das Herz zu hören und sich das zu wünschen, was wirklich erfüllt – sei es in Form von Freundschaft, Familie oder schlichtweg

Gesundheit. Wir können selbst Wünsche wahr machen, indem wir diese verfolgen und sie uns vor Augen halten.

Anna Schneider
Berufsschule II, Klasse DMG 12C

Wünsch dir was

„Was wünschst du dir zum Geburtstag?" Dauernd diese Frage.
Fünf Tage noch.
„Keine Ahnung, ich schau", antworte ich.
Vier Tage noch.
„Ich überleg's mir bis morgen."
Aber was wünsche ich mir? Ein Buch, ein Videospiel, einen Kinogutschein? Nichts davon nützt mir etwas. Ein Buch muss man lesen, ein Videospiel spielen und mit dem Gutschein muss man auch ins Kino gehen. Schwierig, sich etwas zu wünschen, mit dem man nichts machen muss. Aber es geht nun mal nicht anders, es gibt keine Lösung, für das Problem, keine Zeit für sein eigenes Leben zu haben.
Drei Tage noch.
„Vielleicht sollte ich mir doch nur Geld wünschen. Mit Geld kann ich irgendwann das kaufen, was ich dann möchte."
Aber nicht einmal mit Geld kann man sich Zeit kaufen.
Zwei Tage noch.
„Wahrscheinlich schenkt mir gar niemand etwas, weil ich nicht weiß, was ich will." Ich sollte mir gar nichts wünschen, ich werde nie Zeit haben, es auch auszukosten.
Ein Tag noch.
„Ich wünschte, ich könnte mir Zeit wünschen. Aber niemand kann Zeit kaufen, geschweige denn schenken."
Und ganz plötzlich, da war es soweit. Die Sonne geht auf, so wie an jedem Tag, die Menschen leben ihr Leben, so wie immer.
„Alles Gute zum Geburtstag. Ich wusste nicht so recht, was ich dir kaufen soll, deswegen dachte ich, wir könnten vielleicht am Wochenende in die Stadt gehen und du kannst es dir selbst aussuchen", sagt meine Mutter morgens, nachdem sie mich beinahe erdrückt hat.
Ein Lächeln macht sich auf meinem Gesicht breit.
„Genau das hab' ich mir gewünscht."
Kein Buch, keinen Gutschein, kein Videospiel. Einfach nur einen Tag. Einige Momente mit den Menschen, die man liebt.

Nein, Zeit kann man sich nicht kaufen. Mit keinem Geld der Welt. Aber Zeit schenken, das kann man. Zeit genießen, vielleicht auch wünschen, vermissen und vor allem wertschätzen, solange man sie hat. Denn auch, wenn uns Zeit geschenkt wird, mit wem auch immer, irgendwann ist sie aufgebraucht, weswegen wir uns auch so glücklich schätzen können, sie zu bekommen.

Elisa Scharrer
Maria-Theresia-Gymnasium, Klasse 10c (Schreibwerkstatt)

Sternenflüstern: Ein Traum von einer besseren Welt

Ich saß da und sah den Himmel an, der stumme, schwarze Himmel sah mir entgegen, mit Abermillionen glitzernden Sternen. Ich hatte das Gefühl, ihn anfassen zu können, so nah schien er und doch so unerreichbar fern. Auf einmal sah ich ein Glitzern, einen hellen Schein, der auf den Boden herabsank. Ich streckte die Hand aus und als ich ihn berührte, hatte ich das Gefühl, dass alles gut werden könnte. Eine glockenhelle Stimme ertönte: „Ich bin ein Stern am Ende meines Weges, ich weiß, ich sehe so klein aus, doch ich besitze eine große Kraft, ich werde deinen Herzenswunsch erfüllen, um meine lange Reise zu beenden."
Ich weiß, was mein Herz begehrt, was ich mir am allermeisten wünsche:
Ich will lieben und geliebt sein.
Und dass meine Mutter niemals krank wird,
dass fortan auf diesem sich zerstörenden Planeten nur noch Sterne werden vom Himmel fallen.
Dass alle, die Lebensfreude haben, wie Kinder sie uns zeigen.
Und schätzen Wald und Wies und Hain.
Dass die Krankheit und der Krieg verschwinden.
Und die Menschen einig sind.
Dass wir jeden Tag die Welt erkunden und ihre Wunder schätzen lernen.
Ich will lieben und geliebt sein.
Und dass meine Mutter niemals krank wird.
Ich sprach lange, doch vergeblich, vielleicht habe ich viel zu lang gesprochen. Ohne eine Antwort, mir erlosch das Leuchten. Den Wunsch zu erfüllen, war nicht in seiner Macht.

Keren Lisowski
Maria-Theresia-Gymnasium, Klasse 9a (Schreibwerkstatt)

Jurymitglieder

Dr. Margrit Fiederer   Maria-Theresia-Gymnasium, Projektleitung

Peter Dempf	Schriftsteller
Kirsten Denk	Grundschule Göggingen-West
Anna Dumont	St.-Georg-Mittelschule
Dr. Michael Friedrichs	ehemals Wißner-Verlag, Autor
Jürgen Fergg	Stadtwerke, Pressesprecher
Gertrud Hornung	ehemals Maria-Theresia-Gymnasium
Hedwig Jordan	ehemals Grundschullehrerin
Werner Kruse	ehemals Reischlesche Wirtschaftsschule
Anja Marks-Schilffarth	Journalistin, Augsburg Journal
Erich Pfefferlen	Schriftsteller
Katharina Rühling	Berufsschule IV
Carolin Rüppell	Berufsschule IV
Marina Sandmann	Servicestelle für Schulbibliotheken
Sieghard Schramm	ehemals Stadtrat
Alke Stachler	Schriftstellerin, Kunstförderpreisträgerin
Ulrike Stautner	ehemals Gesamtelternbeirat
Roland van Oystern	Schriftsteller, Kunstförderpreisträger
Elfriede Wagner von Hoff	ehemals Agnes-Bernauer-Realschule
Katharina Wieser	ehemals Elternvertretung
	Augsburger Gymnasien
Miriam Zissler	Augsburger Allgemeine

Schulen und Klassen